고어 자본주의

고어 자본주의

사야크 발렌시아 지음
최이슬기 옮김

wo
rk
ro
om

Gore Capitalism by Sayak Valencia

내 모든 **사랑**을 담아, 언제나 무조건적으로 지지해 주는
나의 어머니, 나의 아버지, 나의 자매에게.

비판적으로, 명민하게 나를 이끌어 준 몬세라트 갈세란과 폴 B. 프레시아도에게.
라 리네아와 라 에스칼레라 카라콜라에,
대문자가 되어 준 L에게.
A. N. 두아르테, C. 레이, A. 에스코베도, 리마,
J. C 몽헤, A. 아라네타, I. 시가, M. 디아스 그리고 D. 훈엔트
이 세상을 저항과 유희적 비평의 행위성의 공간으로 만들어 준 것에 대해.

소수자 되기로부터 일상의 반란을 실천하는 모든 이들에게.

일러두기

본문에서 원문의 이탤릭체 강조는 산돌 카리스마로,
대문자 강조는 견출명조로 구분했다.
출처에 덧붙인 한국어판 정보는 옮긴이가 작성했다.
널리 알려지거나 참고 문헌에 포함된 인명, 출처는
원어를 병기하지 않았다.

경고

이 책에서 제안하려는 것은, 폭력이 고어 자본주의 논리를 구조화하는 핵심 도구라는 점을 단순하게 비판하는, 패권적이고 단일한 페미니즘이 아니다. 우리는 복수의 페미니즘에서 출발하며, 이 페미니즘들이 지정학적인 상황적 지식으로서, 또 이들이 발전해 온 구체적 맥락에 대한 응답으로서 적절하다는 사실을 보여 주려 한다. 우리는 이러한 페미니즘들을 제1세계 백인 페미니즘의 "침투 불가능한"(impermeables) 틀 안에서 평가해서는 안 된다고 생각한다. 우리가 여기서 제언하는 페미니즘은 자기 성찰적이며, "페미니즘의 문화 제국주의적 착취 아래"[1] 사용되거나 관계되기를 거부한다는 점에서 제1세계 백인 페미니즘과 변별성을 띤다. 우리는 백인 담론을 찾지 않으며, "유색 인종 남성에게서 유색 인종 여성을 구원하려는 백인 남성"을 찾지도 않는다.[2] 제3세계의 글로컬(g-local)한 현실을 설명하기 위해 제1세계의 담론은 필요하지 않다.[3]

반면, 제1세계 담론[4]은 제3세계 담론이 자본의 세계 추이와 세계 전반에 대해 어떤 말을 하는지 귀 기울여야만 할 것이다.

1. 스피박 1999, 303.
2. 같은 곳.
3. 경제 용어로 '글로컬'은 경제와 의미 생산을 논할 때, 국제적으로 사고하고 지역적으로 실행하는 것을 의미한다.
4. "제3세계나 제1세계 같은 용어는 동일한 이름표가 붙은 국가들 간의 유사성을 매우 단순화해 사고하게 한다는 점에서 문제적인 동시에, 이 용어를 사용하는 것만으로 현존하는 경제적, 문화적, 이데올로기적 위계를 불러옴으로써 은연중에 이를 강화하는 문제도 가지고 있다." 찬드라 탈파드 모한티(Chandra Talpade Mohanty), 「서구의 시선 아래: 페미니즘 학문과 식민 담론」(Bajo los ojos de Occidente. Saber académico y discursos coloniales), AA. VV. 2008. 이 책에서는 비판적인 관점에서 이 용어를 사용할 것이다. 특히 '제3세계'를 쓰는 이유는 여러 조건을 고려해서, 다양한 방식으로 고유의 역량 강화 전략을 모색하는 세계를 명명하기 위해서이다.

바로 이 밀려난 세계의 틈새에서 경제적 역할이 재해석되고, 다중 스펙트럼 —고어 자본주의의 엔드리아고 주체(sujetos endriagos)에서부터 백인-이성애자-남성으로 구성된 루프의 존속에 기여하지 않는 주체성의 탄생까지 — 을 망라하는 새로운 정체성과 주체가 만들어지기 때문이다. 새로운 형태의 주체들은 권력을 폭력과 같은 것이라고 가정하지 않으며, 이제껏 시도된 적 없는 관점에서 권력과 폭력이라는 한 쌍을 바라보기 위해서 권력을 뒤집어 생각한다. 이러한 시도를 통해 몸, 권력, 욕망을 사용하는 새로운 방식을 생산하고 상상할 수 있을 것이다.

우리의 작업은 남반구 국가들에만 전적으로 국한된 불안정하고 취약한 현실로 제3세계를 동질화하는 **온정적인 위계질서**(jerarquía benevolente)를 피하고자 한다. 제3세계가 취약하고 불안정하다는 것이 대체로 사실이라 하더라도, 이는 순전히 경제의 중심과 강대국의 집요한 요구가 대중 매체를 이용한 세계화 과정에서 널리 퍼진 결과일 뿐이다.

제3세계를 지정학적으로 고정된 공간으로, 즉 행동도, 역량 강화도, 고유한 담론 분석의 틀을 생성할 가능성도 없는 공간으로 이해하는 데에는 의심의 여지없이 식민주의적 멸시가 깔려 있다. 하지만 우리는 편파적이고 순진하기 그지없는 입장에서 현실에 대한 해석을 내놓음으로써 책임을 면하려는 것이 아니다. 이를테면 경제적인 세계화의 디스토피아는 오직 제3세계에만 해당하며 우리가 세계화에 (다른 세계들로부터) 기여할 수 있는 유일한 방법은 피해자나 사형 집행인의 입장 중에서 양자택일을 하는 것, 혹은 전 세계에 조직범죄를 퍼뜨리는 것뿐이라는 식으로 말이다.

우리는 몸과 동떨어진 추상적인 담론이 아닌, 고어적 제3세계 폭력의 원인, 영향을 미치는 범위, 지속성 등을 재고할 수 있는 담론을 원한다. 우리의 주체성과 행위성을 피해자화하거나 무효화하려 하지 않는 담론, 우리의 구체적인 행동의 역량을 외면하는 환원주의적이고 가부장적인 사고를 이용하지 않는 그런 담론 말이다.

우리는 구원자 주체나 담론을 찾는 것이 아니다. 다만

일률적인 방식으로 다루거나 동질화하는 식으로 범주화되거나 해석되지 않고, 서구 주체와 똑같이 유효하고 동일한 질서 속의 주체로서 자격을 갖추려 할 뿐이다.

따라서 우리는 차이를 배제하지 않으면서 우리가 직면한 현실 — 필연적으로 고어 자본주의의 논리에 한정된 우리의 상황 — 에 대해 질문하고 대항하는 트랜스페미니즘을 발전시킬 독자적인 담론을 만들고자 한다. 그렇다고 우리의 작업이 이론적으로나 실천적으로 대문자 역사 속에 존재해 온 다양한 페미니즘들의 작업을 인정하지 않거나 무시하는 것은 아니다. 오히려 우리의 담론은 페미니즘 운동의 탈역사화에 주력하는 것과는 거리가 멀 뿐 아니라 사실상 페미니즘의 역사를 알고 되돌아보는 것을 핵심 작업으로 본다. 페미니즘 운동이 우리를 세상 속에서 설명해 주고 위치시켜 준 범주를 구축해 가기 위해 담론 차원에서 중요한 기여를 해 왔음을 우리는 인지시키고자 한다. 페미니즘 운동은 특히 그물망처럼 우리를 가시화시켜 온 담론적 코퍼스(*corpus*)를 구축하는 데 중요한 역할을 해 옴으로써, 인식론적 범주로서 페미니즘의 조건을 정착시키는 데 성공했다. 동시에 이 페미니즘의 조건은 특정 주체들(생물학적 여성에게만 국한되지 않는)의 조건이자 사회 운동으로 자리매김해 왔다.

그러므로 우리는 주디스 버틀러의 다음 말에 동참한다. "유대와 연대, 동맹, 관계를 반제국주의적 평등주의의 지평에서 상상하고 체험하는 동안 그런 것의 의미를 사유하기 위해서 페미니즘을 제1세계적 전제에서 분리하고 페미니즘 이론과 운동의 자원을 활용하는 일은 그 어느 때보다도 중요하다."[5]

우리는 현재 벌어지고 있는 일에 대한 설명을 찾고자 한다. 이는 폭력에 대한 사면이나 도덕적 심판과 혼동되어서는 안 되며, 도덕적 판단에 국한되지도 않는다. 자본주의의 추이에서 폭력이 수행하는 핵심적 역할과 특성을 고찰하고, 폭력이 고어적으로 흘러가는 현상에 대해 재고해야 하기 때문이다.

5. 버틀러 2006, 69. 한국어판은 주디스 버틀러, 『위태로운 삶: 애도의 힘과 폭력』, 윤조원 옮김(서울: 필로소픽, 2018), 75–76.

우리는 그러므로, 우리가 가진 선택지의 한계를 넘어서 생각할 수 있도록 길을 열어 주는 트랜스페미니즘을 찾고 있다. 다시 말해, 특정한 억압적 맥락에서 전략을 세울 수 있도록 도와주는 이론적이고도 실천적인 도구를 만들어야만 한다는 뜻이다. 우리에게 다른 선택지가 없을 때, 현재 존재하는 선택지를 변혁해야 함은 자명한 사실이기 때문이다. 결론적으로 말해서, 다른 선택지가 없다면, 현재의 선택으로 우리가 끝장나는 것이 아니라 일상의 반란을 통해 우리가 재의미화하기를 바란다.

처음

디스 이즈 티후아나(This is Tijuana)
광포하도록 자욱한 구름은 태평양.

혼잡한 출근 시간 도로에 나뒹구는 토막 난 몸통. 쉴 새 없이
타 들어가는 담배. 홍등가의 불빛. 현미경으로 본 우주. 수목의
전이(metastasis).

나르코스(narcos). 마치스모(machismo). 실리콘 랜드.
창녀-바비(Barbie)의 공장. 폭소를 터뜨리는 대구경 총기들.
디스 이즈 티후아나.

떠나는 동시에 머물기. 모든 것은 영원한 귀환임을 달리
말하기. 돌이킬 수 없는 궤도와 돌아오지 않는 여자들. 폭력, 권태,
일상. 한도 초과. 디스 이즈 티후아나.

면전에 대고 나를 비웃는 웰컴이라는 말. 모든 입구는
출구일 뿐이라는 뜻의 웰컴. 난도질하는 침묵. 끓어오르는 사막.
폭발하는 이주자들의 절규. 디스 이즈 티후아나.

향수를 모방하는 얼룩당나귀.[1] 새로 뽑은 자동차. 격노한
택시들. 머리가 반복해서 선고하는 흉포한 주문, "(너 자신을)
안쪽으로 열어 젖혀라." 게임에 뛰어들어라. 불길을 바라보아라.
매번 도망가되 이기기 위한 한 방을 걸어라. 디스 이즈 티후아나.

'절대로'라는 단어와 마찬가지로 언제, 몇 시에, 왜, 같은
질문은 존재하지 않을 수도 있는 곳. 반의반이 의미가 없는 곳.
끝없이 계속된다는 말이 **지금은 그렇다**를 뜻하는 곳.

다시 또다시의 도시. 진실은 절대로 알 수 없는 곳.
모든 단어 — 근친상간을 포함한 — 가 과거를 예언하는 곳.

---

1. 얼룩말처럼 줄무늬를 그려 넣은 당나귀. 20세기 초 미국과 멕시코 사이의
국경을 넘는 관광객의 시선을 끌기 위해 탄생한 것으로, 티후아나의 상징 중
하나다.—옮긴이.

우리 집이 당신의 집인 곳. 당신의 집은 우리 집이 아닌 곳.
아니 실상은, 당신의 집은 나의 사냥감인 곳. 디스 이즈 티후아나.

금속 뱀의 어느 쪽에서도 벗어나지 못하는 국경선.
　　국경-여자는 죽음을 닮았고 리볼버에 손이 묶인 채
배회한다. 주사기-남자는 금속 뱀 한가운데에서 실패한 비행을
개시한다. 투명한 것과 분명한 것. 찌르는 것.
　　제1세계와 제3세계. 국경. 지옥. 건너편의 저쪽 편.
건너편의 건너편. **건너**편의 **이쪽** 편. 환멸 속의 행복한 세계.
디스 이즈 티후아나.
　　한계. 둘레. 세계의 칼날. 뒤에 끌려가는 남자/여자/**그것**.
백인 남성, 중산층, 문명의 문화를 핥으며 다가와 끝장내는 바닷가.
우리를 터뜨려 버릴 시한폭탄. 샌디에이고의 차고.
　　광포하게 웃으며 갈라진 바다. 파도 사이로, 홀로 선 여자들
사이로. 회색성. 역설. 디스 이즈 티후아나.
　　최후의 카피라이트. 카르텔라이트(Cartel-right). 고어
자본주의. 호텔, 명소, 밤 문화, 레스토랑, 날씨 그리고 국경 횡단…
　　조합론(combinatorics)의 맹목적 탐색. 이백만 갈래의
가능성. 아삭아삭 매콤한, 완전히 기막히게 중독적인 혼합물.
소도미(sodomy)와 수간과 대안적인 성적 실천과 인종적·민족적
고정관념에 대한 묘사. 에스토 에스 티후아나(Esto es Tijuana).**2**
　　티후아나를 드나드는 모든 것은 양쪽에서 온다. 이곳의
모든 것은, 두 부분 이상으로 나뉘어 나간다. 돈으로 무엇이든
구할 수 있다. 사업의 도시. 숫처녀 세일 중. 외국인에게 저렴한
가격입니다.
　　구멍이 숭숭 뚫린 루이스 도날도 콜로시오.**3** 밴드 음악.
시체 안치소. 테크노. NAFTA. 디스 이즈 티후아나.
　　티아 후아나, 티구아나, 티우아나, 테구아나, 티와나,
티후안, 티쿠안, 테호타, 티후아스, 마음대로 불러도 된다. 다른

---

2. 이곳은 티후아나.—옮긴이.
3. Luis Donaldo Colosio(1950~1994): 멕시코 정치인. 1994년 대선 후보로
티후아나에서 선거 유세를 하던 도중 암살당했다.—옮긴이.

모든 단어처럼 티후아나 역시 아무 의미가 없으며, '바다 옆에'를 의미하므로.

　　이곳은 퀴어의 땅이다. "여기가 조국이 시작되는 곳이다."

　　디스 이즈 티후아나.

　　국경의 가장자리에 선 나의 이름은 칼날.

　　다정한 티후아나. 헤아릴 수 없는 곳. 불가능으로 가득 찬 곳.

　　사이코패스와 사랑에 빠지고 미소를 지은 채 그렇게 되었노라고 말하는 것.

　　당신은 지금 떠나야 한다. 에스토 에스 티후아나.

서문

세계화는 진지한 개념이 아니다. 타국으로의 경제적 침투를
위장하기 위해 우리 미국인들이 발명한 말에 불과하다.
— 존 케네스 갤브레이스(John Kenneth Galbraith)

우리는 (지리적) 국경 지대의 패권적 국제 경제를 재해석하기
위해 고어 자본주의라는 용어를 제안하며, 라틴아메리카의 마지막
모퉁이라 불리는 미국과 멕시코 사이의 국경 도시 티후아나의
사례를 통해 이 현상에 접근할 것이다.

우리는 극단적이고 잔혹한 폭력을 특징으로 하는 영화
장르에서 '고어'(gore)라는 단어를 빌려 왔다. 따라서 고어
자본주의가 지칭하는 것은 정당화할 수 없는 노골적 유혈
사태로, 점점 더 많이 요구하는 자본주의의 논리를 따라가려고
안간힘을 쓰는 제3세계가 치러야 할 대가와도 같다. 또한 극히
높은 비율로 벌어지는 시신 훼손과 내장 전시 행위를 가리키는
말이기도 하다. 여기에는 흔히 조직범죄, 젠더 문제, 신체를 약탈의
자원으로 사용하는 관행이 뒤섞여 연루되어 있다. 이 모든 일은
시신세력화(necroempoderamiento)[1]의 도구로 이용되는 가장
노골적인 폭력을 매개로 이루어진다.

몸은 자본 생산 과정의 논리를 교란하고 무너뜨리는
교환물로 고안된다. 상품이 생산 단계를 거쳐 나올 때, 그야말로
육신과 인간의 생명이 살아 숨 쉬는 상품으로 대체됨으로써 자본
생산 체계를 전복시키기 때문이다. 그 과정에는 납치나 암살과
같은 극단적 폭력의 약탈 기술이 개입한다. 그러므로 우리가

---

1. 우리가 '시신세력화'라고 명명한 것은 하위 주체나 취약한 주체가 그들이 처한
상황과 맥락을 자신의 힘과 행동으로 변화시켜 가는 과정을 뜻한다. 다만 그 과정은
디스토피아적 실천과 폭력 행위를 통한 왜곡된 자아 확인을 통해 재구성된다.

이야기하는 고어 자본주의는 "주변화한 하위 주체는 제1세계의 초국가적 힘 아래에서 [...] 어떤 전략을 펼치고 있는가?"[2]라는 질문이 적절한 국경 지역에서 (더 눈에 띄게) 실현되고 있는 가치와 행위의 재평가를 일컫는다.

안타깝게도 제1세계에 다가가거나 맞서기 위한 많은 전략은 자본[3] 축적을 위해 극도로 폭력적인 방식을 택한다. 여기에서 우리가 고어라고 명명하는 세 가지 방식을 설명하면 고어가 가리키는 것을 분명히 드러낼 수 있을 것이다.『자본론』제1권에서 마르크스는 부에 대해 "자본주의적 생산 양식이 지배하는 사회의 부는 방대한 상품 더미로"[4] 나타난다고 말한 반면, 고어 자본주의에서 이 과정은 전복된다. 몸이 파괴되는 것 자체가 생산물이자 상품으로 바뀌고, 부의 집적은 사망자의 숫자를 기입하는 방식으로만 가능하다. 죽음이야말로 가장 수익성 높은 사업으로 등극했기 때문이다.

우리는 자본주의의 논리와 그로 인한 여파를 적용함에 있어 옳고 그름이나 순수성을 찾으려는 것이 아니다. 우리는 여기에서 가치 판단을 하고자 하는 것이 아니라, 신자유주의 담론이 이러한 현상을 설명하지 못한다는 것을 입증하려 한다. 현재의 개념은 이렇게 이미 전 세계 모든 국경에서 벌어지고 있는 고어적 실천을 이론화하기에 부족한 실정으로, "자본주의의 영향력을 벗어난 공간은 존재하지 않는 세계"[5]에서 우리는 이에 대한 이론을 제시할 필요가 있다. 고어적 실천은 피한다고 없어지는 것이 아니라, 그럴수록 오히려 비가시화될 뿐이다. 고어적 실천을 **불법적** 행위로 간주하고 **암시장** 혹은 제3세계 **특유**의 경제적 실천이라는 식으로 표현하는 것은 개념화가 아니라 이론에 존재하는 이중 잣대에 가깝다.

우리는 폭력, (나르코) 밀매, 시신권력(necropoder)에

---

2. AA. VV. 2004, 81.

3. 여기에서 자본은 부에 접근하는 일상적 의미로, 제3세계의 주체들에게 일정 정도의 사회적 이동, 지위 변화, 고도 소비주의 시장의 대열에 합류할 수 있게 하는 금전적 능력으로 인해 주어지는 정당성을 제공한다.

4. 마르크스 2000, 73.

5. 제임슨 1995.

기반한 고어 자본주의가 만든 현실을 해석할 힘이 있는 담론, 강요된 세계화가 야기한 디스토피아[6]의 면면을 드러내는 담론을 제시하고자 한다. 또한 고도로 전문화되고 잔혹한 과잉 폭력에 기반한 자본주의적 관행으로 귀착되는 복합적인 경로를 추적하고자 한다. 이러한 관행은 특정한 지정학적 공간에서 경제적 정당성과 인정을 얻는 방편으로 일상생활의 일부처럼 뿌리내리고 있다.

이렇게 날것의 폭력은 바로 신자유주의, 세계화, 정치의 핵심에서 기획된 구조나 과정으로부터 고안된 논리와 그 파생물로 인해 발생한다. 우리는 오로지 위반적이라 여겨지는 행위에 대해서만 이야기할 것이다. 이 위반적 행위가 신성함을 박탈당한 훼손된 신체의 취약성을 의심의 여지없이 입증하고, 그 결과 고도 소비사회에 대한 통렬한 비판이 되기 때문이다. 물론 이러한 행위 역시 고도 소비사회에 참여하고 있으며, 자본주의 톱니바퀴의 일부이기도 하다. 그 이유는 다음과 같다.

> 많은 국가에서 조직범죄는 핵심 정치 주체이자 이익 집단으로서 합법적 정치 체제에서 반드시 고려해야 할 요소가 되었다. 특히 빈곤국에서 조직범죄가 정치권력을 잡은 이들의 부정 축재를 도와주는 동시에 국가의 부족한 외화, 일자리, 국가 안정성을 위해 필수적인 경제적 복지를 제공하는 것은 흔한 일이다.[7]

이러한 폭력 행위는 세계화의 도래와 더불어 더욱 과격해졌다. 세계화가 극단적 폭력의 행사를 조장하는 약탈의 논리에 기반하고 있는 데다, 금융 시장의 유령화(espectralización)와 투기가 더해졌기 때문이다. 클린턴 행정부 당시 국무장관이었던 매들린 올브라이트의 특별 고문 토머스 프리드먼(Thomas Friedman)은 이렇게 단언했다.

> 세계화가 잘 작동하려면 미국은 초강대국으로서 막강한

6. 옥스퍼드 영어 사전에 따르면 디스토피아는 19세기 존 스튜어트 밀이 처음 사용한 단어로, 토머스 모어가 쓴 『유토피아』의 반의어로 이상적인 사회와 모든 것이 정반대로 일어나는 부정적인 유토피아를 그리기 위해 만들어 낸 말이라고 한다. http://www.oed.com 참조.

7. 쿠르베 2007, 63.

힘을 행사하는 것을 두려워해서는 안 된다. [...] 시장의 보이지
않는 손은 보이지 않는 주먹 없이는 절대로 작동하지 않을
것이다. 맥도날드는 미 공군 F15기를 디자인한 맥도널-
더글러스 없이는 결코 번창하지 못할 것이다. 실리콘 밸리의
기술이 꽃피울 수 있도록 세계의 안전을 책임지는 보이지
않는 주먹은 다름 아닌 미합중국의 육해공군과 해병대다.[8]

메리 루이스 프랫은 세계화가 거짓 주인공이라고 주장한다.

세계화라는 용어는 이해를 불가능하게 만든다. 심지어
이해하고자 하는 욕구까지도 억압한다. 이런 관점에서
세계화는 지난 25년간의 관행과 그 의미를 재편해 온 과정에
대해 더 날카롭게 질문하지 못하게 만드는, 일종의 거짓
주인공 역할을 하는 셈이다.[9]

프랫의 설명에서 출발하면, 우리가 지금 고어 자본주의라고
명명하는 것은 세계화의 과정 중의 일부로서 세계화의 결과와
영향력을 숨김없이 보여 주는 세계화의 뒷면이라고 할 수 있다.
따라서 우리는 이 현상의 복잡성을 외면하지 않고, 자본주의적
독과점을 뒷받침하는 거대한 해석 제도를 이탈한 것들을
횡단하는 연구를 하려 한다.

같은 측면에서, 자본주의 담론과 그 자장에 대항하는 기존의
운동, 담론, 저항 활동과 비교해 고어 자본주의에 대한 우리의
고찰이 이러한 담론적 실천에 근거하거나 국한되지 않는다는
것을 분명히 밝혀 둘 필요가 있다고 본다. 지금까지 반자본주의적
입장은 고어 자본주의가 자본주의의 논리에 깊이 뿌리내린
현상이며, 바람직하지 않은 디스토피아적 공간이라는 꼬리표를
붙인 채 고민할 필요도 없는 것으로 밀어 두었다. 그러므로
우리는 고어 자본주의를 이제껏 충분히 숙고되지 않았던 변칙의
공간으로 바라볼 것을 제안한다.

같은 방식으로, 고어 자본주의가 진행되는 과정은 공식
경제의 담론에서 비가시화되어 있고 자본주의 사상 체계에서
도외시된다. 주목할 만한 해석적 영향력에도 불구하고

8. 쿠르베 2007, 64에서 재인용.
9. 프랫 2002, 1.

중요하거나 복잡한 문제로 간주되지도 않으며, 암시장의 일부로 한정하거나 자본에 대한 영향만을 따진다. 그러나 범죄 총생산이 적어도 전 세계 무역의 15퍼센트를 차지하리라 추정되는 상황에서[10] 고어 자본주의가 세계 경제에 끼치는 영향은 자명하다. 이러한 수치는 전 지구적인 경제적 결정의 측면에서 고어 자본주의에 권력을 쥐어 준다.

고어 자본주의를 설명할 비판적 담론을 정교하게 만드는 것이 시급한 이유는 이미 존재하는 현상에 대해 이야기하기 위한 공통의 언어가 필요하기 때문이다. 잘 알려진 바와 같이, "세계는 언어를 통해 드러나고 사회적 관계는 언어를 통해 획득"[11]되며, 언어가 세계를 구성하는 인식론에 중추적 요소라는 것은 지극히 당연한 사실이다.

따라서 우리는 조사, 검토, 추론 과정을 거쳐 고어 자본주의의 영역/공간, 행위와 관행을 분석하고 논의하기 위한 개념적 참조점이 될 담론을 제시할 필요가 있다. 또한 트랜스페미니즘의 관점으로 이 영역/공간과 행위에 이름을 부여하는 것이 필수적이라고 본다. 그 이름은 직접적인 방식으로 호명되지 않았던 동시대의 모든 행위와 주체를 위한 담론적 영역과 공간을 열어 줄 네트워크를 의미한다. 특히 우리가 여기에서 고어 자본주의라는 이름으로 식별하고자 하는 현상을 설명할 언어가 부재하다는 것은 우려스러운 현실이다. 우리가 합법 경제와 불법 경제 사이의 관계를 무시하고 외면한다는 것은, 예를 들면 걷잡을 수 없는 폭력을 마치 자본주의 시신세력화나 자산 축적의 방식인 것처럼 간주하는 것이다. 이러한 비가시화는 고어 자본주의가 **소수자** 되기(*devenir minoritario*) — 어떤 식으로든 이 명백한 폭력의 대상이 될 — 의 일원인 모든 이들의 몸에 지속적으로 영향을 미친다는 사실 역시 가려 버리며 당연히 그에 대항할 가능성도 약화시킨다.

10. 하우메 쿠르베(쿠르베, 2007)나 카를로스 레사 네스타레스(레사 네스타레스 2003c)와 같은 학자들이 동의하듯, 범죄 경제에 대해 다루는 수치는 검증이 어려워 추정치일 수밖에 없음을 밝혀 둔다.

11. 헤리티지 1984, 126.

따라서 우리는 고어 자본주의를 "신자유주의 기획에서 제도적으로 통제되지 않는 모순적인 차원"[12]으로 이해하는 관점을 제안한다. 경제 양극화가 야기한 정보/홍보의 폭격은 고도 소비주의적 정체성을 낳고 공고히 했으나, 소비욕을 충족할 구매력이 있는 집단은 점점 줄어들었다. 이 과정에서 새로운 담론적 인물상과 우리가 엔드리아고 주체[13]라고 명명한 극단적인 자본주의 주체성이 탄생했다. 이들은 폭력의 에피스테메에 순응하는 동시에 왜곡된 행위 주체성을 통해 노동의 개념을 재구성하는데, 현재는 암살의 시신정치적 상품화를 통해 자리매김하고 있다. 이 모든 것은 (남성 우월주의적) 신자유주의와 조약을 맺기도 전에 수행하는 과정에서 디스토피아가 만들어졌음을 방증한다.

이 세계 질서에 맞서 나타난 엔드리아고 주체성을 가진 개인들은 사회적 신분 상승과 소속감의 가능성을 지닌 유효한 주체로 자리 잡고 싶어 한다. 이들은 가장 흉포하고, 모든 신성함을 제거하는, 돌이킬 수 없는 자본주의적 투자를 통해 새로운 장(campo)을 창조한다. 엔드리아고는 경제 질서 내에서 자신들이 쓸모없는 존재라는 자각의 결과로, 무엇이 수용 가능하고 무엇이 정상적인지에 대한 논리에 반대한다. 시신세력화와 탈주하는 디스토피아적 시신-관행, 즉 고어적 행위는 엔드리아고가 자신의 상황과 환경에 맞서는 과정에서 유일하게 가능한 현실로 탈바꿈한다. 그 결과 엔드리아고는 폭력의 제국을 매개로 지하 경제(암시장, 마약과 무기, 인신매매 등)를 정당화하려 노력한다. 정당하고 합법적인 영역과 구별되는 장을 만들어 내고 재해석하는 이러한 행위는 정치적, 대중적, 공적, 사회적, 문화적인 발전에 모두 영향을 미친다.

프랫이 강조하듯, "우리는 이제 전 지구적으로 국경마다 코요테와 닭장수[14][마약 밀매상, 암살자, 납치범 등]의 탈을 쓴

12. 프랫 2002, 2.
13. 이 책 2장 91쪽 참조.
14. 라틴아메리카, 그중에서도 특히 멕시코에서 인신매매범들을 부르는 용어이다.

불한당과 해적들[15]이 일하는 세계에 다시 살고 있다."[16]

마약 거래가 현재 세계에서 가장 큰 규모의 산업(석유 및 천연가스 산업과 관광 산업 같은 합법 경제가 뒤를 잇는다)을 구축한 것은 우연이 아니다. **마약 자금**이 자유롭게 세계 금융 제도의 동맥을 흘러 다니며, 마약 거래 자체가 고어 자본주의의 가장 충실한 사례가 된다는 사실 역시 우연이 아니듯 말이다.

"새 천 년이 시작되던 시기에 우리가 상상했던 시나리오는 이런 것이 아니었다"[17]는 것은 자명한 사실이지만 이게 우리의 현실이다. 고어 자본주의의 과정을 설명하지 못하는 세계화와 신자유주의 담론의 취약성과 경직성을 드러내기 위해 그 현실을 숙고하는 것은 우리의 철학적 책무이다.

현대사는 더 이상 생존자로부터 기록되지 않으며 죽은 자들의 숫자로 기록된다. 즉, "시체더미는 세계화를 둘러싼 공식 담론의 명백히 유토피아적인 성격에 대한 대답이다"[18]라는 말은 세계화가 가져온 **흐름**의 낙관론을 뒤집는다. 지금 **자유롭게** 흐르는 것은 사람들이 아니라 마약, 폭력, 그리고 그로 인해 생산된 자본이다.

15. 해적은 18년 전[원서 출간을 기준으로 1992년—옮긴이] 부활하고 호황을 누리기 시작해 2008년을 기점으로 과격해지기 시작했다. 소말리아 에일항에 상주하는 해적선은 프랫의 말(2002)을 증명한다. 이런 종류의 경제 활동이 가장 수익성이 높은 사업이 되었고, 범죄가 탐나는 직업이 되는 기막힌 역설을 낳았다. "범법자들이 어쩌나 고성능의 병기로 무장하는지, 수익은 얼마나 짭짤한지, 또 그들의 생활은 어쩌나 매력적이고 호화로운지, 에일항 연안 거주지의 젊은이들은 해적이 되길 원한다."(아스나레스 2008년 11월 23일, 6) 서구의 논리를 파괴하는 상황이지만, 해적들이 하는 이야기를 들으면 이런 일이 벌어지는 것은 완벽하게 이해 가능하다. "해적이 되도록 우리를 몰아넣은 것은 우리 어업을 뺏어간 해외 선박들이다. 이제 우리는 그걸 값으로 돌려받는 셈이다. 배고픔이 우리를 해적으로 만들었다." (같은 곳) "바다에서 해적질을 하는 사람은 제한되어 있지만 인구 대부분은 간접적으로 그 거래에 참여하고 있다"(같은 곳)는 설명을 들으면 이러한 해적 네트워크를 해체하기가 얼마나 어려운지 알 수 있다. 불법 경제와 범죄 경제가 필요에 의해 생겨났다는 것이 잘 알려진 사실이듯, 정부가 잘 운영되지 않고 권력 기관은 부패한 상황에서 소말리아의 해적 문제나 멕시코의 마약 카르텔 문제가 효과적으로 근절되기는 힘들 것이다. 이런 나라에 중장기적으로 지속적인 경제 안정이 담보되지 않는 한 말이다.

16. 아스나레스 2008년 11월 23일, 4.

17. 같은 곳.

18. 프랫 2002, 5.

사람의 목숨이 그 자체로 중요한 것이 아니라 시장에서 금전적 교환의 대상으로서만 가치를 지니는 곳에서 중요한 용어의 전도 현상이 일어난다. 이제 타자에게 죽음을 부과하는 능력이 척도가 되는 가치의 재평가 현상이 벌어진다. 예기치 않은 분야에서 공권력의 이득을 위해 시신권력이 행사된다.

지나치게 전문화된 무제한의 폭력이 폭발적으로 증가하는 상황을 보면, 우리는 (통제 가능한) 미래가 부재하리라는 것, 자본주의의 틈새에서는 아무도 아무것도 잃을 것이 없다는 사실을 깨닫게 된다. 더 이상 사람의 생명(을 빼앗아서는 안 된다는 최후의 금기)은 중요하지 않기 때문이다. 지금 여기에서 끝없이 반복되는 폭력은 서구가 고수해 온 방식으로 미래의 개념을 심사숙고하는 것을 어렵게 만들어 버렸다. 폭력은 미래상을 수정할 수밖에 없도록 만들었다.

자본주의 해석을 독점한다는 사실을 등에 업은 제3세계를 향한 무시와 경멸 속에서, 우리는 다른 요소들이나 (대문자 타자의) 역사적 역동을 하찮은 것으로 보도록 학습되었다. 그리고 지금, 침묵과 불가시성 속에서 태동한 이 태만과 경멸은 멈출 수도 식별할 수도 없을 정도로 폭력적인 응답을 끌어내 왔다.

그 결과는 자본주의가 일그러지며 복제되는 과정이며, 또한 정체성이 양분되는 과정이라 할 수 있다. 즉, 양분된 정체성들이 나란히 분화되는 장소, 공간, 주체들은 제3세계의 경험을 한편으로는 해방적이면서 동시에 해체적인 어떤 것으로 체화 및 재번역, 융합한다. 그러므로 우리는 프랫이 이야기하는 위기를 이해할 수 있다.

> 신자유주의는 소속감, 공동체, 미래에 대해 신뢰할 수 있는 감각을 생성해 내지 못하고, 그 결과 무엇보다도 실존과 삶의 의미에 막대한 위기를 초래했다. 소비주의적이건 아니건 상관없이, 모든 사람들이 신자유주의 이데올로기가 예상할 수도 통제할 수도 없는 방식으로 이 위기를 경험하고 있다.[19]

이 틈새가 바로 우리의 연구가 주목하고 집중하고자 하는 부분이다.

    19. 같은 책, 15.

고어에 대한 주석: 스너프 되기

고어 자본주의와 스너프(snuff)[1] 자본주의 사이의 차이를 확실히
밝혀 둘 필요가 있을 것 같다. 두 단어 모두 영화 장르의 전문
용어에서 가져왔으며,[2] 여기에서는 오늘날 폭력의 에피스테메와
그 논리와 행위를 해석하기 위한 철학적 맥락에 적용 가능한
범주로서 선택했다.

　　우리는 스너프 자본주의 대신 고어 자본주의의 개념을
선호한다. 그 이유는 세계 경제에서, 그리고 특히 그 세계 경제의
중요 부분을 차지하고 있는 조직범죄에서 하나의 도구로서
인간의 몸에 가해지는 극단적 폭력의 현상이 아직 고어의
테두리 안에 있고 스너프의 범주에까지 이르지는 않았다고
판단하기 때문이다. 피와 내장이 흩뿌려진 광경은 패러디적이고
그로테스크한 요소를 간직하고 있는데, 너무나 불합리하고
부조리하게 보이기 때문에 일부러 전시해 놓은 듯 비현실적이고
인공적으로 보인다. 완전한 치사율보다는 한 단계 아래에 있어서
스너프가 되기까지 진행 중인 상태이며 아직은 막을 수도 있을
것 같기 때문이다. 그럼에도 불구하고, 이 시점에서 우리는 처음
고어 자본주의라 명명했던 것들이 신속하게, 비약적으로, 스너프
자본주의로 전진하고 있음을 목도한다.

　　1. 스플래터 영화 혹은 고어 영화는 공포 영화의 한 종류로, 내장을 보여 주거나
　　생생한 폭력을 묘사하는 데 집중한다. 특수 효과와 가짜 피의 과도한 사용을 통해
　　육체의 취약함을 드러내며 몸의 훼손을 극화하는 것이다. 반면 스너프 영화는 실제로
　　일어나는 살해 현장을 녹화한 것이다(특수 효과나 다른 눈속임 없이). 스너프 영화의
　　목적은 시청각 자원을 이용해 잔학한 행위를 기록한 후에 재미를 위해 상업적으로
　　배급하는 것이다.
　　2. 고어와 스너프라는 영화 장르의 용어를 자본주의와 결합하는 것이 적확하다고
　　생각하는 이유는 미디어와 이미지의 시대에 영화는 (아직도) 문화적 상상계의 주요
　　부분을 차지하기 때문이다. 뿐만 아니라 현대 자본주의를 가장 강력하게 상징하는
　　것이 북미 영화 산업이기 때문이기도 하다.

1. 정치적 형성체로서의 국가의 붕괴

윤리란 우리에게 일어나는 일들을
감당할 수 있는 상태 그 자체이다.
—   질 들뢰즈

폭력에 대한 (철학적) 우려

폭력이 우리가 대문자 역사라고 알고 있는 것이 시작된 이후로
줄곧 우리와 함께해 온 행동 양식인 것은 분명하지만, 폭력이라는
현상이 철학에 의해 충분히 연구되지 않았던 — 아니면 연구의
결실이 널리 퍼지지 않았거나 — 것도 틀림없는 사실이다.
마키아벨리와 홉스의 연구처럼 폭력을 핵심 요인으로 다루었던
예외적인 경우를 제외하고는 말이다. 마키아벨리[1]의 경우 폭력은
권력을 획득하고 유지하기 위한 결정적인 도구였고, 홉스[2]의 경우
폭력을 인간의 조건이자 '사회성'의 특징 중 하나로 이해했다.

조르주 바타유, 슬라보이 지제크, 주디스 버틀러, 조르조
아감벤, 아실 음벰베의 경우처럼 자신의 연구를 관통하는 축으로
폭력이라는 주제를 다룬(혹은 다루었던) 현대 이론가들도 있다.
그럼에도 불구하고, 최근 폭력이 심화되고 20세기 서구와 현대적
삶, 즉 오늘날 현실을 해석하는 패러다임 안에서 폭력이 핵심적인
이슈로 자리 잡은 현실을 감안하면 폭력에 대한 철학적 우려가
명백히 드러난다고 보기 어렵다는 것은 역설적인 일이다. 찰스
틸리는 다음과 같이 설명한다.

> [...] 절대적 관점에서 보면(1인당 평균으로 보아도), 20세기는
> 지난 1만 년의 역사 중 가장 폭력적인 세기였다. 군사 분쟁과
> 제1, 2차 세계대전의 사상자 수에서 시작해, 20세기 후반의

1. 마키아벨리 2004.
2. 홉스 2003.

27

군사 훈련은 게릴라, 저강도 분쟁, 집단 학살, 정치적 학살,
민간인 학살, 인종 청소와 같은 이름으로 여전히 존속하고
있다는 것이 이를 증명한다.[3]

이렇게 폭력의 동의어가 된 20세기의 폭력은 신자유주의와
세계화의 도래를 거쳐 심화되었고 21세기 첫 10년의 폭력은
고어적 현실이라는 꼬리표를 붙일 정도로 치달았다. 이 지점에서
고어 자본주의와 결부된 폭력은 다른 방식의 폭력과 왜 다른가
하는 의문이 생길 법하다. 이에 대한 대답은 폭력이 행사되는
방식뿐 아니라 폭력이 언론 매체를 통해 스펙터클화하고 후에
상업화하는 과정에서 생기는 경제적 이익과 밀접하게 연관된
구조에서 찾을 수 있을 것이다. 고어 자본주의에서 폭력은
통제의 기술로 이용되는 동시에 정치적 수단인 **개그**로도 쓰인다.
연극적이고 해학적인 전통에 속하며 특히 서커스에서 많이
사용된 개그의 정의는 이러하다. "[...] 순수한 폭소를 위한 일종의
폐쇄적 단위이다. 파괴적 놀라움이나 난입으로 인한 소란을
보고 좋아하는 너무나 원초적이고 유아적인 취향과 관련이 있다.
사물이 자기 자리를 벗어나거나 떨어지거나 갑작스럽게 붕괴될
때 매우 본능적인 즐거움을 느끼는 것이다."[4]

폭력과 폭력의 스펙터클화는 지식과 행동의 모든 영역을
횡단하는 매개체가 된다. 주변부에서 중심부로, 혹은 중심부에서
주변부로 퍼져 나가는 글로컬 에피스테메의 창조자들과
마찬가지로, 폭력은 현실을 해석하는 탁월한 모델로 탈바꿈했다.

우리는 **폭력**을 다양한 측면을 지닌 해석의 범주로 이해한다.
특히 그중에서도 폭력이 행위와 밀접하게 관련이 있다는 사실에
집중한다. 즉 우리가 다루고자 하는 폭력은 매체나 상징과
관계되는 폭력뿐 아니라 피투성이의 실질적 폭력 행사까지도
포함하는 개념이다.

폭력이 **에피스테메**가 된 지금, 그 어느 때보다도 "철학은
신들이 침묵할 때 시작된다[고어 자본주의의 폭주하는 폭력이
신의 침묵, 망각이 아니라면 무엇이겠는가?]. 하지만 모든

3. 틸리 2007, 56.
4. 브리에바 2009, 1.

철학적 활동은 언어에 근거한다"[5]는 말을 기억해야만 한다.
그러므로 철학은 담론에 빚지고 있다는 것, 우리를 둘러싼 현실을
개념화하고 해석하기 위한 담론을 만들 힘을 가지고 있다는 것을
잊지 않는 것이 중요하다.

이와 같은 이유로 우리는 폭력이라는 주제를 철학적
관점에서 깊이 연구하는 것이 중요하다고 생각한다. 폭력이 세계
경제의 (엄청나게 효과적인) 도구로서, 감각의 기준점이 되는
독자적인 담론적 전회를 만들어 냈음이 분명하기 때문이다.

우리가 이 폭력의 에피스테메를 이해하는 방식은, 폭력에서
비롯한 실천(담론적이든 아니든)과 현시대를 연결하는 관계의
집합으로 바라보는 것이다. 우리는 현실 해석에 적합한 모델인
것처럼 알려져 왔던 기존의 모델과 직접적으로 관계가 없는
인식론적인 상(figuras)을 만들어야 한다. 이렇게 서구의 윤리적
합의에 균열을 내며, 서구의 철학적 담론이 현재의 경제적,
사회적, 정치적, 문화적 조건에 과연 적용 가능한지 의문을
제기하는 것이다.

이렇게, 우리는 폭력의 에피스테메와 자본주의의 결합으로
지금까지 고어 자본주의라 명명해 온 현상이 일어났다고
추론한다. 전 세계 다양한 변방에서 펼쳐지는 예외 상태
(estado de excepción)[6] 속에서 걸음마를 뗀 고어 자본주의는
특히 제3세계라고 알려진 경제적으로 침체된 국가들, 그리고
그 국가와 제1세계 사이의 국경 지대에서 더 극심하게
드러나고 있다.

우리는 고어 자본주의의 영향이 가장 명백하고 가혹하게
드러나는 곳이 주로 제3세계와 그 국경 지대라는 사실을

5. 리오타르 1996, 121.
6. 아감벤 2003 참조. 아감벤의 『예외 상태』(Estado de Excepción, 2003)는 국가가
위기라고 간주하는 상황에서 권력 구조가 강화되는 것에 대해 연구한다. 아감벤이
말하는 예외 상태란, 국가 주권의 확장이 요구되는 과정을 통해 시민권이나 개인의
권리문제가 약화되고, 대체되고, 거부되는 것이 정당화되는 상태이다. 아감벤은
다음과 같이 설명한다. "어떠한 경우든 예외 상태는 문턱을 경계 짓는다. 그 문턱에서
논리와 실천은 서로 뒤섞이고, 로고스 없는 순수한 폭력은 지시 대상 없는 발화를
실현하라 요구한다." 이렇듯 아감벤의 예외 상태는 긴급 사태 혹은 위기 상황에서
법이 효력을 정지하는 것이 어떻게 법의 존재를 연장하도록 만드는지를 파고든다.

강조하고자 한다. 고어적 관행 — 적어도 가장 노골적인 것들 — 이
제3세계에서 나온 것은 확실한 사실인 만큼, 고어적 관행과 이를
둘러싼 논리, 과정, 결과와 영향력에 대해서 고찰하기 위해서
개념적 가교를 놓는 작업을 해야 하는 것도 분명하다. 제3세계를
이국적인 시선으로 타자화하지 않는 앎, 제3세계화된 현실을
움직이는 행위와 요구에 더 가까운 앎을 추구해야 한다는 것이다.
왜냐하면 제1세계가 이미 당면한 문제이자 계속해서 대처해야
할 현상에 대해 우리에게 알려 줄 수 있는 것이 바로 제3세계화된
현실이기 때문이다. 우리는 제3세계화된 공간에서 벌어지는
현상과 이를 해석하는 범주를 일반화할 수 있다고 제안하는
것이 아니며, 지정학적 차이를 고려하지 않고 유효하거나 적용
가능하다고 주장하는 것도 아니다. 하지만, 세계화와 제1세계
사회에서 가시화되기 시작하는 범죄적 경제 모델의 유입과
관련된 특정한 과정을 확인할 수 있다. 이런 현상은 뉴스
미디어뿐 아니라, 폭력적일뿐더러 많은 경우 범죄적이기도 한
정체성을 정착시키고 정당화하며 재생산하는 역할을 하는 영화,
음악, 비디오 게임, 예술, 문학을 소비하는 행위에서 드러난다.[7]
　　제1세계는 고어 자본주의의 논리와 행동에 대한 지식이
부족하다. 제1세계가 한 번도 범죄적 논리에 관여한 적이
없다는 뜻이 아니라, 이러한 범죄적 행동 양식과 관련이 있는
세계화의 논리가 아직 충분히 알려지지도 않았고 그 결과를
예측하기도 어렵기 때문이다. 고어적 관행을 판독할 수 있는 공통
코드의 부재로 우리는 인식론적, 이론적, 실천적 공백 상태에
처하게 되었다.

국민 국가의 붕괴

우선 푸코를 따라, 오늘날 신자유주의의 모태인 자유주의가
내포하는 단절, **국가 이성**(*Razón del Estado*)을 더 이상

---

7. 이 과정은 1970년대 멕시코에서 벌어진 현상과 비교해 볼 만하다. B급 영화와
코리도(corridos)라 불리는 대중음악을 통해 나르코 문화와 관계된 새로운 정체성이
형성되기 시작했고, 범죄자가 되는 것이 매력적인 정체성으로 정착되는 것이
예견되고 그 대중화가 정당화되었다.

내치학(*Polizeiwissenschaft*)의 범주로 파악하지 않는 것을 암시하는 단절에 대한 일종의 총론격 고찰을 해 보고자 한다.

내치학은 18세기 독일 학자들이 고안한 개념으로 통치 기술로 이해된다. "[내치학은] 인구의 문제를 담당한다. 건강, 출생률, 위생 등의 현상은 어려움 없이 중요한 위치를 차지한다."[8] 자유주의를 이데올로기라기보다는 실천이자, "[경제적] 목적 성취를 향한 행동 양식으로"[9] 보는 푸코의 관점은 전체주의적이고 합리적이지만 자혜롭다고 인식되기도 하는 국가의 개념을 파괴한다. 이로써 자유주의는 통치성 개념 자체를 법에 의해 규제되는, "계약 관계에 기반한 정치적인 사회"[10]를 만들기 위한 법적 수단으로 축소시키는 것이다.

> [...] 그 이유는 법률이 특수하고 개별적이며 예외적인 조치를 배제한 일반적 개입의 형식을 규정하기 때문이며, 의회 체계 내에서 피통치자들이 법률 제정에 참가하는 것이 통치 경제에 있어서 가장 효과적인 체계를 구성하고 있기 때문이다.[11]

권리를 보장하는 법치 국가를 통치하는 자유주의 논리가 경제적 부유층에게 행동의 자유를 제공한다는 것은 명백한 사실이다. 하지만 행동의 자유는 경제적 권력을 가졌거나 그로 인해 법적 보호를 받는 사람들만이 누리는 배타적 소유물은 아니다. 사실상, 고어적 관행은 법의 적용을 받는 대상이 아니라 오히려 법을 거스르며, 행동의 자유의 관점에서 해석될 수도 있다. 마찬가지로 저항적 실천 역시 행위 주체성의 논리로 스스로를 정당화한다. 저항적 실천은 신자유주의 체제를 지지하지 않고, 고어적 관행과 관계된 것도 아니며, 오히려 양쪽 모두와 비판적 거리를 둔다.

사회와 구성원에 대한 느슨한 책임을 가진 국가를 만들자는 자유주의적 주장은 법의 테두리 안에 일방적으로 '종속된' 주체의 관계를 정착시킨다. 다시 말해, 개인이 스스로를 책임지도록

8. 푸코 1979b, 120.
9. 같은 글, 119.
10. 같은 글, 121.
11. 같은 글, 121. 한국어판은 미셸 푸코, 『생명관리정치의 탄생』, 오트르망 옮김 (서울: 난장, 2012), 440.

하자는 체제의 요구는, 개개인의 경제 관계 교섭이 사회적이고 상호 주관적인 동시에 어떤 의미에서는 사적으로 이루어지도록 만들면서, 불리하지 않은 조건에서 협상할 힘이 없는 주체의 상황은 고려하지 않는다.

미국의 신자유주의는 "시장의 합리성을 [...] 전적으로든 혹은 일차적으로든 경제와 관련되지 않은 영역들에까지 확장하려고 한다. 예를 들어 가족과 출생률과 같은 문제뿐 아니라 범죄와 형벌 정책까지 말이다."[12] 이와 같은 시도가 사실상 실현되고 있다는 측면에서 미국의 신자유주의는 자유주의보다 한층 더 나아간 상황이며, 경제적 과정에서의 자유가 사회적 불평등을 낳을 수 있다는 것은 고려 대상이 아니다.

경제적 합리성이 확장된다는 것의 의미는 국가의 통치 방식이 약해지고 유연해지는 방향으로 정착되어, 경제가 통치성과 관련한 모든 활동을 이끄는 중심이 되는 것이다. 그 결과 세계화가 밀어붙인 규제 완화를 통해, 세계적으로 노동의 불안정화를 야기하는 동시에 고어적 행위를 조장하는 이중 잣대가 만들어진다. 고어적 행위를 실천하는 주체들은 경제적, 젠더적, 그리고 궁극적으로 사회적 적법성을 획득하기 위해 자유주의에서 가장 중요한 규칙을 수행하려 한다. 그것은 바로 **자수성가한 사람**(*selfmade man*)의 표상이 되는 것이다.

이런 방식으로, 세계화 — 신자유주의에 깊이 뿌리내린 근본 전제를 가진 — 는 국가의 붕괴를 드러낸다. 이론적으로 국가는 세계 정치의 공존에 기반을 두기 때문에, 현시대적 맥락에서 양가적 역할을 한다. 하지만 세계화 시대의 국가는 경제적 국경을 없애는 동시에 국가 내부의 국경을 강화시키고 감시 체제를 첨예화하는 세계 국가 간 정치 단위로 이해될 수 있다.

국경, 감시, 내부 통제가 급증하면 고어 상품의 비용, 인기, 수요가 증대된다. 고어 상품이란 마약 밀매, 인신매매, 암살 청부업, 마피아가 운영하는 민간 경비 등을 뜻한다.

하지만, 국가의 경제적 유연화는 국가의 권력이나 통제력이

12. 같은 글, 123. 한국어판은 푸코, 『생명관리정치의 탄생』, 443 참조.

약화되는 것을 의미하지 않는다. "즉, 경제학자들의 손에서 그려진 새로운 통치성 안에서도 국가는 언제나 힘을 증진하는 목표를 추구할 것이기 때문이다. [...]"13

복지 국가의 붕괴는 경제에 의해 통치성이 전이되는 현상에서 관찰된다. 합법 불법을 가리지 않고 상업의 논리가 모든 시스템에 예외 없이 적용되도록 하려는 초국적 기업처럼 말이다. 국민 국가(Estado-nación)의 개념이 시장 국가(Mercado-nación)로 전환되는 것은 정치적 단위가 경제적 단위로 변하는 것을 의미하며, 교환의 법칙과 기업 수익의 법에 의해 통치되는 이 시장 국가는 세계 시장과 다층적으로 연결되어 있다.

국민 국가 / 시장 국가

통치성의 전이에 대해 이야기하려면 세계화라는 관념이 어떻게 등장하고 대중화되었는지를 먼저 질문해야 한다. 이에 대해서는 다양한 대답이 가능하겠지만, 우리는 특별히 이데올로기 개념의 실추에 집중할 것이다. 미국의 정치학자 프랜시스 후쿠야마는 1989년 저서 『역사의 종말과 최후의 인간』(The End of History and the Last Man)에서 헤겔의 신자유주의적 재해석을 통해 공산주의의 몰락과 함께 이데올로기와 거대 담론의 종언을 선고한다.

그 이후 우리는 시간이 계속해서 전진했던 대문자 역사의 탈주선 안에 있다. 절대적인 신자유주의라는 종교의 신봉을 막는 장애물은 없어지고, 신자유주의는 유일한 사상으로 남았다. 이렇게 공산주의의 몰락, 탈이데올로기화, 탈역사화는 세계화가 출현하기에 비옥한 터전이 되었다.

우리에게 세계화란 시장 논리의 배타적 이익에 대한 정치적 중재가 극도로 약화된, 모든 영역에서의 규제 완화를 의미하며, 다음을 포함한다.

13. 푸코 2008, 332.

1   노동 시장의 규제 완화
2   탈영토화(국제적 분할과 각 나라 고유 영역의 탈맥락화)
3   신자유주의 정책의 과잉 적용에 따른
     금융 흐름의 탈코드화
4   자금이 정보의 속도로 이동하도록 하기 위한 전략
     (경제와 과학 기술의 결합)

하지만, 신자유주의 담론은 사회적으로 평등에 기초한
세계화가 가능한 것처럼 소개한다. "모든 것에 공평하게 접근
가능한"[14]이라는 경구 아래, 신자유주의 담론은 시장이 모든 것을
동등하게 만드는 유일한 영역인 것처럼 받아들이라 명령한다.
아무런 구별도 없는 소비를 부추기는 인위적으로 자연화한
필요를 고취하기 때문이다.

　　　경제, 정치, 세계화가 결합하면서, 국경을 없애고 거리를 ―
비록 가상 공간에서만이라도 ― 단축하자는 모토 아래 새로운
과학 기술이 대중화되었다는 것은 매우 중요한 지점이다.
하지만, 이 결합의 목적은 무비판적이고 고도 소비주의적인
사회적 의식을 만들어 숨길 필요도 없는 통제와 감시의 시스템을
맞이하도록 하는 것이다. 결과적으로 그러한 시스템의 존재
자체가 수용할 만한 것이고 필연적이며, 사회 자체가 요구하는
것이라고 강조하면서 말이다. 이런 방식으로 프라이버시와
자유의 개념은 제약당하고 위반되며, 개인적, 국가적, 사회적
정체성의 새로운 상이 형성된다. 사회적인 것이 무엇인가에
대한 현재의 개념은 특정 시공간을 공유하고 자발적이거나
수동적인(급진적이거나 미묘한) 방식으로 고도 소비문화에
참여하는, 캡슐화한 개인의 결집체라 할 수 있다.

　　　고도 소비문화는 기업가라는 새로운 지배 계급의 출현과
그들의 정치적 실천에서 나온 논리적 결과이다. 현재 문화의

---

14. 세계화는 소비의 진열창과 사이버스페이스 포털을 통해 우리 모두가 동등하다고
제안한다. 이것은 우리가 모두 동일한 것을 욕망하는 동일한 가능성을 공유한다는
것에 한정되는 평등이다. 하지만, 이런 절대적 균등화의 체제 안에서조차 욕망하는
것과 소유 가능한 것 사이에는 차이가 잠재해 있다.

개념에 더 이상 영웅을 위한 공간은 없다. 오직 홍보 담당자를 위한 공간이 있을 뿐이다.

정치적 단위로서 국가가 붕괴됨과 동시에, 국가와 민족주의의 개념이 해체되거나 시장의 논리에 따라 재의미화하는 과정이 일어난다. 1970년대 중반 클리퍼드 기어츠는 민족주의를 정의하면서, "무정형의, 목표도 불확실하며, 충분히 설명되지도 않았지만 매우 쉽게 타오르는"[15] 성격을 띤다고 기술했다. 기어츠는 민족주의가 스스로를 정당화하기 위해 소환하는 것을 다음과 같이 크게 두 가지로 구분했다.

1   본질주의적: 전통, 문화, 국민성, 혈족, 언어 등의
     단어에 호소한다.
2   시대주의적: 우리 시대의 역사, 그 방향성과
     의미에 호소한다.

시장은 정당화를 위한 민족주의의 주장을 전유해서 흡수한 후, 이해관계에 맞춰 재의미화한 형태의 담론으로 내놓는다.[16] 이 담론은 물질적이고 상징적인 상품의 소비를 통한 동일시와 단합 개념에 호소하는 민족주의의 새로운 형태를 **교묘한** 방식으로 설정한다. 시장의 논리 안에서는 모든 것이 상업화될 수 있기 때문에 개념도 예외는 아니며, 따라서 **국가**와 **민족주의** 개념 역시 싸구려 문화적 장식품으로 바뀔 수 있다.

민족 국가의 개념은 해체되어 왔고, 시장 국가의 개념으로 대체되었다. 이 전이 현상이 핵심적인 이유는 "모두가 알지만 아무도 어떻게 입증할지 생각조차 하지 못하는 것이 바로 한 국가의 정치가 그 국가의 문화 감각을 반영한다는 사실"[17]이기 때문이다.

시장 국가를 더 이상 하나의 국가에 지리적으로 국한할 수 없는 것은 명백하지만, 신자유주의의 주요 대표가 미국이라는 것은 부인할 수 없는 사실이다. 미국은 과학 기술, 대중 매체,

15. 기어츠 1978, 205.
16. 같은 책, 204.
17. 같은 책, 162.

네트워크 형성, 광고, 소비를 통해 자국의 문화를 전 세계 구석구석에 퍼뜨림으로써 소비주의적 욕구를 창조한다. 합법적인 경로로 소비욕을 충족하기 어려운 장소에까지 말이다. 그렇게 우리를 하나로 만드는 새로운 국가로서 출현한 시장의 입지를 강화한다.

이 담론이 직접적인, 노출된 방식으로 정착된 것이 아니라, 반대로 일종의 담론적 트랜스베스티즘(transvestism)을 통해 뿌리내린다는 사실을 분명히 해 둘 필요가 있다. 시장의 용어가 정체성을 드러내거나 심지어는 민족주의적인 관점으로 규정되고 옹호되는 단어들로 교환되는 과정은 거의 '자연스러운' 방식을 통해 이루어진다. 시장 국가의 개념이 다양한 국가와 민족주의에서 사용하던 개념을 급작스럽게 밀어내는 방식으로 대중화되지 않도록 세심한 주의를 기울이면서 말이다. 국가의 담론이 사라지게 만들지 않도록(물론 이론상으로만) 애쓰는 것은 시장 국가의 소비주의적 담론을 감출 합법화의 외피로 국가 담론을 사용하려는 전략이다.

국가를 해체하고 무력화시키기 위해서 민족주의 담론이 불붙도록 선동하는 목적은 모든 행동이 시장의 직접적 영향력 아래 있게끔 하는 것이다. 이것은 우파가 집권한 대부분의 유럽 국가에서 민족주의에 호소하는 보수주의 담론을 이용하는 동시에 신자유주의 경제를 옹호하고 있는 것만 보아도 분명히 알 수 있는 사실이다.[18] 하지만 민족주의 원리의 기저가 되는 것은 시장 국가 시스템이다. 시장 국가 체제는 개인적, 문화적, 사회적, 국가적 정체성의 매개 변수처럼, 상표(TM), 로고(®), 이름(©), 서명, 아이콘과 유명한 이론 등의 사용과 소비를 강요한다.

18. 민족주의 내부에서 지속적으로 등장하는 유의미한 질문은 언어의 문제인데, 대부분의 민족주의 담론이 통합과 합리화의 중심축으로 삼고 있는 것이 바로 언어이기 때문이다. 그렇다면 이 언어의 문제는 수년에 걸쳐 이곳에서 영어의 '필요성'과 대중성이 인정받고 있는 붐 현상과 비교해 보아야 한다. 사업의 언어, 돈의 언어, 경제적 교환의 언어로서 영어의 인기는 우연이라기보다 시장 국가와 다양한 민족주의가 수렴하는 지점에 가깝다. 하나의 언어가 독점적으로 확장되는 것이 위험한 이유는 경제주의적(economicista) 사상이 다양한 매체를 통해 침윤하게 되기 때문이다. 뿐만 아니라 생각을 구상하고 표현하는 가능성 자체를 가두는 인식론적 효과가 있기 때문이기도 하다.

이 과정에서 정체성의 수준을 **현상유지**(*status quo*)하게 해 줄 구매력이 요구된다.

우리는 지금까지 주권 국가의 붕괴와 제1세계의 국가 개념이 해체되고 있는 상황을 살펴보았다. 하지만 이 과정이 제3세계에서는 다른 방향으로 가고 있다는 것을 분명히 해 둘 필요가 있겠다. 제3세계의 국가 붕괴는 이중의 경로로 나뉜다. 하나는 신자유주의적 요구에 동화되는 것이며, 다른 하나는 제3세계 인구가 이 요구를 문자 그대로 해석한 것이다. 그 결과 고도 소비주의적이고 폭력적인 일종의 대안 국가가 생성되었다.

나르코 국가

멕시코의 경우 국민 국가의 붕괴는 그 자체로 **독특한** 방식으로 진행되었다고 할 수 있다. 새로운 국가가 정부에 의해서가 아니라 주로 마약 카르텔이 중심이 된 조직범죄에 의해 운영되고 있기 때문이다. 시장 논리를 문자 그대로 이행하고 폭력을 역량 강화의 도구로 사용함으로써 멕시코는 나르코 국가가 되어 가고 있다.

우리가 나르코 국가라고 부르는 것은 최근 현상이 아니라 길고 복잡한 과정을 거쳐 자리한 현상이다. 1970년대 말부터 멕시코는 국가라기보다는 나라를 운영하는 나르코들의 명령을 따르는 정치적으로 부패한 집단과 같다고 말할 수 있다.[19] 나르코 정치 집단은 지난 10년간 더욱 과격해졌으며, 정부와 조직범죄가 권력 독점을 위한 쟁탈전을 계속하도록 유지시키고 있다.

멕시코 같은 나라에서 조직범죄가 나타나는 현상은 가장 안정적인 경제 부문이 회색 시장이나 암시장이라는 것과, 부패하고 와해된 국가가 시민들을 혼란한 상황으로 몰아넣은 맥락 속에서 이해해야 한다. 시민들은 범죄에 연루되는 것이 "완전히 이례적인 사회 경제적 상황에 대한 '합리적인' 대응"[20]이라고 받아들인다. "국가는 완전히 붕괴하고, 한계에

19. 레사 네스타레스 1999년 2월 참조.
20. 글레니 2008, 80. [미샤 글레니, 『국경 없는 조폭 맥마피아』, 이종인 옮김 (서울: 책으로 보는 세상, 2008) 번역을 참조하되, 글레니가 연구한 러시아의 상황을 발렌시아가 멕시코 상황에 대입해 인용한 것을 고려해서 번역했다.—옮긴이.]

다다른 경찰력은 법에 따라 치안을 유지할 수 없어진 상황에서 범죄 문화와 협력하는 것이 유일한 선택지"[21]가 된 것이다.

이런 식으로 마피아는 국가의 많은 기능을 이어받거나 자금을 대는 방식으로 국가와 뒤얽힌다. 이 과정에서 마약업자들이 후원하는 학교, 병원, 기반 시설 등의 확충으로 시민들의 필요가 충족되기 때문에 효과적으로 거부하기 어렵고 구분하기도 어려운 관계망이 만들어진다. 국가의 기능과 마약업자들의 경계는 흐려지고, 시민들은 침묵과 은폐로 이 과정에 기여한다. 카를로스 레사 네스타레스는 다음과 같이 설명한다.

> 마약 거래에서 나온 경제 권력이 사회·정치적 권력으로 바뀌는 것은 분명한 사실이다. 부패와 위협, 그리고 위협이 통하지 않을 때의 폭력은 정치적 의사 결정 과정에서 중요한 수익을 창출하고, 그 결과 사업에 영향을 미치는 정책 논의에 간접적으로 참여하여 자신들에게 유리하고 때로는 시민들에게 불리한 방향으로 이끈다. 다른 한편으로 거대 마약업자들은 합리적으로 경제적인 두뇌로 유통과 확장을 위한 계획에 심혈을 기울일 뿐 아니라, 사회적 합법성을 얻기 위해서도 전력을 다한다. 마약은 제1세계와 제3세계의 굉장히 황폐한 지역에서 고용과 부를 창출하고, 이를 통한 자금 유입으로 사람들은 충성심을 갖게 된다. 하지만 강력한 마약업자들은 이윤의 미미하지만 주목할 만한 부분을 사회 복지와 자선 사업에 사용하기도 한다.[22]

1980년대 라틴아메리카 국가 대부분이 겪은 경제 위기의 시기에, 빈곤은 심화하고 나르코와 정치의 동맹은 공고해졌다. 멕시코와

21. 같은 책, 72.

22. 레사 네스타레스 2003d. 카를로스 레사 네스타레스는 마드리드 자치대학교 경제구조와 개발경제학과에서 응용경제학을 가르치는 교수이다. 페요테 주식회사(Peyote Inc.)는 조직범죄 관련 문제에 상담 서비스를 제공하는 사회적 목적을 두고 2003년에 창립했다. 페요테 주식회사의 자문 분야는 조직범죄의 다양한 분야를 포함하지만, 그중에서도 특히 멕시코의 불법적인 마약 거래 현상을 집중해서 다루고 있다. 현재 페요테 주식회사의 주요 고객은 공공 기관, 민간 기업, 국제기구이다.

수많은 제3세계 국가에서 "학자들이 눈치 채지도 못하는 사이 실험실 문을 몰래 빠져나가는 프랑켄슈타인"[23]이 탄생한 것이다.

범죄 경제가 대중화되고 폭력이 상업적 도구로 사용되는 상황을 야기한 여러 요인이 있다. 가격 자율화, 시장 규제 완화, 농축산업에 대한 턱없이 부족한 지원,[24] 국가 기능의 해체와 무능, 기본적 인권의 보장 실패, 시장의 유령화, 소비주의 정보의 폭격, 지속적인 좌절감과 노동의 불안정화 등 이 모든 요인들이 고어 자본주의로 향하는 길과 유사한, "미지의 세계로 달려가는 롤러코스터가 출발하는 총성"[25]을 울리게 했다.

1990년대 들어 멕시코 경제에 새로운 개혁의 시기가 도래했다. 멕시코, 미국, 캐나다 3국이 자유무역협정을 맺고 멕시코 정부의 외국계 기업(특히 미국과 아시아 국가들의 기업)에 대한 지속적인 종속 상태가 심화되었다. 북미자유무역협정은 일련의 재앙에 가까운 변칙점을 포함하고 있었다. 기본 식료품과 주택 가격이 자유화되면서 수백만 시민들은 꿈도 꿀 수 없는 가격으로 뛰었고, 아주 소수의 기업가들에게만 영향을 미칠 가격(석유, 천연가스 등)은 건드리지도 않았다. 이 협정으로 멕시코는 경제적, 정치적으로 완전히 황폐해졌으며 중산층이 희귀해졌다. 중산층이 얇아지고 사회적 불평등이 증가한 상황에서, 외국계 기업과 소수의 국내 기업에 "돈을 찍을 수 있는 면허"[26]를 내준 것이나 마찬가지인 정책의 결과로 법을 무시하는 경향이 나타나고 불법 경제를 통해 한몫 챙기려는 사람들이 늘어났다. 그렇게 즉각적으로 획득한 부의 대가는 유혈 사태와 생명의 위협이었다. 그리고 삶이 살 만한 존엄을 가진 삶이 아니라, 끝없는 좌절과 다른 방법으로는

23. 글레니 2008, 74.
24. 하우메 쿠르베는 이 문제에 대해 다음과 같이 지적했다. "마약 사업 이윤의 오직 1퍼센트가 비밀리에 농작물을 재배하는 농민에게 돌아간다. 이는 단지 2퍼센트의 국제 개발 원조를 인상하는 것으로도 평범하게 농작물을 경작하고자 하는 농민들에게 마약 사업에서 손을 뗌으로써 생기는 적자를 보상해 주기에 충분하다는 것을 뜻한다." 쿠르베 2007, 69-70.
25. 글레니 2008, 74.
26. 같은 곳.

돌이킬 수 없는 빈곤에 휩싸인 극도로 불안정하고 취약한 삶이라면, 그 대가는 지나치게 높은 것이라고 할 수도 없었다.

"일반적인 기준에서, 우리는 갈취, 납치, 암살과 같은 행위는 더 엄격한 치안 시스템으로 다스리는 것이 마땅하다고 여기며, 또한 사람들은 대체로 차량 절도나 마약, 인신매매를 합법적 사업의 영역이라 생각하지도 않는다."[27] 하지만 멕시코와 라틴아메리카 대부분의 지역이 처한 상황은 일반적이지 않다. 만일 국토가 넓고 자원도 풍부한 나라에서 그 자원이 다음과 같은 일련의 요소들, 이를테면 시골에서 도시로의 대규모 이주, 통화의 극심한 평가절하, (세계 경제의 결정적 변화에 굴종적이지 않은 방식으로 발맞춰 갈) 능력이 없는 정부와 같은 것들로 대체되는 상황을 생각해 본다면 멕시코의 상황을 이해하기가 쉽다. 이 사회가 "갑작스럽게 국가의 통제에서 벗어난, 두뇌 회전이 빠르고 강력하고 운 좋은 [과두제 집권층, 범죄자, 관료] 집단 앞에 나타난 이례적인 기회"[28]를 외면하기 힘들다는 것은 자명한 일이다.

멕시코 정부가 선포한 마약과의 싸움

앞서 이야기했듯이, 멕시코에서 마약 거래와 범죄는 전반적으로 국가에 이익을 남기는 역할 그 이상을 수행한다. 한편으로 국내총생산의 큰 부분을 차지하기 때문이고, 다른 한편으로는 시민들이 범죄 조직을 두려워하는 데서 국가가 이익을 얻기 때문이다. 국가의 예외 상태[29]를 선언하기 위해 공포 효과[30]를 활용하면서, 권리 침해, 독재적 조치의 도입, 갈수록 강화하는 감시 체계를 정당화할 수 있기에 그렇다. 게다가 국가는 예외 상태를 선언함으로써 치안을 위한 비용으로 사회적 자원을 우선적으로 제거하는 결정과 복지 국가의 해체를 정당화할 수 있다.

멕시코 정부나 법 집행 기관은 법 위에서 군림하는 마약

27. 같은 책, 80.

28. 같은 곳.

29. 아감벤 2003 참조.

30. 학제 간 협동 프로젝트 라 리네아(Interdisciplinario La Línea).
http://feariseffective.blogspot.com 참조.

카르텔을 없애려 노력할 생각이 없다. 오히려 마약 카르텔의 힘을 적절히 제한해서 지난 40년간 그래 왔던 것처럼 정부의 이익을 위해 사용하려 할 뿐이다. 멕시코, 그리고 마약 카르텔에 경제적으로 크게 의존하고 있는 모든 국가에서 마약 거래에 대항할 효과적인 전략을 짜는 것은 경제 전체에 불경기를 초래하고 심각한 사회적 결과를 가져올 수 있음을 의미하기 때문이다.[31] 2008년 11월 23일 일요일 『엘 파이스』(El País)지의 파블로 오르다스가 진행한, 검찰총장 에두아르도 메디나 모라와의 인터뷰가 이를 잘 드러낸다.[32]

> 파블로 오르다스: 얼마 전에 한 멕시코 신문에 이런 만평이 실렸습니다. 악마가 굉장히 근심스러운 듯이 지금 국가적으로 심각한 폭력 사태에 대해서 동료와 이야기하는데요, 악마가 말합니다. "수십 년 동안 우리는 멕시코가 콜롬비아처럼 될까 봐 두려워했는데 지금은 지옥이 멕시코처럼 될까 봐 무서워…."
>
> 에두아르도 메디나 모라: 제가 문제를 과소평가하는 건 아닙니다. 심각한 상황이고, 우리도 그렇게 보고 있어요. 하지만 지금 우리나라에서 일어나는 폭력의 수준을 그렇게까지 사정이 좋지 않지는[sic] 않은 다른 나라들과 비교해 생각할 필요가 있습니다.

2008년 기록된 사망자만 5300명이라는 사실이, 나라 전체가 마약 카르텔의 수중에 들어가 선전 포고 없는 전시 상태나 마찬가지인데도 검찰총장이 보기에 우려할 만한 일이 아니라는 것은 자못 놀랍다. 어쩌면 마약과의 전쟁에 관한 정부의 모든 허울 좋은 말은 피비린내 나는 우생학적 논리에서 온 것일 수도 있다. 국민들에게 교훈을 주고 그동안 민심 앞에 잃어 왔던 위엄 있는 지위를 되찾기 위해 힘없는 개체들을 죽이려는 논리 말이다. 어쩌면 멕시코인들의 인간으로서, 시민으로서의 권리를 보호하고 보장하는 것보다 정부가 관심 있는 싸움은 국가의 **명예**를 회복하려는 싸움일 수도 있다.

31. 레사 네스타레스 2003d.
32. 오르다스 2008년 11월 23일.

에두아르도 메디나 모라: 정부의 접근법은 마약 거래를
근절하자는 게 아니라, 언제나 불법적 약물에 대한 수요는
있을 것이라는 걸 잘 알고 있기 때문에, 마약 조직이 가진
엄청나게 위협적인 권력, 수년간 그들이 쌓아 온 막강한 화력,
그로 인해 가지게 된 제도를 파괴할 수 있는 힘을 빼앗는 데
집중하려고 합니다.

메디나 모라가 설명하는 마약과의 전쟁의 주요 접근법은 국가
권력에 한정되어 있었던 **공포 효과**에 기대고 있는 것처럼
보인다. 즉, 사람들을 겁먹게 하고 그 두려움으로부터 이득을
보는 것은 오직 국가만이 가질 수 있는 권한이라는 것이다.
메디나 모라 검찰총장의 발언에서 권력 적용을 재설정해야
한다는 문제의식은 보이지 않으며, 권위주의적이고 심지어는
반민주주의적인 관점이 드러난다. 또한 마치스모에 근거해
있었던 멕시코의 국가 형성 정체성과 이 범죄자들 사이의 연관
관계, 그로 인한 폭력을 분석하려는 시도 역시 보이지 않는다.
        이 문제에 관해 카를로스 몬시바이스는 **마초**(*macho*)라는
용어가 멕시코인의 정체성을 국가적으로 형성하는 과정에서
아주 깊숙이 연관되어 있다고 이야기한다. **마초**는 멕시코 혁명
이후 국가적 정체성의 표식으로 광범위하게 퍼진 용어이다.[33]
멕시코의 초기 국가 형성 과정에서 **마초**는 남성의 최상급과 같은
개념이 되었기 때문에 이 시기에 **마치스모**라는 용어는 농민과
노동자 계층과 관련된 것으로 생각되었다. **마초**라는 용어는
이후에 **사회 국가적 문화유산**처럼 인위적으로 순화되었기에,
이제 더 이상 하위 주체 계급에만 국한된 정체성이 아닐 것이다.
마초의 특징은 "위험 앞에서의 초연함, 여성적 덕목에 대한
경멸, 모든 수준의 권위에 대한 긍정"[34]을 의미하기 때문이다.
멕시코에서 젠더 정체성의 형성은 국가 정체성이 형성되는
과정과 밀접히 연결되어 있다. 그러므로, 현재 멕시코가 겪고
있는 국가 붕괴 상황에서, 국가와 범죄 집단 사이의 관련성을
가시화할 필요가 있다. 양쪽 모두 국가 정체성을 형성하는

33. 몬시바이스 1981 참조.
34. 같은 글, 9.

과정에서 폭력적 남성성을 유지시킨다는 공통점이 있기 때문이다. 이것이 정치적, 경제적, 사회적으로 끼치는 영향은 권력 때문에 싸우는 남성 중심주의적인 논리에 의거해 수많은 인명이 희생되는 결과로 드러나고 있다. 그리고 이런 상황이 지속된다면 범죄 집단에게 폭력을 행사할 완전한 권리를 지닌 주체가 될 자격을 주는 것과 다름없다. 폭력 행위는 패권주의적 남성성과 국가적 마치스모의 요구 아래 수행하는 주요 지령이나 마찬가지이기 때문이다.

앞의 인터뷰에서 언급하는 조직범죄와의 싸움은 마치 명예를 회복하고 자기 영역을 되찾고자 하는 상처받은 권력자 마초들 사이에서 벌어지는 보복 행위처럼 보일 뿐, 전반적으로 그 폭력적 현상이 현실에 끼치고 있는 영향력이나 시민들에게 야기하고 있는 공포에 대해 염려하지는 않는다.[35] 시민들은 양쪽 전선에서 공격을 받고 있다. 범죄 조직 간의 충돌뿐 아니라 공공장소가 군대에 의해 점령되어 공포가 만연해짐에 따라 시민들은 집에 틀어박혀 나오지 않는다. 이미 멕시코의 거의 모든 지역에서 일어나는 현상이며, 시민들은 취약하다는 느낌과 알 수 없는 죄책감에 사로잡혀 있다. 그러는 사이에 범죄자들은 태연히 온 천지를 활보하고 정부는 치안 문제를 해결하라고 요구하는 시민들의 적극적인 목소리를 외면하고 있다.

무서운 속도로 자라고 있는 이 공포는 위험하다. 편집증, 보호받지 못하고 있다는 감각, 만성적 스트레스, 지속적인 공포가 시민 소요의 싹으로 이어져 무능력한 정권 타도와 내전에 이를 수도 있기 때문이다. 이러한 환경에서 "사람은 짐승이 되거나 그 직전까지 간다."[36] 왜냐하면 "사람들이 죽어 나가기 시작하면 싸우는 것 말고 다른 선택의 여지가 없기 때문이다."[37] "문제는 어느 누구도 자기와는 상관없는 일이라고 자신할 수 없다는 것이다. 그저 자신이 사는 방식은 다르니까 어떤 위험으로부터도

---

35. 이 무관심은 젠더 편향적이며, 정부가 시우다드후아레스에서 벌어지는 여성 살해에 거의 관심을 보이지 않는다는 점에서 명백하게 드러난다.
36. 사비아노 2008, 100.
37. 같은 책, 92.

안전하다고 확신하는 것만으로는 충분치 않다. 이제 '자기들끼리 서로 죽이는 거지'라고 말하는 것은 의미가 없다."**38**

하지만 메디나 모라 검찰총장이 생각하는 폭력의 진짜 문제는 폭력이 행사된다는 사실 자체가 아니라, 폭력을 행사하는 유일한 주체가 더 이상 국가가 아니라는 사실이다.

> 에두아르도 메디나 모라: 펠리페 칼데론(Felipe Calderon) 대통령은 일부 지역[멕시코의 북쪽 국경 지대]의 범죄 조직이 기본적인 권한의 통제권을 두고 국가와 경합해 왔다고 말했습니다. 무력 사용의 독점권, 세금 징수의 독점권, 그리고 때로는 일반적인 규칙을 발하는 독점권까지도요.

펠리페 칼데론 대통령이 말하지 않은 사실이 있다. 제도혁명당(PRI)**39**이 정권을 잡았을 때 시작해 국민행동당(PAN)**40**이 두 번 집권하는 동안 나르코는 기반 시설, 일자리, 학교를 만드는 일에서 국가에 상응하는 특권을 쌓아 왔다는 점이다. 권력을 쥐고 있는 동안, 기업가든 범죄자든 아니면 둘 다이건 간에 돈 있는 자들에게 차별 없이 봉사한다는 원칙, 부패한 관료, 정부, 경찰이 스스로를 정당화해 온 이 거침없는 논리에 대해 칼데론 대통령은 단 한마디도 하지 않는다. 우리는 보이는 대안이라고는 경제적 손해나 낙후뿐인 현실에 처했을 때 부패한 사람이 되는 결심을 하는 것이 어렵지 않음을 알고 있다. 이런 상황에서 어려운 것은 소비주의의 유혹에 저항하는 일이다.

멕시코 정부가 시작한 나르코와의 전쟁은 우리에게 다음과 같은 사실을 알려 준다.

> 경찰이나 군부가 더 강력하게 개입하는 방식의 해결[만을 찾는 사람들]은 발화자가 정치적 책임을 철저히 포기했음을 드러낼 따름이다. 이러한 해결책은 범죄와 불안정을 먹고

38. 같은 책, 105.
39. PRI는 제도혁명당(Partido Revolucionario Institucional)의 약자. 1929년부터 2000년까지 정권을 잡은 정당이다.
40. PAN은 기독교민주주의와 보수주의 성향을 지닌 국민행동당(Partido Acción Nación)의 약자. 2000년 대통령 선거에서 승리했고 현재까지 권력을 유지하고 있다. [원서가 출간된 지 2년 후인 2012년, PRI는 엔리케 페냐 니에토의 대통령 당선으로 12년 만에 다시 정권을 잡았다.—옮긴이.]

자라는 세계 경제의 어마어마한 구조적 불평등을 다룰
관점이나 관심이 결여된 상상력 없는 정치인들의 소산일
뿐이다.[41]

여당을 지지하는 담론이 말하지 않는 것은 사실상 멕시코의
마약 카르텔을 효과적으로 근절하기란 불가능하다는 점이다.
국민들 간의 구조적 불평등을 뿌리 뽑지 않는 한, "일자리의
부재가 [지속되고 우리에게 남은 선택지는] 이민 말고는 답이
없는"[42] 한, **근대성과 진보** 개념이 해체되지 않는 한, 그리고 더
이상 정치적 담론의 지침으로 사용되지 않는 한, 정치적 담론에
지리적으로 적절한 정치의 현실적인 가능성들이 포함되지 않는
한, 스펙터클화한 폭력과 고도 소비주의의 찬양에서 벗어나지
않는 한, 남성적 자아 확인의 요소로서 폭력을 전시하기를
요구하는 남성 우월주의에 기댄 정치 담론에 질문을 던지지 않는
한, 그리고 무엇보다도 중장기적으로 지속 가능한 경제적 안정이
담보되지 않는 한 말이다.

마약 밀매와 미국의 심리(psiquis)

지금까지 살펴보았듯이, 범죄 경제와 정치가 중첩되면서
멕시코에서 국가를 대체한 것은 "국가의 층위에서 임명된 하나의
주체이다. 주권적이고 초법적인 주체, 폭력적이고 자기중심적인
이 주체의 행위는 [...] 체계적인 파괴를 통해 지배권을 회복하고
유지하려는 주체의 형성을 규정한다."[43]

주디스 버틀러는 이 인용문에서 **미국 정부의 심리**(조지 W.
부시 행정부)가 무엇인지 이해한 바에 대해 말하고 있다.
미국 정부의 **심리**와 멕시코 나르코 범죄 조직 사이의 유사성을
추적할 수 있음은 공교롭지 않다. 겉으로는 대립적으로 보이는
이 두 세계는 여러 지점에서 비교해 볼 만하다.

첫 번째 유사성은 영토를 차지하고 유지하기 위한 주요
경로로 극단적 폭력을 이용한다는 점이다(미국의 경우에는

41. 글레니 2008, 475.
42. 사비아노 2008, 82.
43. 버틀러 2006, 68. 버틀러, 『위태로운 삶: 애도의 힘과 폭력』, 74-75 번역 참조.

가장 최근의 이라크전이 대표적 예로 끊임없이 전쟁을 벌인다는
점에서 잘 드러나며, 마약 카르텔의 경우에는 내부의 싸움뿐
아니라 경찰과 마약 단속국과의 전쟁에서도 볼 수 있다).
두 경우 다 이윤의 기하급수적 증가를 보장하는 시장을 확보하기
위해, 상품(석유와 마약의 경우)의 자유로운 조달과 유통을
목표로 한다. 이런 방식으로 경제력을 극대화하는 동시에 시장,
가부장제,[44] 국제 자본주의의 논리에 동참해 패권을 쥔다.
두 번째 유사성은 사적 이익을 얻기 위한 무제한적인 권력을
행사하는 직접적인 수단으로 불법에 가까운 전략을 구사한다는
점이다. "불법적인 것은 법의 바깥에서 작동하지만 권력에,
법의 권력에, 경제의 법과 권력에 복무한다. 그렇게 권력 구조를
복제한 뒤 재생산한다."[45]

합법 시장의 요구와 불법 시장의 생성과 번영 사이에는
밀접한 연관성이 있다. 즉, 불법성의 다양한 구조는 합법성의
수요에 의해 작동되며, 수많은 종류의 불법 행위는 합법성의
테두리 안에서 탄생했으며 보호받는다. 미샤 글레니가 『국경 없는
조폭 맥마피아』에서 이야기한 사례를 들어 보겠다. 공산주의가
붕괴된 이후 미국이 동유럽 국가를 대상으로 정치·경제적으로
극도로 후한 원조를 제공했고, "그 원조는 불법 조직을 만들고
유지하는 산업에 집중되었다. 이들은 후에 마약, 무기, 하이테크
제품을 생산하는 데 총력을 기울이고 이 상품을 전 세계로
밀수하게 된다."[46] 이 사례가 명확히 보여 주듯이 경제의 합법
영역과 불법 영역의 경계는 모호하다. 또한 "은행업과 상품
거래업에서 조직범죄는 우리가 생각하는 것보다 훨씬 더
가까이에서 활동하고 있다."[47]

새로운 세계 질서(Nuevo Orden Mundial)의 경제적
수요와 함께 조직범죄가 세계적으로 활동 영역을 확장하고, 불법

---

44. 부르디외 2000 참조. 자본주의는 경쟁을 조장하고 '남자다움'—구성원들이
핵심적으로 정당성을 획득하는 기제—을 끊임없이 시험하는 가부장제에 기반한다.
45. 버틀러 2000년 5월 26일.
46. 글레니 2008, 11. [글레니의 원문에서는 불가리아의 비밀경찰이 마약, 무기,
하이테크 제품 등의 밀수로 가장 많은 이익을 냈다고 설명하고 있다.—옮긴이]
47. 같은 책, xviii. 한국어판은 글레니, 『국경 없는 조폭 맥마피아』, 14 참조.

경제와 합법 경제 사이의 식별 불가능한 관계망이 존재하는 것은 놀라운 일도 아니다. 왜냐하면,

> 오대륙의 조직범죄단은 **세계적 협동의 정신**을 전유해 왔으며 경영자로서 새로운 시장을 정복하는 데 참여하고 있다. 이들이 합법적 사업에 투자하는 것은 돈세탁을 위해서만이 아니라 불법적 사업에 투자하기 위한 자본을 획득하기 위해서이기도 하다. 조직범죄 집단이 선호하는 투자 영역은 고수익의 부동산, 여가, 미디어 그리고 [...] 은행이다.**48**

정부가 인지하고 용인하는 수많은 정치적, 경제적 불법 행위가 존재한다는 것은 잘 알려진 사실이다. 이렇게 조직범죄는 국민 국가의 정치와 경제에 깊숙이 파고듦으로써 근대 경제의 하나의 형태가 되는 수준에 이르렀다. "불법과 합법은 일종의 거울처럼 서로를 반사한다. 거울의 어떤 쪽에 범죄자가 서 있는가? 범죄자를 쫓는 자는 어떤 쪽인가?"**49**

따라서, 불법성의 논리(마약 카르텔, 마피아)가 미국의 신보수주의 국가의 논리와 유사한 것은 이론적으로 이해할 수 있다. 마피아의 조직 구조는 권력의 구조를 재생산하고 있기 때문이다.

여기에서 "불법적 상품과 서비스의 유통"**50**을 지속적으로 (그리고 음성적으로) 이용하고 요구하는 것은 바로 국가이다. 자본주의 경쟁 논리에 따르라는 명령 아래 이 주체들은 마약, 무기, 사람, 암살자 등 이전에는 상품으로 간주할 수 없었을 무수히 많은 것들을 팔 수 있는 것으로 바꾼다. 그 결과로 나타난 것은,

> 가장 극단적인 형태의 자본주의의 흔적이 새겨진 관계망을 포장지만 바꿔서 [수요와 공급의 법칙으로 비호하며] 다시 선보이는 [적나라한] 마케팅 작전이다. 이 관계망은 얼마 전까지만 해도 지구상의 대다수 사람의 눈에 당연하게도 부정적인 이미지로 비쳤던 것이다.**51**

48. (부사령관) 마르코스 1997.

49. 같은 글.

50. 글레니 2008, 7.

51. 에스테베스 외(편) 2008, 354.

이렇듯 폭력이 시장의 법칙 그 자체로 변하는 상황에서 우리는 어떤 전략을 세워야 할지를 질문해야만 한다. 이때까지 폭력 행사의 법칙을 결정하던 것이 시장이었는데, 비교 우위의 역전이 일어난 것이다. 고어 자본주의가 출현하고 수용되고 정상화된 이후로, 폭력 행위를 설명하는 데 있어 **합법성**과 **불법성**의 범주가 여전히 유효할 수 있을까? 무엇이 폭력을 합법적인 것으로 바꾸는가? 폭력을 행사하는 우리에게 청구될 금액은? 폭력의 독점권은 더 이상 국민 국가의 배타적 소유물이 아니다. 폭력의 독점권은 경매에 붙여졌고 가장 높은 입찰가는 조직범죄가 부르고 있다.

경제적 기업가, 정치적 기업가, 폭력의 전문가

"조직이 있든 없든 범죄자들은 [...] 수요와 공급의 법칙을 따르는 데 여념이 없는 훌륭한 자본가이자 사업가"[52]라는 점을 고려하여 우리는 자본주의 논리를 구축하고 성공시키는 데 핵심이 되는 기업가(*emprendedor*) 개념을 탐구해 보기로 했다.

기업 경영에 대한 전문 지침에 따르면, "기회를 발견하고 필요한 자원을 준비해서 일에 착수하는 사람"[53]을 기업가라 부른다. 회사를 창업하거나 사업 기회를 찾은 사람 혹은 자발적으로 사업을 기획하는 사람을 일컬을 때 보통 기업가라는 단어를 사용한다.

그렇다면 본질적으로 기업가라는 용어가 경제에 적극적으로 돌격해 들어가는 주체를 긍정적으로 칭하기 위해 사용된다는 것을 알 수 있다. 하지만 신자유주의 논리에 따른 기업가의 정의에서 기업가가 창업할 수 없는 종류의 **회사**는 존재하지 않는다. 이렇게 언급이 누락되었다는 사실 자체만으로도, 문자 그대로 시장의 제약이 없다면 어떤 종류의 회사라도 만들 수 있다고 판단할 근거는 충분해 보인다. 다시 말해서, 이윤을 창출하는 한 경제적 좌표에 의해 그 사업은 적법한 것으로 판단된다는 것이다. 최소한의 윤리가 전제된다고는 하나

52. 글레니 2008, xv.
53. http://www.materiabiz.com/mbz/entrepreneurship/index.vsp.

표면적으로 명시되지는 않기 때문에, 기업가의 개념과 행위를 해석하는 담론에 공백이 생겨난다. 이와 관련해 미디어에서 그려내는 스펙터클화한 관점이 아니라, 시장의 법칙에 따라 범죄 경제의 엔드리아고 주체를 분석한다면, 이들은 전적으로 유효한 주체, 아니 유효한 것에 그치지 않고 "시장의 박동하는 심장이 에너지를 얻는 숨겨진 금광"[54] 속에서 경제의 기둥을 떠받치는 합법적인 기업가들인 것이다.

　　기업가의 두드러진 특징으로 혁신, 융통성, 활력, 위험을 감수하는 능력, 창의성, 성장을 지향하는 성향을 들 수 있다. 이러한 특성에 견주어 보면 엔드리아고 주체, 즉 고어 자본주의의 기업가는 경제적 기업가, 정치적 기업가, 폭력 전문가가 뒤섞여 만들어졌다고 할 수 있다.

　　이렇게 혼합적인 주체가 가능하려면, 사업 주체는 다른 영역에 대한 지식을 갖고 있거나 다른 영역과 관계를 맺고 있어야 한다. 이를테면, 경제적 사업 주체 즉 기업가는 정치적 사업 주체의 직무도 수행할 줄 알아야 한다. 이 직무가 특화된 영역은 주로 "경계(우리/그들), 이야기 그리고 관계를 작동(때로는 정지)하는 것이며, [...] 이는 폭력의 존재와 그 부재, 그 형식과 장소 그리고 강도에 상당한 영향력을 행사하기"[55] 위한 것이다. 범죄 경제가 번창하기 위해 더할 나위 없이 유용한 능력이다. 만일 기업가가 이러한 지식을 갖추고 있지 않다면 그런 지식을 가진 사람들을 고용해야 하며, 폭력 전문가들, 즉 완력을 사용해 사람이나 기물에 해를 끼치는 기술에 능통한 전문가들도 직원으로 두어야 한다. 이 기술은 무자비하게 효과적이며 권력을 유지하거나 빼앗는 데 유리하게 쓰인다.

　　범죄의 기업 경제에서 정치인들의 이러한 다중적 양상은 다양한 층위의 집단 간 상호 작용을 기반으로 이루어지며, 많은 경우 "용병 지도자, 국제 무기상, 군벌, 군부 지도자, 사적으로 군대를 움직일 수 있는 자들"[56]이 그 역할을 맡는다.

---

54. 사비아노 2008, 138.
55. 틸리 2007, 33.
56. 같은 책, 35.

독립된 군사 조직을 보유한 것은 멕시코 마약 카르텔이 충족하는 수많은 조건 중 하나이다.

이 범죄의 조직망에서 **폭력 전문가**의 활동이 정부 소속 치안 부대의 활동 방식과 완전히 분리하기 어려운 경계선에서 조직됨을 이해하는 것이 중요하다. 실제로 "신체적 위해를 가하는 일을 전문으로 하는 사람들(예를 들어 경찰, 군인, 경비대, 암살자, 깡패)이 집단 폭력에서 중요한 역할을 맡는다[그리고 이들 중 많은 수가 국가와 결부된 일을 했거나 하고 있다]"는 것은 잘 알려진 사실이다.[57]

범죄 전문가의 사례로 멕시코와 엘살바도르 군대 출신으로 구성된 걸프 카르텔[58]의 용병 조직인 로스 세타스(Los Zetas)라는 이름의 멕시코 무장 단체를 들 수 있다. 로스 세타스의 폭력 행위는 지독히 효과적이고, 전시적이며, 무자비한 것으로 유명하다. 이를테면 희생자나 경쟁자의 참수 과정을 실시간으로 촬영한 후, 구두로 혹은 서면으로 적힌 협박 메시지와 함께 유튜브에 올리는 식이다.

이들과 같은 폭력의 전문가들을 정부가 훈련했다는 사실에서 **반란군**과 **치안 유지군** 간의 단순한 구분은 사라진다. 기존 범주가 사라지고 새 기준이 만들어지며, 그 결과 폭력에 대한 지식은 수요와 공급의 시장 논리에 의해 지배되는 하나의 상품으로 바뀌어 버린다. 이러한 상업적 논리를 통해 멕시코의 마약 조직은 자신들만의 경쟁력과 구인 기법으로 대체 국가를 만드는 데 성공했다. 이들이 사람을 모으는 기법은 **나르코만타스**(*narcomantas*)[59]를 걸어 두는 가장 기초적인 방식에서부터 초국가적 해적 방송으로 다음과 같은 메시지를 내보내는 것까지 다양하다.

---

57. 같은 책, xi.
58. 멕시코 범죄 조직 중 가장 활발하게 활동 중인 카르텔의 이름이다.
59. 멕시코 도시들의 다리나 유동 인구가 많은 도심에 걸어 놓는 침대 시트 같은 것으로, 그 위에 손 글씨로 적힌 메시지는 **합법** 정부를 향한 극심한 도발 또는 조롱을 담고 있다. 나르코만타스의 메시지는 정예군뿐 아니라 민간인에게까지도 **사업**에 함께하자고, 즉 나르코의 대열에 합류하라고 선동한다.

멕시코로 상품을 운반하는 차량 경비직을 구합니다.

군 복무 경력이 있고 카이빌(kaibil, 정예군) 계급을 달았던 모든 시민을 초대합니다. 승진의 기회가 제공되니, 관심 있는 분들은 다음 번호로 연락하세요.[60]

통상적 관점에서는 이러한 구인 기법이 우스갯소리처럼 보일지 모르지만 사실 이것은 농담이 아니다. 지극히 준엄하며 모든 죄를 사하는, 문자 그대로 해석된 자본주의에 입각하여 벼려진 기법들이다. 이렇게 생산 시스템과 **노동**의 개념을 재설정함으로써, 폭력의 기능과 업무는 다시 수립된다. 노동이 디스토피아적인 의미로 재해석되고 이에 따라 전문화되는 폭력의 기술들이 **평범한 일자리**가 되는 것은 물론, 전 세계적으로 불안정한 노동 시장에 "승진의 기회"를 제공하는 **바람직한 직업**으로 비치기까지 한다.

이러한 패러다임 변화의 대표적 예로 2009년 1월 24일 티후아나 국경에서 붙잡힌 청부 살인업자의 경우를 들 수 있다.[61] 이 청부업자는 티후아나 카르텔 두목의 채무자와 반대자들을 산에 용해시키는 일을 하다가 체포된 후 첫 공판에서, 자신이 시신 300구를 용해시켰고 그게 자기 일이자 **평범한 직업**이었다고 진술했다. 주당 600달러를 받던 일이었다. 그런데 노동의 불안정화는 제3세계 국가에만 영향을 끼치는 것이 아니라 경제적 권력이 모이는 중심부에도 상수처럼 존재하며 막대한 부와 공존하고 있는 것이 현실이다.

제1세계 유럽에서 이러한 상황을 명백하게 보여 주는 곳은 바로 나폴리다. 나폴리에서 고어적 행위는 노동의 개념 아래 해석된다. **건**(*pieza*)이라는 단어가 살인을 뜻하는 식이다. 로베르토 사비아노는 이에 대해, "'한 건 하다'는 원래 일한 양에 따라 보수가 지급되는 계약에서 가져온 표현으로, 사람을 살해하는 행위를 뭔가를 만드는, '한 건'을 해결하는 일과 상응하는 행위로 비유하고 있다"[62]고 설명한다.

60. 작자 미상 2008년 4월 24일.

61. 알사가, 2009년 1월 24일.

62. 사비아노 2008, 118.

2. 문화적 구성물로서의 자본주의

우리는 유토피아를 꿈꾸다가 비명을 지르며 깨어났다.
— 로베르토 볼라뇨

이 텍스트를 관통하는 근본적인 질문이 있다. 노동에 무슨 일이 일어났는가? 경제적 기업가를 다룬 부분에서 살펴보았듯이, 노동의 개념은 재설정되어 왔다. 고어적 관행이 생산과 소비에 관한 마르크스의 모델을 뒤집어 버린 상황에서, 우리는 산업혁명이 노동에 초래한 전면적인 변화에 견줄 만한 급진적인 변화를 겪고 있다. 마르크스가 국가, 계급 투쟁, 노동 분업 이론의 기반으로 삼은 객관적 결핍 개념은 지난 25년간 우리가 겪은 기술과 전자 혁명에 의해 와해되어 왔다.

> 우리는 제국과 왕국 그리고 빈곤에서 근본적으로 빠져나와 풍요의 왕국으로 들어왔다. 우리 시대를 특징짓는 비극적 역설은 처음으로 지구에서 행복의 유토피아가 가능할지도 모른다는 것이다. [...] 하지만 우리는 금융 자본주의의 과두제가 부를 독점하고 있는 재봉건화된 세계를 살고 있다. 그들은 이 땅에 존재 가능한 다른 모든 권력에 비할 수 없이 막강하다.[1]

장 지글러(Jean Ziegler)의 주장대로, 신봉건주의하에서 자본주의가 극단으로 치닫고 최근 극심한 폭력이 더욱 기승을 부리는 상황에서, 아직 요원한 목표를 지향하는 이 유토피아는 빛이 바래고 말았다. 그리고 우리는 고어 자본주의의 도래를 야기한 폭력이 난무하는 현상을 고어적 관행이라 부르기로 한다.
　　이러한 자본주의는 동유럽 국가들과 마찬가지로

1. 에스테베스 외(편) 2008, 111-112.

제3세계라고 간주되는 모든 국가에서 이미 발견된다. 하지만 제1세계로 알려진 권력의 신경 중추에도 손을 뻗쳐 정착하는 것이 그리 멀지 않았다. 고어 자본주의에 대해 사유하는 것이 중요한 이유는 언젠가는 제1세계에도 일어날 일이고 영향을 끼칠 일이며, 세계화가 여러 의미에서 세계 간 거리를 좁힌 상황에서 "우리는 글로벌 마을에서 살고 있고, 소수의 인간만을 위한 구원은 없기"[2] 때문이다. 고어 자본주의가 우리에게 말하고 있는 것은, 손댈 수 없는 영역은 없으며 모든 경제적 금기와 생명에 대한 존중은 박살났고, 이를 차단할 수 있는 공간도 구원할 수 있는 공간도 이미 존재하지 않는다는 것, 우리 모두는 영향을 받게 된다는 것이다.

우리는 또한 자본주의의 고어 되기는 별개의 문제가 아니라, 자본주의 전체를 아우르는 질문이라고 간주한다. 그러므로 고어 자본주의의 현상을 포괄하는 총체적인 관점으로 문제에 접근하고 다각도로 분석하는 것이 필요하다.

우선 자본주의가 단순한 생산 체제를 넘어 문화적 구조물이 되었음을 분명히 해 둘 필요가 있다. 이 사실을 증명하는 것이 중요한 이유는, 단지 경제적 측면뿐 아니라 생체 통합적인 문화 구성물로서의 자본주의의 영향 역시 사유해야 하기 때문이다.

> 소비 자본주의는 규격화된 상품의 대량 생산을 가능케 하는 산업 기술과 더불어 자동적으로 탄생한 것이 아니다. 소비자 교육과 창의적인 기업가의 앞을 내다보는 정신, 즉 **경영자의 보이는 손**이 필요한, 문화적이며 사회적인 구성물이기도 한 것이다.[3]

자본주의가 역사적으로 변화해 왔고 경제적, 사회적 그리고 이제 가상의 관점으로부터 이론화되어 온 것이 사실이라면, 최근 수십 년간 이러한 이론에 균열이 생긴 것도 사실이다. 자본주의는 우리의 시공간에 극도로 가까이 있는 너무나 명백히 완전한 현실이기 때문에 이론화하기가 쉽지 않으며, 인식론적 고찰에 머무는 이론의 경계를 넘어서게 되었다.

동시대의 현실을 지칭하는 용어나 현상에 대한 계보학을

2. 같은 책, 290.
3. 리포베츠키 2007, 24.

만드는 것은 간단한 작업이 아니기에, 우리는 고어 자본주의에 관한 담론의 바다에서 적절한 부표를 띄우기 위해 임시로 빌려 온 계보학에 기대어 설명해 보고자 한다.

폴 B. 프레시아도[4]를 따라, 포스트포드주의로 알려진, 에너지 위기와 생산 조립 라인의 쇠퇴 이후의 시기에 첫 부표를 띄워 보도록 하자. 이 시기에 추구하기 시작한 것은 "[...] 변화된 글로벌 경제를 견인하는 새로운 영역이다. 생화학, 전자 공학, 정보 과학, 통신 산업 분야를 자본주의의 새로운 지주 산업이라 일컫고 있는 것이다."[5] 프레시아도는 현 사회의 가치 생산과 생명의 생산을 설명하기에 이러한 담론이 이론적-개념적- 설명적으로 부족하다는 것을 설득력 있게 지적한다. "[고어] 영역에서도 고전 경제학의 영역에서 노동력을 설명하는 개념에 상응하는 새로운 철학적 개념을 구상할 필요가 있다."[6] 고어 자본주의에서 노동력의 자리를 대체하는 것은 고어적 관행이며, 이는 자본을 생산하기 위해 가장 노골적인 폭력을 체계적이고 반복적으로 이행하는 것으로 이해된다.

프레시아도는 "지난 세기의 산업 생산이 몸, 섹스, 섹슈얼리티의 정치적 관리라는 새 천 년의 사업으로 서서히 변해 가는 연표"[7]를 그린다. 우리는 이 사업에 권한을 부여받은 (국가) 폭력과 권한 없이 행해지는 폭력을 추가하려 한다. 이 권한 없는 타자들은 자본을 생산하는 수단과 행위의 **합법적인** 관리 체제에 속하지 않고 개별적으로 다양한 몸에 폭력을 가함으로써 권력을 가진다.

세계 경제의 변화를 추구하는 새로운 움직임 옆에서, 고어 자본주의의 정착과 번영을 위한 가느다란 선이 뻗어 나오기 시작한 것이다.

여러 현상이 수렴되는 지점을 통해서야 비로소 이 과정을 파악할 수 있다. 이를테면, 자본 창출의 전통적 과정이 전복되고,

4. 저자는 책을 쓰던 당시 상황에 따라 프레시아도가 트랜지션에 들어가기 전 이름으로 언급했기에, 현재 프레시아도의 이름으로 바꾸어 번역했다.—옮긴이.
5. 프레시아도 2008, 26.
6. 같은 책, 38.
7. 같은 책, 26.

노동 조건과 노동 문화에 대한 경시가 심화되며, 정치 기피와 사회적 약자의 수가 점점 늘어나는 등의 현상들이 중첩되는 지점 말이다. 이는 제3세계뿐 아니라 거대 경제 중심지의 주변 지역 역시 마찬가지이다.

이러한 현상은 소비를 통한 사회화 — 사회적 유대감을 유지하는 유일한 방법으로서 — 의 증대와, "소비주의적 태도와 중압감은 빈곤의 경계 앞에서 멈추지 않고 오늘날 모든 사회 계층에 확대되며, 사회 보장으로 생계를 유지하는 계층 역시 예외는 아니다"[8]라는 사실로 수렴된다. 사회적으로 배제된 지역에서 범죄에 대한 죄책감과 책임감을 없애고 범죄를 사소한 것으로 만드는 [그리고 영웅시하는] 경향이 나타나며,[9] 텔레비전의 폭격, 레저, 장식용 폭력, 바이오 시장을 통해서도 그런 경향이 나타난다. 이러한 현상은 고도 소비주의 사회의 발전 속에서 우리가 마치 당연하고 정당한 일인 것처럼 고어적 행위를 수행하도록 만든다. 폭력과 범죄 행위는 더 이상 윤리적으로 디스토피아의 길로 간주되지 않으며 모두가 쓸 수 있는 전략으로 받아들여진다. 폭력은 도구처럼 사용하고 관리되며 상품뿐만 아니라 사회적 평가까지도 살 수 있을 돈을 대 주는 것이다.

전통적인 노동 개념은 해체되고 그로 인해 마초 생계 부양자로서 남성의 욕망 충족이 위협받게 된다.[10] 로베르토 사비아노가 논증하듯이, 불안정 노동을 하는 것은 불명예로 여겨지기 때문이다.

> 웨이터 밑의 심부름꾼 혹은 공사 현장에서 일하는 것을 [나폴리의 빈곤 지역 젊은이들은] 수치로 여긴다. 끝도 없이 늘어놓을 만한 뻔한 이유들—불법 노동이라서, 유급 휴가와 병가를 못 받기 때문에, 하루 평균 열 시간은 일해야 하므로—은 제쳐 놓고라도, 무엇보다 이런 일자리로는 상황을 개선할 수 있다는 희망을 가질 수 없기 때문이다.

8. 리포베츠키 2007, 185.
9. 같은 책, 184.
10. 이 주제에 대한 심화 연구는 다음을 참조하라. 히메네스 구스만 외(편) 2007.

'시스템'**11**은 적어도 노력하면 인정받으리라는, 사회적으로 성공할 가능성이 있다는 희망을 제공한다. 누구도 조직원을 수습 취급하지 않을 것이며, 어떤 여자라도 낙오자 따위가 작업을 걸었다고 생각하지 않을 것이다.**12**

바로 이러한 배경이야말로 이후에 고어 자본주의가(꼭 이 이름이 아닐지라도) 고어적 관행과 불가분의 관계가 되는 근간을 마련해 준 것이며, 이것은 이미 벌어진 현실이기도 하다. 고어적 관행은 자본 생산 과정의 일부이고, 고도 소비주의 사회의 소비자 교육과 사회 경제적 규제 완화 그리고 노동의 성별 분업에 뿌리를 두고 있다.**13**

여기서 우리는 짧은 시간에 부를 획득하기 위한 전략으로 폭력을 사용하고 남용하는 것이 다른 시대에 존재하지 않았다고 주장하려는 것이 아니라, 이러한 전략이 제1세계(혹은 세계 경제 대국)라고 알려진 경제 중심축의 몰락과 함께 심화되었음을 납득시키고자 한다. 권력을 쥔 핵심부가 몰락하면서 반 도플러 (anti-doppler) 효과의 파동이 만들어진다. 제3세계라고 불리는, 경제적 중심부에서 가장 멀리 떨어진 지역에 직접적으로 충격파의 영향이 가 닿는 것이다. 하지만 이 효과가 중심부에서 즉각적으로 느껴지기는 하나, 머나먼 지역으로부터 최근의 파동에 반사되어 돌아오는 파동은 자연스러운 현상처럼 느껴지는 것이 아니라 포스트포드주의 위기의 직접적인 응답으로 여겨진다. 중심부에서는 이미 지나가 버린 일처럼 생각된 포스트포드주의 위기는 지구의 다른 한편에서는 여전히 영향력을 발휘하며 누적되어 왔으며, 그에 대한 응답으로 고어 자본주의와 같은 사회 경제적 역동을 만들어 낸 것이다.

제3세계는 오늘날 경제 체제의 요구에 대한 응답으로 폭력을 생산 무기로 삼는 숨겨진 질서를 만들어 내고 이를 세계화하는 경향을 보인다. 이렇듯 고어 자본주의는 소비, 자아 확인, 역량 강화의 욕망을 통해 재식민화된 극단적인 포스트 식민주의의 대륙 간 투쟁으로 이해될 수 있다.

11. 시스템은 나폴리 마피아가 스스로를 일컫는 이름이다.
12. 사비아노 2008, 124.
13. 카라스코(편) 2003 참조.

이러한 경제 파생물들은 디스토피아적인 주체와 행위 (이후로는 엔드리아고 주체와 고어적 관행이라 부를 것이다)를 양산하는데, 이를 논리적으로 설명하기 위해서는 도덕적으로 접근할 것이 아니라, 기존의 인도주의적 가정을 산산이 부수고 재해석하고 있는 이 현상을 재검토하는 방식으로 이루어져야 한다. 도덕적 논리는 복지 국가의 담론 아래 사회적으로 구조화된 세계에서는 의미를 가졌으나 고도 소비의 절대 권력에 근간을 둔 현 세계에는 맞지 않는다. 그러므로 세계화라고 이해되는 현 경제 질서가 낳은 가장 근본적인 변화 중 하나는 노동 개념에 대한 이해 그 자체이며, 그 결과로 일어나는 급격한 노동 규제 완화이다.

수익 창출이 더디고 고수익을 기대할 수도 없는 생산 영역인 농촌의 불안정이 극에 달하고 이를 정부와 기업이 등한시하는 상황에서, 적어도 두 가지 눈에 띄는 결과가 발생한다. 첫째는 시골에서 도시로 대규모 이주가 일어나 체제가 와해되고 중장기적인 삶의 영위가 사실상 불가능해진다. 그 결과 취약 계층이 늘어나고, 다음과 같은 이유로 기존 **빈곤**의 범주는 지지 기반을 송두리째 뽑힌 이들 계층을 더 이상 포괄할 수 없게 된다.

> 얼마 전까지 빈곤은 주민 연대로 생계를 유지할 수 있었던, 전통적으로 식별 가능한 안정적인 사회 집단을 정의하는 말이었으나, 그 시대는 지났다. 포스트 산업 사회에서 구성원으로서의 자격을 박탈당한 인구는, 엄밀히 말해서 특정 사회 계층을 형성하지 않는다. 하이퍼모던 사회의 배제의 풍경은 마치 특정한 위치도 궤도도 없이 떠다니는 성운처럼 존재한다. 이 다원적 층위의 성좌에는 계급 의식도, 집단적 연대도, 공동의 운명도 없다. 각기 너무나도 다른 개인적 역사와 궤적이 있을 뿐이다. 개별적 형편과 난관뿐 아니라 사회적 배제와 자격 박탈의 희생자이기도 한 새로운 **무소속**의 주체들은 불평등이 극심하고 고도로 개인주의화된 사회에서, 전통적인 계급의 사회 문화적 테두리에서 해방되기에 이르렀다.[14]

 14. 리포베츠키 2007, 182.

이러한 전통적인 계급의 **해방**은 진정한 의미에서의 사회화와 화합을 실현하는 데 가장 큰 걸림돌이 되었고, 그로 인해 효과적이고 비판적인 저항을 가로막는다. 다른 한편으로는 현재 마약 밀매업이 국가에 반대하고, 일자리를 제공하고, 시골의 가치를 회복시기 위해 경제적으로나 정치적으로 충분한 조건을 갖추고 있는 지나치게 강력한 변수라는 사실이다. 그 결과 마약업은 지독하게 매력적이고 수익성이 좋은 사업이 되었다.

사회적 소속이 박탈된 상황에서 점점 늘어나는 범죄적인 일자리 제안은 기업이든 불법적인 경제 영역이든 상관없이, 노동을 윤리적이고 휴머니즘적인 시스템과 완전히 동떨어진 것으로 재해석하도록 만든다.

윤리적이고 휴머니즘적인 규범과의 이러한 단절을 명확히 보여 주는 두 사례가 있다. 하나는 합법 경제의 테두리 안에서, 수백만 생명을 구할 수 있을 특정 의약품을 사유화하고 상업화하는 제약 회사이다. 제약 산업은 생명 보호 즉 인권을 존중하는 일보다 경제적 이익을 우선시한다. 다른 하나는 불법 경제의 테두리 안에 있는 범죄 조직이다. 이들은 합법적 기업과 동일한 경영의 논리로 인명의 희생을 외면하고 수익률을 최대화하며, 폭력의 스펙터클화로부터 파생되는 상징적이고 물질적인 수익으로도 이득을 본다. 구체적으로 말하자면, 마약업은 노동의 개념을 고도 소비주의와 개개인의 자기 가치 확인과 같은 시대의 흐름과 연결함으로써 이를 재해석하는 동시에 특히 남성들에게 부과된 젠더에 관한 요구, 특히 노동을 매개로 공고해진 그 요구에 영합한다.

마약업은 상품을 만들기 위한 원자재로서 시골의 **가치를 회복**[15]시키는 데 근간을 두고 있는 동시에, 폭력을 도구로 사용하게끔 만드는 소비자 교육에 침윤되어 있다. 폭력은 존재의

---

15. 라틴아메리카나 아시아 남부에서 농민들에게 마약으로 지불하는 임금은 이윤의 매우 미미한 부분(1퍼센트)일 뿐이지만, 농민들에게는 주요 수입원이자 삶의 질이 현저히 개선되는 것을 의미한다. 하지만 쿠르베의 주장은 다음과 같다. "단지 2퍼센트의 국제 개발 원조를 인상하는 것으로도 평범하게 농작물을 경작하고자 하는 농민들에게 마약 사업에서 손을 뗌으로써 생기는 적자를 보상해 주기에 충분하다." 쿠르베 2007, 69-70.

정당성을 입증해 주는 구매력을 제공함으로써 그럴듯한 주체로 자리 잡을 만한 소비의 욕구를 충족시키는 데 이용된다. 이런 과정을 거쳐 경제적으로 자격을 획득해 가는 주체는, 남성을 **마초 생계 부양자**로 내세우는 젠더 서사 속에서 정체성을 재확인하고 폭력을 적극적으로 행사하며 자신의 남성성을 강화한다. 다시 말해서, 주체가 경제적 측면뿐 아니라 사회적으로도 자격을 얻는 것이 가능한 이유는 유력한 고도 소비자로서 현실 경제의 논리에 참여하기 때문이다. 하지만 이 참여는 **경제**의 어두운 **측면**에서 이루어진다는 점에서 국가는 재정 예산의 관점에서 이 주체를 평가하고, 그렇기 때문에 탈세를 이유로 그를 적으로 가정한다. 자본주의 체제의 입장에서는 탈세가 엄청난 경제적 손실을 야기하기 때문이다.

　　마약 밀매업의 경제는 시장, 노동의 도구, 노동의 개념 그 자체를 재해석하고 근본적인 방식으로 시골의 가치를 재평가한다. 로레나 만시야는 이렇게 설명한다.

> 나는 마르크스주의자들이 항상 성과 없이 도시의 투쟁과 농촌의 투쟁을 연계하려 애썼던 것을 기억한다. 하지만 지금 나르코[마약 카르텔]는 잘 조직된 도시 게릴라를 만들어 내고 있다. 나르코는 훈련 기관(어제 티후아나의 어떤 집의 지하실에서 한 군데가 적발되었다)을 가지고 있고, 무장하고 있으며, 전략 지점마다 가정집으로 위장한 요새를 확보하고, 주 경찰, 연방 경찰, 시 경찰과 세 시간 동안 이어지는 총격전을 버텨 낼 수 있다. 마약은 농촌에서 생산되므로, 이 모든 것은 농민 투쟁의 결과이다. 흥미로운 지점은 우리가 이야기하는 농민의 반란이 도시 게릴라를 만들어 낸다는 점이다. 또 주목할 만한 것은 보통은 이런 종류의 움직임이 한 지역이나 한 국가에 국한되기 마련인데, 이 경우에는 생산, 유통, 소비가 일어나는 국가들을 모두 포함하는 현상이라는 점이다. 우리는 조직화되지 않은 국제적인(아마도 대륙 간의) 혁명을 이야기하고 있는 것이다. 혁명을 기록할 이론가도, 영웅도, 깃발도, 시위도, 유니폼도 없고 황량한 해변에 도착한 작은 배들의 영웅적 이야기도 없고 이상도 없는 혁명, 자동

화기의 덜덜대는 소리와 등장인물과 전투를 회상하는 코리도 노르테뇨(corridos norteños)[16]를 배경 음악 삼은, 순전히 경제적 목적의 혁명이 일어나고 있다는 것이다.[17]

만시야의 분석은 마약업과 연관된 폭력 현상을 계급 투쟁으로 재해석하게 만들고 포스트 식민주의를 **극한**으로 밀어붙인다는 점에서 흥미롭다. 즉 고도 소비주의와 오늘날 세계를 지배하는 경제적 조건의 결과로 인한 좌절감을 통해 재식민화하는 현상이라고 본다. 그리고 이 투쟁에서 중개인은 탈락되고 엔드리아고 주체가 자아 확인의 방편으로 극단적이고 불법적으로 행동할 수 있는 길이 열린 것이다.

또한, 고어 자본주의의 계보가 세계 경제 대국과 그들이 전 세계를 대상으로 한 요구 속에서 시작되고 유지되어 왔다는 사실은 아무리 강조해도 지나치지 않다. 고어 자본주의는 세계화 속에서 나타난 제1세계 자본주의 생성 과정의 직접적 결과이기 때문이다. 세계화의 관행을 이론화하기란 쉽지 않다. 담론적 현실을 지배하고 생산해 내는 세상에서, 이 관행들이 세계 금융 시장 식의 성격, 즉 유동적이고 우회적이고 유보적이고 유령 같은 성격과 직면해 있기 때문이다. "마음을 움직이고 기분 전환을 하게 하는 소비 경험의 추구가 확장된다는 것이 고도 소비사회의 특징이라 할 수 있으며, 또한 아무**것도 아닌 것**에서조차 고통을 느끼고 **점점 부족해지는 것**에 공포를 느낀다는 점에서 이 사회는 현대적이라고도 하겠다."[18]

이런 유형의 자본주의가 가진 경제적 논리와 그 파생물로 인해 자본주의 시스템 자체와 그영향에 대한 분석이 철학적으로 적절해진다. 여기에서 영향은 생각의 범주를 만드는 서사 혹은 담론적 전회의 의미와 생산을 모색하려는 세계적 인식론이 만들어지는 데 자본주의가 끼친 파장을 의미한다. 자본주의는 물질적으로나 인식론적으로나 현실의 지평에서 유일한 관계적

16. 코리도는 19세기 멕시코 혁명 시기에 대중적 인기를 얻은 멕시코의 전통 서사 발라드 장르로, 코리도 노르테뇨는 북멕시코 지역에서 널리 퍼져 마약, 이주 등을 주제로 한 음악을 말한다.—옮긴이.

17. 만시야 2008년 1월 21일.

18. 리포베츠키 2007, 180-181.

논리로서의 고도 소비주의를 정착시키는 방식을 통해 중국에는 주체의 근원적인 질문을 다시 설계토록 하는 신존재론을 만든다. 나는 누구인가? 내 존재의 의미는 무엇인가? 세계에서 내가 차지하는 자리는 어디인가? 어째서 그러한가? 이 질문에 인간이 하는 모든 것에 대한 인류학적 요구와 맞물린 소비주의적 집착으로부터 응답하도록 말이다.

이런 소비자 행동의 논리에 대항하거나 그것을 없애려는 시도를 하는 것이 아니라 오히려 이와 교잡하고 토착화 시킴으로써, 우리의 신체에 이 논리들을 기입해 넣을 수 있도록 통합한다. 이러한 동화 과정은 바이오 **시장**이라 명명할 수 있는 현상으로 이어진다.

또한 극단적 폭력, 젠더, 죽음 정치가 어떻게 용서를 구하지 않는 잔혹하고도 새로운 종류의 자본주의로 변할 수 있었는지 자문하는 것은 타당한 일이다. 이 엔드리아고 주체는 어떻게 세계 시장에 참여하기로 결심했고 공식 경제에 의해 유지되는 유사 범죄 경제 안에서 어떻게 세력을 키워 왔는가? 엔드리아고 주체는 어쩌다 **잔혹하고 도전적이며 위험을 감수하는**, 모종의 **개인주의적 경쟁**[19]에 뛰어들게 된 것일까? 이 일련의 질문에 대한 답은 미디어에 전시된 (통제된?) 폭력을 신격화하는 사회에서 찾을 수 있다. 미국의 구체적인 사례에서 볼 수 있듯이, 이러한 사회에서 경제력의 주된 토대는 군비 확장 경쟁—오늘날 우리가 **장식용 폭력**이라고 명명한 양태로 드러나고 있는—과 전쟁, 그리고 이견을 가진 몸-주체-영토 혹은 자본 모두에 죽음을 내릴지 말지를 관리하는 일이다.

> 전반적인 물질적 조건이 나아지면 나아질수록, 빈곤의 주관적이고 심리적인 측면이 강화된다. 고도 소비사회에서 경제적 불안정은 단지 새로운 물질적 박탈감뿐 아니라 도덕적 고뇌, 다르다는 것에서 오는 수치심, 자아 존중감 상실, 부정적 반응성을 널리 퍼뜨린다. 갑작스레 닥치는 외적 불행은 내적인 혹은 존재적인 행복과 나란히 진행된다.[20]

19. 같은 책, 189.
20. 같은 책, 191. 한국어판은 질 리포베츠키, 『행복의 역설』, 정미애 옮김(파주: 알마,

이런 맥락에서 종속된 주체가 자신에게 부과된 질서의 일관성과 무류성을 의심하기 시작하는 것은 최소한 논리적인 판단의 결과이다. 또한 이들은 권한 강화를 요구하고, 부와 자본을 얻는 원동력으로서 파괴적인 수단을 이용하기 시작했다. **승리자의 주체성**에도, 체념한 자의 주체성에도 부합하지 않는 위반자의 주체성을 기반으로 말이다. 동시대 주체성에 대한 이론화의 틀을 뛰어넘어 만들어진 엔드리아고 주체성은 "희생자의 이미지와 조건을 몰아내기 위해 법을 어기거나 자아 확신을 위한 행동을 하려 애쓰는 것"[21]에 근거한다. 그리고 이 행동은 "명령과 억압에의 요청"[22]을 불러온다.

이렇게, 고어 버전의 자본주의는 고어적 요소 자체[TV에 나오는 폭력이나 그랜드 테프트 오토(Grand Theft Auto)와 같은 비디오 게임의 폭력에 과다 노출되는 것]에서뿐만 아니라 빈곤으로부터도 출현한다. **경제 자체가 폭력의 한 형태**이기 때문이다. 하지만 이 폭력은 겉으로 드러난 폭력의 결과일 뿐 아니라, 광고로 뒤덮인 무해한 포장에 싸여 암시적이고 살균된 형식으로 우리의 몸에 침투한 폭력의 결과이기도 하다. 이러한 포장은 모든 것을 다 소비할 수 없는 우리의 불가능성에 직면하게 만들고 끊임없는 욕구 불만으로 이끌어 결국 공격성과 노골적 폭력으로 이어지게 된다. 질 리포베츠키는 다음과 같이 설명한다.

> 텔레비전이 폭력에 가장 큰 영향을 끼치는 지점은 […] 흔히 이야기하듯 피비린내 나는 장면이 미디어를 뒤덮어서가 아니라, 선동적인 광고가 자극하는 **행복한** 길 때문이다. […] 실제로 폭력을 선동하는 것은 쏟아지는 폭력적 이미지보다 현실과 이상적인 모델처럼 여겨지는 것과의 차이, 소비 장려와 그 진짜 가격을 가르는 격차이다. 만일 텔레비전이 **행복한 폭력** 즉 시청자들을 불편하게 하지 않으려고 결말을 행복하게 맺는 신속하고 고통 없는 폭력을 만들어 내는 것이 사실이라면, [포스트포드주의의] 텔레비전이 소비주의

2009), 222 참조.
21. 같은 책, 189. 리포베츠키, 『행복의 역설』, 220 참조.
22. 같은 곳.

행복의 이미지를 가장 폭력에 민감한 사람들에게 노출하고 있다는 것 역시 사실일 것이다.[23]

새로운 전 지구적 자본주의에 대한 많은 이론화 작업이 이루어져 왔다. 하지만, 이 이론의 관점과 고찰 및 결과는 제1세계를 축으로 시작되며, 제3세계는 **부품 하청-공장-국가**, 즉 그저 값싼 노동력을 공급하는 이민자들이 오는 국가로 간주될 뿐이다. 혹은 젠더, 계급, 인종과 같은 범주를 고려하는 가치 판단 아래에서도, 이 범주들은 담론이 속한 공동체 밖에서도 그 독립성과 유효성을 옹호하기에 충분한 무게를 가진, 바람직하고 중요한 속성으로서 고려되지 않는다. 보편성을 획득할 권리가 없는 것이다.

우리는 어떤 담론도 다른 담론에 비해 보편화할 권리가 있다고 변호하는 것이 아니다. 다만 어떤 담론은 그럴 가능성조차 가지지 못한다는 사실 자체를 강조하고자 한다. 다시 말해, 이들 주체에게는 스스로의 현실에 대해 말하고/이론화하기 위한 권한도 목소리도 주어지지 않았기 때문에, 이론화 과정에서 이들은 의미 있는 주체로 간주되지 않으며, 그들이 한 말이 진지하게 경청되는 법도 없다. 월터 미뇰로는 이렇게 설명한다.

식민주의적 차이와 권력의 식민주의성(식민주의적 차이를 정당화하는 담론)의 흔적이 남겨진 권력 관계야말로, 지식이 경제와 마찬가지로 권력의 중심부와 서발턴 지역에 따라 구조화된다는 것을 드러낸다. 여기에서 함정은 근대성의 담론이 환상을 만들어 냈다는 것이다. 지식이 탈체현적(dis-embodied)이고 탈지역적(de-localized)이며, 지구의 모든 지역이 근대성의 인식론으로 '올라가야' 한다는 환상 말이다.[24]

제3세계의 주체를 바라보는 시선은 보통 그들을 피해자화하는, 위계적 의도를 지닌 관점 혹은 선하고 둔감한 의도로 가득 찬 관점을 벗어나기가 어렵다. 여성 이주라는 거대한 흐름을 보여 주는 의심의 여지없이 확실한 표지이자 불안정의 동의어인

23. 같은 책, 185-186. 리포베츠키, 『행복의 역설』, 216-217 참조.
24. 미뇰로 2003b, 2.

"노동의 여성화"[25]의 이론화가 이를 잘 보여 주고 있다.

제3세계 주체성을 해석하는 또 하나의 편파적인 방식은 불법 상품의 조달자, 범법자 혹은 잠재적 범죄자와 같은 꼬리표를 붙여 정형화하는 것이다. 이 꼬리표는 고어 소비의 양면 중 한 면, 즉 공급자로서의 측면만을 보이도록 한다. 그렇지만 우리가 수요와 공급에 기초한 법칙을 말하는 시장의 논리를 따른다면, 불법 상품의 소비자의 측면이 가려져 있음을 깨닫게 된다. 소비자의 측면은 보통 제1세계 주체들이 점유하고 있기 때문이다.

고어 소비

이 섹션은 고어 소비자의 측면을 가시화하며 시작해 보려 한다. 고어 소비자는 고어 시장에서 제공된 상품을 사용하고 향유하기 위한 평균적인 구매 수준을 가진 시민이다. 고어 시장에서는 상품과 서비스라는 범주 아래 마약, 성매매, 장기 매매, 위협용 폭력 판매, 청부 살인 등이 제공된다. 이러한 수요는 특정 지정학적 위치로부터 나온다. 실용적이고 유희적인 국제적 수요의 만족과 소비를 위해, 고어 상품을 생산해 내는 공장처럼 저개발 국가를 바라보는 입장이다. 이처럼 "점점 더 초국가적으로 변해 가는 다발적인 범죄 행위를 촉진하는 것은 바로 국제적 수요이다."[26] 하지만 데이비드 코트라이트(David Courtwright)가 마약에 대해 설명한 바에 따르면, 이러한 소비 행위가 새로운 일이 아니라는 것은 잘 알려진 사실이다. "향정신성 상품의 거래는 근대 세계 형성의 근본적인 부분을 구성한다. 소비자의 물질적 욕구를 해치는 정서적 만족과 쾌락에 집중된, 성숙한 자본주의의

25. 여기에서 노동의 여성화라는 개념이 이중으로 성차별적인 의미를 내포하고 있다는 것이 흥미로운 지점이다. 우선 노동의 여성화를 이야기하며 지금이 여성들이 일을 한 유일한 시대인 것처럼, 역사적으로 여성이 해 온 일을 가리고 있다. 그렇게 무임금 노동이 마치 자연화된, 명백한 여성의 운명인 것처럼 삭제하는 것이다. 둘째로는 유연한, 유동적인, 변하기 쉬운, 박봉의, 불안정한과 같은 형용사가 여성의 노동을 특징짓는 것으로 추정하는 젠더화된 수사가 있다. 이와는 대조적으로 확실한, 안정적인, 보수가 높은, 신용할 만한 같은 형용사는 남성적 노동의 특징처럼 이해된다. 이와 관련해서는 다음 참조. 프레카리아스 아 라 데리바 2004.
26. 쿠르베 2007, 63.

급격한 전회가 외적으로 발현되는 것이기 때문이다."[27] 미샤 글레니도 『국경 없는 조폭 맥마피아』에서 이 주제를 논한다.

> 코카인으로 가득 찬 칵테일 유리잔을 표지 그림으로 삼은 1981년 7월 『타임』지는 이렇게 보도했다. "그것은 더 이상 돈 가진 엘리트들의 은밀한 죄악이 아니다. 과거 수십 년 동안 그렇게 여겨졌지만, 방탕한 사회 집단의 퇴폐를 비추는 것도 아니다. 거들먹거리는 기업가들이나 할리우드 예술가들이 독점하는 사치품도 아니다. [...] 가장 세련된 커피 테이블에서 볼 수 있는 가장 과시적인 방식의 소비이다. [...] 코카인은 부와 지위의 상징이 되었기 때문에, 오늘날 전통적이고 건실한 중산층 시민들이 선호하는 약물이 되었다."[28]

이러한 소비 행위의 새로운 점은 한편으로는 사회가 이를 공공연하게 요구할 정도로 인위적으로 자연화되고[29] 강화되어 온 방식에 있으며, 다른 한편으로는 도덕적 판단을 모면하여 경제 이론의 기준에서 보면 마치 적절한 듯 해석되어 버린다는 점에 있다. 앞선 글레니의 인용문이 보여 주듯, 마약 소비는 사치품의 범주에서 벗어났고, 그로 인해 경제 논리에 따라 "우리가 점점 번영함에 따라 더 신속히 수요가 늘어나는 시장에서의 성장"[30]이 일어난 것이다.

향락적 소비주의가 대중적 현상으로 정착되면서 우리 삶의 한 부분이 지나치게 발달했다. 무엇이든 성취하는 정신, 자신의 사회적 성공과 지위를 대량 소비를 통해 증명하는 사고방식이 바로 그것이다. 그리고 이 사고방식은 안전하게 물건을 구입하는 것이 불가능하고 폭력을 이용해야 가능한 장소로 수입되었다.

27. 같은 책, 67.

28. 글레니 2008, 340. 한국어판은 글레니 『국경 없는 조폭 맥마피아』, 393-394 참조.

29. 우리가 이해한 인위적 자연화(naturalización artificial)라는 개념은 부르디외가 부여한 의미에 따른 것으로, 사회적으로 자연적인 것처럼 구축된 개념과 실천을 의미한다. 이 개념과 실천은 세월이 흐르며 희미해지는 시간성에 근거한 가짜 계보학을 정착시키고 탈역사화시킨다. 이 가짜 계보는 어떤 사실은 원래 그러하므로 자연스러운 것으로 이해되어야 하는 개념이나 현상이라고 생각하게끔 만든다. 부르디외 2000.

30. 코일 2006, 7.

그렇게 "이런 변두리에서도 언젠가는 사치를 누릴 수"[31] 있기를
바라는 것이 소비의 기준이 되어 버린 불협화음의 현실이
만들어졌다.

서로 다른 세계(경제적 권력을 가진 세계와 주변부의
궁핍한 세계) 간의 불평등한 상호 작용 때문에, 제1세계 담론은
경제적으로 어려운 국가로 하여금 아찔한 속도로, '진보'를 위한
발전과 경쟁을 **중심 주제**로 하는 담론을 수입하도록 만들어
왔다. 빈곤국은 세계적 소비주의의 경쟁에 뛰어들기 위해
환영받지 못하는 전략, 즉 죽음-전략[32] 혹은 고어적 관행과 같은
전략을 만들어 낸다. 소비의 논리를 개조한 후 그것을 이용해
국가와 유사한 고어적 주권을 정착시키는 방식으로 말이다.
아실 음벰베는 다음과 같이 설명한다.

> 자원이 유통되기 시작하면 사람과 사물 사이의 단절이
> 과거보다 더 두드러진다. 일반적으로 사물의 가치가 사람의
> 가치를 뛰어넘기 때문이다. 이것은 폭력의 결과로 생기는
> 양상이 인간을 향한 육체적 파괴(민간인 학살, 종족 학살,
> 다양한 방식의 살해)와 사물을 향한 주요 착취를 중심
> 목표로 삼고 있는 이유이다. (전쟁은 그저 하나의 단면일
> 뿐인) 이러한 폭력의 방식은 국가 밖의 주권을 확립하는 데
> 기여하며, 권력과 사실 사이, 공적 문제와 사적 정부 사이의
> 혼란에 기반을 두고 있다.[33]

일상적인 관행처럼 죄책감 없이 폭력을 사용하는 것은 이 국가
외부의 주권이 폭력과 경제 사이의 관계를 복잡하게 만드는 것을
의미한다. 또한 현존하는 이론이 현재 세계에서 폭력이 수행하는
진짜 기능을 다룰 때 지니는 한계 역시 드러난다. "[많은 사람이]
남들처럼 살 수 없는 정글 같은 세상에서 '평범하게' 살 수 있는
하나의 방법으로 범죄를 재평가"[34]하고 있기 때문이다. 이 일련의
사실로 인해 폭력의 범위와 영향력이 확장되고 곳곳에 스며

---

31. 사비아노 2008, 104.
32. 타인의 죽음을 부를 획득하는 도구로 쓰는 것에 근간을 둔 전략이다.
33. 음벰베, "Al borde del mundo. Fronteras, territorialidad y soberanía en
África," in AA. VV. 2008, 167–196. 음벰베 1999도 참조.
34. 리포베츠키 2007, 184–185. 한국어판은 리포베츠키, 『행복의 역설』, 215 참조.

자연화하는 동시에, 불법 경제 — 폭력에 토대를 둔 대체 국가를 만드는— 와 합법 경제에 의한 현상이 식별 불가능해진다. 양쪽 다 고도 소비주의 사회를 유지하는 길로 귀착하기 때문이다. 현재 세계를 지탱하는 현상으로서 폭력과 소비를 고려하지 않고는 복합적인 관계망 속의 세계를 이해할 수도 없고 설명할 수도 없다.

오늘날 자본주의에 대해 다양하고 많은 이론화가 이루어졌지만 그중 대부분이 쾌락과 고도 소비주의적 의식의 유사성에서 출발한다는 점이 두드러진다. 말하자면 모든 수준의 쾌락 생산과 획득이 자본의 결핍이나 욕망을 변화시키는 물질이자 원동력이라는 뜻이다. 폴 B. 프레시아도가 주장하는 **의약포르노그래피적**(farmacopornográfico) 자본주의 개념이 바로 그 예이다.

> 우리는 새로운 종류의 핫한, 향정신성의, 펑크 자본주의에 직면하고 있다. [...] 새로운 **세계-경제**는 수백 톤의 합성 스테로이드가 생산되어 동시에 서로 연결되어 펼쳐지지 않고는 작동하지 않는다. 또한 포르노 이미지의 세계적 유포 없이는 작동하지 않으며, 새로운 종류의 합법적이고 불법적인 합성 향정신성 약품(렉조밀, 스페셜-K, 비아그라, 스피드, 크리스털, 프로작, 엑스터시, 파퍼, 헤로인, 오메프라졸 등)의 제조 없이는, 어지러운 도시 건축 형태로 전 지구에 확장되고 슬럼화한 거대 도시에 자본이 집중되지 않고는, 부호들과 디지털 전송의 정보 처리 없이는 작동하지 않는다. 이것들은 단지 글로벌 미디어 후기 산업 시대에 출현한 체제의 몇 가지 지표일 뿐이다. [...] 이제부터 나는 이를 **의약포르노그래피적** 체제라고 부를 것이다.[35]

프레시아도는 이 새로운 자본주의가 가져온 신체적, 인식론적 변화를 인식하고 있다. 이 변화는 휴머니즘의 범주가 현실에 대한 관념과 인지의 전회를 수반하는 쾌락주의적 범주로 대체되는 것으로 이해될 수 있다.

소비주의적 욕구가 현실 해석의 믿을 수 있는 토대라

35. 프레시아도 2008, 31–32.

상정되고, 개개인 사이의 상호 작용과 사회화가 소비 영역에 한정되는 경향이 점점 더 심해지면서, "도시 외곽의 가난한 시민들이 중산층의 소비나 개인주의, 자아실현의 가치를 동일하게 느끼며 각자의 개성을 유지하려고 노력"[36]하도록 만든다. 근대 인식론의 중심이 휴머니즘에서 소비주의적인 쾌락주의로 이동하면서 쾌락주의를 만족시킬 수 있는 상품을 만들어 내는 데 집중하는 사이, 폭력, 피, 죽음의 과정을 은폐하고 있다.

이렇듯 프레시아도의 의약포르노그래피적 자본주의에 대한 관점은 통제 지향적 사회의 미시 감시와 유사한 계열의 소비주의적 쾌락주의에 노출된 현대 사회에서 절정에 다다른 현상을 설명한다. 이와 동시에 프레시아도는 경제적으로 극도로 취약하고 불안정한 사회에 속한 주체가 주변부 자본주의 주체성을 나타내는 과정에서 육체적으로 참여하고 있다는 것 역시 드러낸다. 그러나 우리는 이러한 의약포르노그래피적인 자본주의의 주체성의 원인을 고어 경제의 맥락에서 찾아야만 한다. 프레시아도가 이야기하는 모든 의약포르노그래피적 과정을 가로지르며 등장하는 폭력의 범주를 완전히 무시해 온 현대의 개념적 장치는 고어 경제를 여전히 반영하지 못하고 있다. 왜냐하면 폭력은 전체 시스템의 발전 아래 숨겨져 있으며, 특히 약물 사용과 성적 쾌락에 연관되어 있기 때문이다. 우리는 이 두 가지 현상이 대부분 지하 경제, 즉 조직범죄와 연계되어 있고 상품 생산과 관리를 위한 도구로 폭력을 사용하는 영역에 속해 있다는 점을 간과해서는 안 된다.

그렇다면 이제 우리는 프레시아도가 말하는 의약포르노 그래피적 자본주의와 고어 자본주의 사이의 근본적인 연결 관계를 찾는 작업을 하려고 한다. 이 연결 관계는 합법 약물과 불법 약물을 생산, 매매, 유통하는 것이 현대 자본주의 문제의 중심에 있다는 우리의 논지에 근거하고 있다.

프레시아도는 이 새로운 자본주의 패러다임이 세계를 총체적으로 설명할 수 있다고 주장한다. 바꾸어 말하면, 이 새로운

36. 리포베츠키 2007, 182–183. 한국어판은 리포베츠키, 『행복의 역설』, 213 참조.

인식 체계는 타자들, 주변부 주체들을 포함한다는 뜻이다. 하지만
이 주체들은 보통 호기심의 대상 혹은 담론 자체에 다채로움 혹은
주변성을 더하는 역할로 등장할 뿐, 구체화된 주체로 다뤄지지
않는다. 그렇다고 패권을 가지지 못한 이 주변부 주체들, 그리고
대부분이 제3세계에 속한 이들이 스스로 담론을 만들 역량이 없는
것이 아니다. 앞으로 증명해 보이겠지만 이 주체들은 상업적으로
부역하는 행위만큼 반대로 저항하는 실천도 하고 있기 때문이다.
그럼에도 불구하고 그들의 담론은 "일반적으로 독자가
이해하기 쉽고, 불편하고 폭력적인 현실, 억압, 인종, 계급에 대해
추상적이지 않은 현실을 다루므로 충분히 이론적이지 않다"[37]고
상정되기 때문이다.

　　　새로운 의약포르노그래피적 자본주의의 담론이 간주하는
몸은 언제나 욕망하고, 자극되고, 상호 연결되고, 약이 투약되는
장치라는 점에서 흥미로우면서도 위험하다. 하지만 욕망하는
장치로서의 몸을 가시화하는 것과 **실재의 몸**과의 연관성이
분명한 방식으로 이해되지는 않는다. 약물보다 더 **실재적인** 것들
때문에 죽는 몸들이 있다. 무기가 사용된 경제적 갈등 속에서
극적인 장면을 연출하며 끔찍하게 몰살되는 몸, 일 때문에
소모되는 몸, 한순간도 자치권을 가지고 자기 결정을 할 수 없는
상품으로서의 몸처럼, 날 때부터 자치권을 가지지 못했거나
강탈당했기 때문이다. 그러므로 우리는 의약포르노그래피적
자본주의를 현실의 경제적 변화를 설명하기 위해 필요한 개념적
도구의 일부로 사고하되, 이 개념을 적용할 때는 장기적으로
현시대의 아귀 같은 자본주의의 실천, 결과와 영향력이 어디까지
퍼져 있는지 설명하기 위하여 고어 자본주의와의 결합 지점을
찾아야 할 것이다.

　　　자본주의에 대해 지속적으로 이론화하는 것은 중요하다.
다만 정말 흥미로운 지점은 이러한 이론이 제1세계와 제3세계
사이에 존재하는 커다란 인지상의 간극을 드러낸다는 점이다.
우리는 자본주의의 재전환에 대한 담론이 흘러나와야 하며,

　　　37. 바르바라(Bárbara), 모라가 외(편) 1988, 187.

각각의 흐름이 서로에게 흘러들어야 한다고 본다. 글로컬 담론적 전회를 만들어 내고, 한 번에 수없이 많은 현실을 구분해 내기 위해서이다. 이 수많은 담론이 알레프[38]를 구성한다면, 자본주의 현 단계의 탐욕성을 명확히 드러낼 수 있다. 이 알레프를 통해 우리를 우선 사고하게 만들고, 이어서 다른 형태의 경제적 운영 — 투기, 축적, 유혈 사태를 원동력으로 삼는 기존 관행과 결별한 — 을 발전시키도록 인도할 급진적 이론을 구축해야 하기 때문이다.

고어 자본주의의 형성

고어 자본주의라는 프레임 안에서 특정한 사건을 선택하고 속속들이 열거하는 계보학을 만드는 것은 사실상 불가능한 작업이다. 이러한 종류의 자본주의의 발전과 전파의 핵심 특징이 바로 그 유령화에 있었기 때문이다. 애초에 고어 자본주의는 감지할 수 없는 무언가(그리고 많은 경우 세계적 강대국들의 경제적 중심지에서 관리하고, 보호하고, 요구한 무언가)처럼 퍼져 왔다. 고어 자본주의는 공기 중에 있지만 스스로 발전하기에는 실질적 힘이 부족한 것처럼 과소평가되어 왔다. 이렇게 장기간에 걸쳐, **국가의 창조물[39]**과 경제가 국가를 집어삼키려고 위협할 수 있는 조건이 조성되었다.

　　모두가 잠든 사이 자본의 힘은 욕망을 키워 가고 소비 욕망을 퍼뜨리는 미디어는 여기에 촉매 작용을 한다. 욕망에 가속도가 붙는 사이, 위치 에너지는 동력 에너지로 전환되고 거대하고 멈출 수 없는 추동력을 띤다. 상품으로 변해 버린 특정한 행위 안에서 욕망은 확고해진다. 무해하게 보이는 주체- 입자들은 자리를 찾고 우리 내부에 장착된다. 그렇게 예기치 않은, 산재된 곳으로부터 서서히 윤리적인 것 혹은 복종에 대한 무언의 합의는 파괴된다. 잔혹한 경제적 현실과 이를 둘러싼 조건 때문에, 몸, 주체, 살(carne)은 중심지, 상품, 교환 가치가 되었다.

---

38. 우리는 알레프를 "모든 각도에서 본 지구의 모든 장소들이 뒤섞이지 않고 있는 곳" (보르헤스, 2000)이라 이해하며 이 비유를 사용한다.

39. 다음 강연을 참조하라. 드레세르 2009년 1월 29일.

시신세력화를 기반으로 한 생산 과정상의 소요, 재구축, 침투를 통한 자본의 축적. 파괴. 혼란.

하지만 고어 자본주의가 어마어마한 질적 도약을 이룰 수 있었던 역사적 맥락을 찾기 위해서는 시장 자유화의 기점인 1971년으로 돌아가야 한다. 게다가 1971년부터 1973년 사이에 유령화를 수반하는 거대한 역설의 시초인 화폐 순환 자유화가 이루어졌다. "이 모든 것은 소비에트권이 몰락하고 냉전이 종결된 1989년 이후에 완결된다. 이렇게 상품뿐 아니라 사방팔방에서 상품처럼 이주하는 노동력의 세계적 순환이 정착된다."**40** 소비에트권의 몰락은 **다른 경제**의 기세등등한 개시로 이어진다. 다른 경제, 즉 조직범죄는 더 이상 지역 경제에 국한되지 않고 또 하나의 초국적 기업으로서 자본주의 구조, 그리고 금융 시장의 요구와 수요를 기반으로 조직된다.

소련 붕괴가 낳은 또 다른 중요한 변화는 유일한 경제 체제 선택지로서 선동적으로 자리 잡은 자본주의가 과격화한 것이다. 자본주의가 유일한 모델이 되고 우리는 별개의 경제적 기획을 발전시킬 다른 가능성에 대해 이야기할 수 없다. 이미 존재하는 모델들은 그저 자본주의의 변주일 뿐이다. 세 가지 자본주의 버전으로 앵글로색슨, 유럽, 아시아 모델이 있는데 이들은 모두 고어적 관행을 경제의 원동력으로 삼는 동일한 토대를 공유하고 있다. 고어 자본주의는 불법적인 것에 국한되지 않고 단지 불법적인 영역에서 구체화되고 명백하게 드러날 뿐이기 때문이다. 이미 대안적 경제 이데올로기를 위한 여지는 없다. 모든 것은 수익, 사업, 그리고 자본에 지나지 않게 되었다.

고어 자본주의, 노골적이고 눈에 띄는 폭력 행위로 특징지어지는 이 시스템의 이름하에 "매일 5만 명씩 당연한듯 죽어 나가며, 거대 다국적 제약 회사가 세계적 전염병 대처에 기여하지 않아도 무방하며, 이러한 끔찍한 사회적 불평등이 허락되고 있다."**41**

40. 네그리, 에스테베스 외(편) 2008, 54.
41. 비달 베네이토(Vidal Beneyto). 같은 책, 92.

자본주의의 이 변주는 흉포한 신자유주의에서 출발해서 신자유주의가 미친 영향력을 강화하고, 사회적으로 더 뚜렷하게 부각하며, 일반 시민들로 하여금 아주 가까이에서 잔인한 신자유주의의 실질적 여파를 엿볼 수 있도록 한다. 고어 자본주의는 신자유주의에서 파생된 것이지만 동시에 그 안에서만 국한되거나 고갈되지 않는다. 오히려 자기만의 길을 만든다. 한편으로는 자본주의의 전제를 공유하기 때문에 통제 가능하며 불법임에도 불구하고 정부와 다국적 기업에 의해 환대받고 후원받는다. 이들이 결국 조세 회피국을 통한 돈세탁 과정을 거쳐 정화된, 시장의 부유한 투자가가 되기 때문이다. 다른 한편으로는 제국주의적이고 패권적인 자본주의의 지령으로부터 갈라진 다른 길을 택하지만 고도 소비주의로부터 멀어지지는 않는다.

고어 자본주의와 그 주체들 내부에는 뒤틀린 위계일지라도 위계가 있다. 가장 눈에 띄는 주체들이 언제나 가장 낮은 서열인 것은 아니다. 또 다른 역설은 엔드리아고 주체가 만든 것으로, 어떤 엔드리아고 주체들은 시민들 사이에서 카리스마적인 존재가 되어 우상화되고 존경받는다는 점이다.

나르코 문화와 새로운 사회 계급: 범죄 계급
질 리포베츠키는 『행복의 역설』에서, 빈곤이 담론의 차원에서 사회 계급처럼 이해되어 왔다가 일종의 평가절하를 당하게 되었다고 주장한다. 다시 말해, 현 자본주의의 경제적 요구 때문에 사람들은 더 이상 빈곤이라는 범주 속에서 소속감을 느끼고, 함께 성장하고, 다른 사람들과 연결감이나 연대의 행위를 강화할 수 있는 하나의 집단으로 묶일 수 없게 되었다. 하지만 고도 소비주의 담론의 강요로 사회가 해체되고 개인이 소속을 박탈당하는 과정에 있다고 해서 그것이 곧 이 계급 없는 주체들이 정체성을 확인하고 소속감을 느낄 약간의 좌표도 필요로 하지 않는다는 의미는 아니다. 그 증거는 불경기에 반복적으로 등장하는 **영웅적 폭력배**의 존재에서 찾을 수 있다.

지역 범죄자 혹은 범죄자 무리(대부분이 남성)를
우상화하고 조직범죄에 관한 **대중문화**를 만드는 행위에는 빈곤층뿐 아니라 사회 전반이 그 범죄자들과 관련된 소속감 속에 스스로를 정체화도록 만들려는 의도가 있다.

한편으로 이것은 경제 법칙을 초월하는 현상이며, 상징적 가치를 매개로 조직범죄에 정당성을 부여하는 문화유산을 만드는 길로 우리를 이끈다. 그렇게 사회적이고 윤리적인 현실을 넘어 행동하고 대중적 지지에 힘입어 현실을 재설정하는 것까지 허용해 주는 서사가 만들어진다. 가타리가 지적하듯이, 주체성은 외부와 연결되어 형성되며 개별화를 넘어선다. 더 구체적으로 설명하자면 다음과 같다.

> 주체성은 개인적 장에 위치한 것이 아니라, 사회적이고 물질적인 모든 생산 과정에 자리하고 있다. 정보 과학의 언어를 사용하자면, 당연히 개인은 언제나 존재하지만, 오직 단자로서 존재할 뿐이다. 그 개별 단자는 주체성의 소비자로서의 위치에 놓인다. 보편적이고 자연스러운 범주와는 하등 관련이 없는 재현과 감정 등의 시스템을 소비할 뿐이다.[42]

다른 한편으로, 국제적인 수요와 공급이 잇따른 결과로 빈곤 계층 사이에 유행처럼 범죄 문화 찬미 양상이 나타나, 생산과 소비 양쪽 영역에서 마치 새로운 틈새시장처럼 자리 잡는다. 미국 드라마 「소프라노스」(The Sopranos, 1999–2007)처럼 범죄를 영웅화시켜 다루는 수많은 텔레비전 시리즈에서도 그 사례를 관찰할 수 있다. 비디오 게임 '그랜드 테프트 오토'나, 최근에는 가이 리치 감독의 「락앤롤라」(Rockanrolla)[43]와 같은 영화도 그렇다. 「락앤롤라」는 꽤 징후적인 작품인데, 특히 록스타(1960년대부터 세계적으로 도시의 젊은이들이 동경하는 화려한 정체성의 전형적인 본보기였던)의 원형이 21세기에 새롭게 등장한 진정한 록스타인 마피아에게로 이동했음을 보여 주기 때문이다. 이러한 전이는 오락물로서 대중 매체가 특권층과 제1세계인들 사이에 새로운 정체성의 패러다임의 길을 열어 주는 과정을 보여 준다.

42. 가타리 외 2006, 47.
43. 리치 2008.

대중 매체는 과도한 권위를 갖는 경향이 있다. 대중 매체는
국가와 국가의 확장된 기능을 구성한다. 자본주의적
주체성을 형성하는 기계의 노동자처럼, 이러한 시스템은
인간, 인간 이하, 인간 외의 요소들을 통합하는 기능을
수행하며 리비도 경제학(가족 역동)이나 기호학적 생산처럼
매우 상이한 심급에서 작용하고 있는 접합 속에 위치한다.[44]

신식 마피아상(규칙도 국경도 없이 구식 마피아의 윤리적 협정을
깨는 더 현대적인 특성을 띤)의 유행은 이미 제3세계 도처에서
일어나고 있는 일이 제1세계에도 도래함을 뜻한다. 이것이 위험한
이유는 이 원형이 인위적이고 유희적으로 정상화됨으로써 이러한
주체성이 마치 바람직한 어떤 것처럼 간주되는 길을 열어 줌에도
불구하고, 이들이 불러오는 실질적 수준의 디스토피아적 결과,
그리고 보는 사람을 그 결과로부터 보호해 줄 간격이 없는 화면 밖
진짜 현실은 보여 주지 않기 때문이다.

마피아와 같은 인물을 찬미하는 것은 소비를 통해서든,
옷차림의 모방을 통해서든 혹은 마피아적 유형에 수반되는 태도나
폭력의 정당화를 통해서든 사회의 대중에 의해 순환적으로
재확인하는 행위로 돌아온다. 이러한 물화(reificación)는
자본주의적 주체성의 생산 프레임 논리에 기입된다. 현시대의
주체성은 이러한 생산 시스템에 의해 미리 형성된다고(또한
실제로 그렇게 구성된다고) 가타리와 호우니크[45]는 주장한다.

자본주의 질서는 고유한 무의식적 재현까지를 포함한
인간관계 양식을 생산한다. 이를테면 사람들이 일하고,
교육받고, 사랑하고, 섹스하고, 말하는 양식 말이다. 그리고
그게 전부가 아니다. 자본주의 질서는 사람이 생산과, 자연과,
사건과, 움직임과, 몸과, 식생활과, 현재와, 과거와, 미래와
맺는 관계를 제조한다. 결과적으로 인간이 세계와, 그리고
자기 자신과 맺는 관계를 제조하는 것이다. 우리는 이것이

---

44. 가타리 외 2006, 57.
45. 수엘리 호우니크(Suely Rolnik)는 브라질의 정신 분석가이자 큐레이터,
문화 평론가로 국내에는 『미시정치』가 '수엘리 롤니크'라는 이름으로 번역되었지만
이 책에서는 포르투갈어 표기법을 따른다.—옮긴이.

바로 세계의 '그' 질서, 즉 조직된 사회적 삶이라는 바로 그
아이디어를 위태롭게 하지 않고는 건드릴 수 없는 질서라는
전제에서 출발하기 때문에 이 모든 것을 받아들인다.[46]

이것은 마피아, 범죄자, 살인자(엔드리아고 주체들)가 영웅시되는
결정적인 조건 중의 하나라고 볼 수 있다. 자본주의 논리 안에서
이들은 승리자로서 기입되기 때문이다. 동시에 이런 인간상을
통해 만들어진 세계 안에서 대중적 해석은 자본주의 논리
안에서 이들을 적법화하고 정당화한다. 고도 소비사회와 전
지구적 경제가 명하는 **진보**와 번영의 본보기가 되기 때문이다.
이들이 진보의 본보기가 되기 위해 **목적**이 **수단을 정당화한다**고
이야기하는 정언적 마키아벨리주의에 근거한 방식을 택할
경우에도 예외는 아니다.

카리스마적인 엔드리아고 주체 대부분은 자신의 행위를
부정하기는커녕 오히려 광고하듯 떠들고 다니며, 불안정한
경제 상황 때문에 전 지구적으로 바람직한 것이 되어 버린
시신세력화의 모델로 변모시킨다. 그 과정에서 범죄를 물화하는
문화가 조성된다.

이런 현상의 또 다른 사례는 **나르코 문화**[47]라고 알려진
삶의 형태를 만들고 대중화시킨 멕시코 마약 밀매업자들이다.
나르코 문화는 멕시코 북부에서 매우 명백히 드러나며, 옷차림,
음악(나르코코리도), 영화 하위 장르, 소비 관행, 특유의 사회적
지위를 특징으로 삼는다. **나르코 문화**는 기존의 사회 계급(특히
초기 중산층이 멸종 위기에 처한 멕시코의 경우)이 해체되고
새로운 사회 계급으로 재설정된 이후에 등장한 하나의 전형이다.

이렇듯 고어적 관행과 이를 수행하는 자들은 전 **지구적
범죄 계급**이라는 새로운 사회 계급을 만들었다. 즉, 이 조직들은
범죄성을 제한하고 거부하는 윤리적 단계를 이미 넘어섰으며,
윤리를 거꾸로 뒤집어 다른 방식의 사회화, 다른 **위상**을 만들었다.
이 위상은 돈이 가져다주는 존중에서 비롯한 것으로, 그 돈이
어디서 왔는지는 중요하지 않으며, 사회적 약자에 의해 정체성의

46. 가타리 외 2006, 57-58.
47. 레사 네스타레스 2003.

표지이자 소속감의 표시로 받아들여진다. 점점 사라져 가는
제3세계의 민족 국가들 안에서 범죄성에 기반을 둔 새로운
민족주의 문화가 자리 잡은 것이다.

그럼에도 불구하고, 경제적으로 침체된 국가에서 일어나는
범죄성의 물화 현상은 근거 없는 현상이 아니다. 많은 경우
엔드리아고 주체와 그들의 카르텔은 국가의 기능을 수행하고
있기 때문이다. 멕시코의 구체적 사례를 보면, 많은 경우 농민 계급
출신인 엔드리아고 주체는 농촌의 생산을 도와주는 일을 맡는다.
당연히 여기서 이야기하는 생산은 마약 생산에 집중된다. 나르코가
수행하는 국가의 다른 기능들 중 하나는 고속도로, 학교, 병원에서
교회까지 이르는 사회 기반 시설을 건설하는 것이다. 이 주체들은
으레, 스스로 신앙심이 깊은 가톨릭이라 여기기 때문이다.

물론 멕시코에서 교회와 조직범죄는, 특히 마약 밀매업의
경우, 매우 긴밀한 유대 관계를 맺고 있다.[48] 최근까지도
나르코들은 교육 수준이 낮고 가톨릭 종교가 압도적 존재감을
갖는 시골 지역 출신이었기 때문이다. 하지만 이 역시 변하고 있고
현재 나르코의 가톨릭 신앙은 조직범죄 고유의 의식적 관습과
섞이기 시작했다.[49] 교회를 건설하거나 미국으로 유입시키려
선적한 마약에 성직자들이 성수를 뿌려 주는 대가로 거액의
기부까지 하는 나르코들 사례가 있었다.

농촌 문제에 관해서는 더 풍부한 논의와 함께 접근할 필요가
있어서 이 책에서는 다루지 않겠지만, 마약 밀매의 양상 속에서
출현하는 고어 자본주의의 핵심 부분이므로 일부 고찰해 볼 것이다.

농촌의 세계화가 가져온 뚜렷한 결과를 가장 먼저
겪은 이들은 농민이었다. 강제된 빈곤과 정부 원조의 부족,

48. 레사 네스타레스 2003.
49. 여기에서 이야기하는 것은 죽음을 숭배하고 성인의 반열에까지 올리는 대안
교회의 출현을 의미한다. 이러한 방식으로 가톨릭과 토속 신앙이 융합된 상당히
독특한 혼합주의(sincretismo)가 만들어졌다. 이 혼합주의는 산타 무에르테(Santa
Muerte, 죽음의 성인)를 선택하여 원칙적으로는 가톨릭교회의 모든 종교적 전제와
충돌하는 하나의 신으로 추대한 것에서 드러난다. 산타 무에르테 숭배는 범죄와
관련된 모든 주체들이 공유하는 중심이 되었다. 또한 나르코들의 성인으로 알려진
말베르데(Malverde)를 숭배하는 것은 특히 시날로아주에서 두드러진다. 말베르데
숭배는 법과 정의는 같지 않다는 나르코들의 도덕적 정당화를 뒷받침한다.

터무니없는 과세로 농민들은 어쩔 수 없이 대도시로 이주해 값싼 노동력을 제공했다. 하지만 실존적이고 경제적인 프레카리아트(precariat)에 근거한 경제 시스템하에서 농민들은 또다시 쫓겨났고 토지 없이 남겨졌다. 이러한 이주와 갈수록 끔찍하게 하락하는 임금으로 말미암아, 결국 농민들은 직업도 가능성도 없이 견디기 힘든 상황에 놓이게 되었다.

이렇듯 사회적 약자를 향한 자본주의 논리는 철저히 파괴적이다. 이러한 상황에서 농민들이 나르코와 협력하기로 결심하는 것은 놀라운 일도 아니다. 신자유주의의 무자비한 논리를 고려해 보면 미국으로의 이주, 자살,[50] 마약 카르텔과의 협력을 통한 범죄는 농민들에게 남은 몇 안 되는 선택지인 셈이다.

멕시코에서 나르코가 도시 게릴라로 변했던 농민 투쟁의 산물로서, 다시 조직범죄가 되었다가 후에 고어 자본주의자로 변해 세계 경제의 큰손으로 탈바꿈했다는 사실은 흥미로운 지점이다.[51] 이렇게 그들은 사회 이동의 개념을 재구성한 것이다.

그렇지만 우리가 지금 여기에서 엔드리아고 주체를 찬미하려는 것이 아니며 그들이 폭력을 사용해 일반 시민들을 억압하고 위협한다는 사실을 외면하려는 것도 아니다. 그럼에도 불구하고, 우리는 엔드리아고 주체들이 고어적 실천을 통해 현 자본주의를 재해석하는, 그 특수한 맥락에 내재된 복합성을 보여주는 것이 중요하다고 보았다.

각각 다른 영토에서뿐만 아니라 제3세계화되어 가는 제1세계의 지역들, 중첩되고 확장되는 이 빈곤 지역에서도 불균형적 개발이 진행 중이다. 이 불균등한 개발과, 마치 소비 만능주의를 통해 사회적 균질화가 이루어지기라도 한다는 식의 기만 사이에는 일종의 역설이 존재하며, 이 역설은 개발의 극단에 존재하는 공존의 맥락을 드러낸다. 이 역설로부터, 어떤 조건에서 현 고도 소비주의 프레임 안에서 불투명해진 이 지역의 취약한

---

50. 프랑수아 우타르(François Houtart)에 따르면 2002년 스리랑카는 세계에서 가장 높은 자살률을 기록했으며 자살자의 대부분은 소규모 농업 종사자였다. 에스테베스 외(편) 2008, 29 참조.

51. 이것의 증거로 2009년 3월 『포브스』지가 매년 뽑는 세계 부자 순위에 멕시코 마약업자를 포함시켰던 일을 들 수 있다.

주체들의 생존과 일상이 가능할 것인가 하는 질문이 도출된다.

현대 고도 소비사회의 프레임 안에서, 우리는 노동 시장에 통합된 중산층이 이 프레임에 대해 설명하는 것을 넘어서서 바라볼 필요가 있다. 그리고 나머지 사회 계층, 특히 취약하고 불안정한 상황에서 빈곤의 새로운 형태에 굴복하고 있는 계층에 무슨 일이 벌어지고 있는지 물어볼 때이다.

수백만의 사람들이 빈곤의 문턱 아래 혹은 극도로 취약한 경제적 조건 아래 살아갈 때, 영원한 불만족에 순응하는 모델은 진짜 한계를 드러낸다.[52]

고어 자본주의의 탄생이 경제적으로 침체된 제3세계 국가에서 가장 명확하고도 무자비한 본부를 가진다는 사실에는 경제를 넘어서는 모종의 논리가 있다. 이 논리는 은밀한 불복종과 행동을 저지하지 못하는 담론의 부재에 근거한다. 우리가 필요한 정보가 없거나 우리 스스로에게 명확히 상황을 보여 주고 자신을 설명해 줄 개념을 가지고 있지 못할 때, 사전에 이론화하지 못하고 행동하는 경향이 있다는 것은 주지의 사실이다. 지속적으로 거부하고 좌절하게 만드는 시스템 앞에서, 명령과 반대 명령에 의해 지배되는 시스템 앞에서 행동은 제지될 수 없기 때문이다.

개인이 좀처럼 행위 주체로 설 기회를 가질 수 없는 명령과 반대 명령의 시스템(식민주의를 연상시키는 기원을 가지고 있다)[53] 때문에, "테스토스테론이 넘치고 종종 무장하기도 하는

52. 리포베츠키 2007, 180-181.

53. 식민주의, 탈식민주의(descolonialismo), 포스트 식민주의(postcolonialismo)와 같은 용어들이 의미하는 바를 재검토할 필요가 있다. 우리가 식민주의와 거리를 두고 분리하는 비판적 훈련이 되어 있지 않은 상태에서는 탈식민화도 포스트 식민화도 이야기할 수 없음을 인정하는 것이 우선되어야 한다. 특히 멕시코의 경우 일상생활에서 식민적 사고가 잔존해 있는 것을 볼 수 있다. 이는 지역 원주민에 대한 노골적 인종주의와 내면화된 미시적 혐오를 통해 드러난다. 한편으로 우리가 여전히 정신적으로 식민화된 상태라는 것을 받아들이고 인식하는 것이 필요하며, 다른 한편으로는 독립뿐 아니라 멕시코 혁명조차 완수되지 않은, 일어나지 않은 변화에 대한 환상이었다는 것 역시 인정해야 한다. 우리는 여전히 우리에게 덧씌워진 외국의 담론을 마치 우리의 것인 양 무비판적으로 받아들이고 살고 있기 때문이다. 그 담론은 우리가 탈식민화되었다는 신화를 팔았고, 우리는 근대화를 염원하는 개발 도상국이라는 담론을 믿었다. 우리는 우리를 설명하는 수사와 스테레오타입을 받아먹으며, 모든 영역에서 우리의 필요, 우리의 경제적 실천, 우리의 지정학적

실업 상태의 젊은이들"[54]이 마피아에 들어가거나 자신들의 마피아를 결성하기로 결심하는 것은 놀랄 일도 아니다. 남성 우월주의적인 이성애 가부장제의 명령과 지시, 서구 사회가 지배 수단으로 삼는 이 명령을 수행하는 하나의 방식으로서 말이다. 이러한 담론을 승계하는 것만이 이들이 자신을 권한 있는 정당한 주체라고 느끼는 방식이기 때문이다.

리디아 런치는 "나는 안도감이 아닌 좌절감을 판다"[55]고 말한다. 고도 소비사회의 경제 시스템에 적용할 수 있는 이 전제 아래에서, 자본주의 논리를 설명하는 주요한 모토가 드러난다. 한편으로 이는 좌절감에 자본주의의 원동력이 되는 요소로서의 정치적 성격을 부여한다. (그리고 좌절감을 표상함으로써 이를 자본의 원천인 세계 시장과 연결되는 공적 요소로 전환시킨다.) 다른 한편으로는, "우리에게 21세기 자본주의의 숨겨진 원동력을 보여 준다. [...] 현대 문화 산업의 숨겨진, 주변부적인 측면이면서 동시에 모든 다른 포스트포드주의 생산의 패러다임이기도 한 것이다. 한마디로 이중으로 절정에 달했다고 할 수 있다."[56]

좌절감을 자본주의의 원동력으로 보는 이러한 시각은 마피아 조직망과 불법 경제에 가담한 개인들의 주체성 구축과 직접적으로 맞물려 있다. 이어서 우리는 "경제 생산 관계와 주체성 생산 관계"[57]가 대립되지 않는 나르코 주체성의 경우를 소개할 것이다.

> 나르코는 미화되고, 나르코 문화는 성장한다. 우리가 살고 있는 사회가 영웅이 되고 싶은 개인들이 영웅이 될 방법을 찾지 못하는 곳이기 때문이다. 교육, 법, 사회적 투쟁을 통해서 영웅이 될 수 없다면, 남은 경로는 범죄뿐이다. 시골과 도시의 영웅적 행위가 조직되는 유일한 장소. 여기에 이렇게 아들을 나르코로, 범죄자로, 더 많은 권력을 갈망하는 누군가로 키울 수 있는 (백발백중의) 레시피가 있는 것이다.

주체성과 거의 관련이 없는 유럽의 정체성을 기꺼이 구현하고 있다.
54. 글레니 2008, 55.
55. 런치 2004.
56. 프레시아도 2008, 181.
57. 가타리 외 2006, 41.

아주 어린 나이에서부터 아이의 감정, 몸, 욕망을 잘라 내라.
아이가 스스로에 대해 아는 것보다 당신이 아이에 대해
더 많이 알고 있다고 아이에게 말하라. 무엇을 하든지 간에
"형편없다"고 말하라. (최대한 일관되게 말하라.) 스스로
불완전하다고 느끼는 존재가 준비되면, 타자들을 난도질하며
'완전하다'고 느낄 존재가 만들어질 때까지 취향에 맞게
마치스모, 계급 차별주의, 인종주의, 여성 혐오를 더하라.
(이 전통 음식의 주재료는 무관심과 업신여김이다.)
사춘기가 되면 가족 권위주의를 더 심화시키라. 감정적
협박과 공공연한 폭력을 써라. 살벌하고도 가족적인
분위기를 유지하라. 이쯤 되면, 아이는 돋보이기 위해 무슨
일이든 할 것이다. 당신과 당신이 속한 사회는 아이가 교육,
사랑, 일을 통해 성취하는 것을 막으라.
반죽에 나르코코리도와 할리우드 영화를 첨가해 끓이라.
코카인을 2그램 넣으라. 마리화나나 필로폰을 섞어서
구우라(처방전 없이 팔린다). 약불에 놓고 길거리를 배회하게
내버려 두라. 길에서 가장 가까운 패거리, 경찰, 카르텔
아니면 군대를 찾게 될 것이다. 아이는 드디어 '존중'받게 될
것이다. 그리고 당신과 사회 전체에 복수할 것이다. 후식으로,
피해자인 척 굴면서 어떻게 당신은 그렇게나 다정한데
세상에 이렇게 비정한 사람들이 존재하는지 스스로에게
물어 보라.**58**

에리베르토 예페스는 반어법을 사용해 결핍과 지속적인
좌절(자본주의 시스템의 중심축)에 기반한 나르코의 주체성이
만들어지는 과정을 이야기한다. 동시에 이 시스템에 우리 각자가
짊어진 책임감을 자각하게 만든다.

이렇게 일상 현실의 가면을 벗기고 탈유령화함으로써,
예페스는 안도감이 아닌 좌절감을 파는 것을 핵심으로 하는 시스템
앞에서 우리가 개인적으로, 또 집단적으로 의식화할 필요가
있음을 이야기하고 있다. 현실의 폭로는 우리가 고어 생산의

58. 예페스 2008년 1월 29일.

시스템 안에서 (소외되지 않은) 우리의 노동과 실천에 관해
비판적이고 자기 인식적인 방식으로 행동하도록 이끌 수 있다.

역사와 고어 자본주의의 불균등 발전

소위 의무론적 윤리학이라는 학문에서, 아델라 코르티나[59]는
"제1명령은 해를 끼치지 말라는 것이다"[60]라고 칸트의 정언
명령을 해석한다. 그렇다면 이에 관해 우리는 대문자 역사(혹은
적어도 이에 관한 담론들)가 불균등 발전에 근거하고 있다는 사실
자체를 계속해서 망각하는 것에 대해 성찰할 차례이다.

대문자 역사의 불균등한 발전을 고려하지 않음으로써
우리는 제1세계에서 의심할 여지없이 바람직하고 도덕적으로
수용 가능하다고 여겨지는 휴머니즘, 윤리, 그리고 그 외 서구
담론의 특정 개념이 다른 정치적 맥락과 지리학적 상황에서는
그렇지 않다는 것을 빠르게 망각했다. 이질적인 발전 상태와 개념
구조를 가진 다른 사회에서는 이러한 분류 체계 자체가 공허하고,
관념적이며, 그들이 접하는 일상의 현실과는 완전히 동떨어진
것으로 여겨질 수 있기 때문이다.

우리는 **자유**, **평등**, 박애와 같은 개념이 정착되었던 것은
특정한 역사적 맥락 속에서 이루어진 일이었으며 다른
문화에서도 언제나 가능한 일은 아님을 간과해서는 안 된다.
다른 문화권에 이러한 개념을 도입하고 서구의 사상과 실천에
기반을 둔 동질적인 행동 강령을 요구할 수 없다는 뜻이다.[61]

그렇다고 서구에서도 그 개념이 수용되고 채택되는
과정이 언제나 합의에 의한 것은 아니었다는 사실을 지워서도,
자연스러운 것으로 여겨서도 안 된다. 개념은 불변의 것이 아니라,
서술하고자 하는 개념을 생산하는 수행적 발화나 은유를 통해
교육과 정당성 획득 과정을 거친 결과이다. "키케로 시대부터
후마니타스(*humanistas*)라고 불러 온 것은 가장 엄밀한

---

59. 아델라 코르티나(Adela Cortina, 1947년생, 발렌시아)는 윤리학 교수이자 스페인
도덕정치학회의 첫 여성 회원이다.
60. 아델라 코르티나 인터뷰 참조. 크루스 2008년 4월 18일.
61. 이에 관해서는 미뇰로(2003a)를 참조하라.

의미로 보나 가장 광범위한 의미로 보나 결국 문맹 교육의 결과"이기 때문이다.[62]

그러므로, 우리는 두 개의 불균등한 맥락에서 하나의 동일한 변수에 대한 동일한 결과를 기대할 수 없다. "우리가 오로지 스스로 만들어 가는 역사 속에서 살아간다는 유아론적인 환상"[63]을 버려야 한다. 그러기 위해서는 지정학적 상황에 따른 지식과 반성적 사고가 필요하다.

이 모든 것은 우리를 강타하고 있는 극단적인 폭력의 강력함, 그리고 이 폭력의 급습이 어떻게 우리에게 직접적으로 다가오는지와 관련이 있다. 흥미로운 사실은 이 폭력이 우리에게 명백한 방식으로 영향을 끼치는 것이 아니라 불시에 습격한다는 것이며, 이는 우리가 개념을 이론화하는 과정에서 타자에게 보였던 무관심이 대가를 치르고 있다는 것을 알려 준다. 우리는 다른 역동에 맞설 수가 없다. 그에 대해 아는 바가 없다. 그간 유일한 현실이자 가능성인 듯이 서구에 정당성을 부여하는 데 모든 노력을 기울여 왔기 때문이다.

서구가 미세 세포와 같은 판옵티콘과 초고속 최첨단의 하이퍼모더니티에 깊이 빠져서 의약포르노그래피적인, **혹은 생명정치적인** 자본주의 속에서 살아간다면, 다른 지역에서는 고유의 현실에 기반한 삶을 살고, 이론화하고, 행동한다. 이들의 현실은 서구와 단절된 것이 아니라 점점 더 서구에 영향을 미치고 서구를 재구성하고 있으며, 우리가 이들에 대한 소식을 접할 때 그 현실은 우리의 면전에서 폭발하며 우리를 공포로 몰아넣는다.

이것은 마치 우리가 서로 연결된 **웜홀** 속에서 살고 있는 것과 같다. 비동기화된 시공간을 연결하는 메타포인 웜홀은 대문자 역사(들)의 **패치워크**(*patchwork*)다. 서로 다른 층위의 시간들이 시침질되어 들쑥날쑥한 발전의 맥락에서 서로 충돌하고 있는 것이다.

이러한 견지에서 우리는 코르티나가 이야기한 **해를 끼치지 말라**는 의무론적 강령은 그 중요성과 적절성을 고려할 때,

62. 슬로터다이크 2006, 19.
63. 데이비스 2007, 16.

제1세계 현실의 이성과 감각에 뿌리내리고 있다는 것을 단언할 수 있다. 제1세계의 현실은 윤리 규약의 수행을 감시하는 법치 국가에 의해 통치된다(혹은 적어도 그렇다고 자부한다). 하지만 우리가 기억해야 할 것은 "지난 5세기 동안, '문명화된' 서구의 (상대적인) 평화와 번영은 서구의 기나긴 정복의 역사부터 콩고에서의 학살에 이르기까지 '야만적인' 외부 세계에 폭력과 파괴를 체계적으로 수출함으로써 얻은 것"[64]이라는 점이다.

고어 자본주의는 국경의 제한도 없고 제3세계에만 국한된 이야기도 아니며, 세계화와 세계 자본 통합의 효과로 인해 지구상의 모든 국가에서 점점 더 가속화되어 확장되고 있는 상황이다. 이러한 고어 자본주의의 현실에서 코르티나의 윤리적 확신은 상대화되고 명백하게 의문을 제기하는 방식으로 돌아오기 때문에, 재구성되고 뒤집어진다. 만일 (서구에서) 제1명령이 해를 끼치지 말라는 것이라면, 이 윤리 명령에 대한 빈곤한 이들의 대답은 질문으로 되돌아온다는 뜻이다. **해를 끼치지 말라?** 그리고 하나의 단언이 따라온다. **더 이상 해를 입지 말라. 혹은 더 이상 (단지) 피해자로서가 아니라 가해자로서 가담하라.** 이 확언은 다른 (서구 윤리 담론이 중심이 되는 관점에서는 생각조차 할 수 없는) 역량 강화의 방법처럼 제안된다.

이러한 관점에서 로베르토 사비아노는 윤리적 판단과 행동 사이의 간극을 고찰한다. "우리는 어떤 이유에선지 범죄 행위는 무해한 행위에 비해 틀림없이 더 의도적이고 계획적인 것이라고 여긴다. 하지만 사실상 차이는 없다. 행위에는 (그게 어떤 것이든지 간에) 윤리 판단에 결여된 탄력성이 있다."[65] 고어적으로 변하는 자본주의의 피비린내 나는 경쟁 속에서, 오늘날까지 서구의 휴머니즘을 지배하던 윤리적 합의는 전복되었다. 하드코어 버전의 자본주의는 그 합의를 산산조각 내어 스스로의 한계 밖으로 밀어내 버렸다.

고도 소비주의와 극단적 자본주의의 세상에서 윤리는 액세서리가 된다. "실패자의 한계, 패배자 비호, 모든 것을 걸고

64. 지제크 2005, 6.
65. 사비아노 2008, 26.

이기지 못한 자들을 위한 도덕적 옹호"[66]인 것처럼 여겨지기 때문이다. 이렇게 정언 명령은 경제 명령으로 대체되었다.

이러한 체계적인 배제와 불균등 발전의 맥락 속에서, 정의의 개념 역시 재해석되었다. 우선 정의는 법의 개념에서 분리되었다. 법에는 범죄 행위를 용인하지 않는 이미 정해진 법률이 있으므로, 자본주의의 엔드리아고 주체는 법과 정의를 비등한 개념으로 여기지 않기 때문이다. 하지만 추상적 개념으로서 정의의 범주에는 낙인찍히지 않은 형태의 극단적 폭력 행위를 해석함에 있어 더 큰 유연성이 허용된다. 이 주체들이 해석하는 정의란 구체적일 때에만 의미를 가지기에 그렇다. 따라서 고어 자본주의를 사용하는 이들의 모든 행위와 수단을 정의로운 것으로 용인하는 일종의 대체 가치론이 만들어진다. 이 정의의 개념은 두 가지 핵심 목표만을 추구하는 것으로 족하기 때문이다. 그것은 부의 축적과 어떤 경쟁자를 상대하더라도 승리하는 것이다.

이제 휴머니즘의 담론이 타당하며 적용 가능한 범위 내에서 불균등 발전에 대해서 이야기할 수 있겠다. 그 휴머니즘 담론의 맥락에서 벗어난 지역에서 말이다. 제3세계의 경우를 예로 들자면 우리는 다음과 같이 이야기할 수 있다.

> 느린 정세의 흐름과 어느 정도 빠른 국면의 전환, 그리고 장기 지속의 시간대(와 그 효과)는 꼭 별개로 진행되지도, 단순히 병치되지도 않는다. 서로 맞물려, 이 흐름들은 이어진다. 때로는 상쇄되며, 때로는 효과가 증폭된다.[67]

이 인용문을 통해, 제3세계에서 휴머니즘 담론은 다양하게 전유되고 그 반향 역시 각양각색임을 보여 주려 한다. 아울러 이 담론이 단일하거나 패권주의적이지 않으며 다중 매체적으로 영향을 끼친다는 사실 역시 예증하려 한다. 그렇다고 휴머니즘 담론이 엔드리아고 주체의 행동에 미치는 영향을 부정하려는

---

66. 같은 책, 127.

67. 데이비스 2007, 168. [이 출처는 오류로 보인다. 올바른 출처는 다음과 같다. Achille Mbembe, *Al borde del mundo. Fronteras, territorialidades y soberanía en África* (Madrid: Traficantes de sueños, 2008), 168—옮긴이.]

것이 아니며, 제3세계가 휴머니즘 담론에서 완전히 벗어나
있다고 단언하려는 것도 아니다. 다만 휴머니즘 담론은 활발하게
적용되고 파장을 일으키면서 진화하는 중이며 항시 재해석되고
있다고 보는 것이다. 제3세계에서 윤리는 과정이라기보다는,
현장(*in situ*)에서 행해지는 것 그 자체이다.

만일 우리가 그저 이국적인 관점을 가지고, 제3세계에서
재해석되고 있는 휴머니즘 담론을 서구 중심적이고 위계적인
입장에서 접근한다면, 이를 결코 이해할 수 없을 것이다.
이러한 접근은 제3세계의 **야만적이고 후진적인 문화에** 의해
행해진 관습이라는 꼬리표를 붙이고 낮잡아 보며 모욕하는
경향이 있는, 정면 거부의 입장에서 출발한 것일 수 있다. 혹은
반대로, 낭만화를 통해 제1세계적 역학을 잠재적으로 해방하는
실천이라는 유력한 현실적 권위를 부여하며 차이를 무비판적으로
찬미하는 입장이 있다. 하지만 이 경우 담론의 단점, 논의 지점,
변곡점을 드러내지 못한다.

이러한 낭만화의 사례로, 무비판주의에서 비롯한 것은
아닐지라도, 제3세계를 "정부와 사회 운동 간 관계의 새로운
실험실"[68]처럼 바라보는 네그리와 코코 같은 학자들이
옹호하는 입장을 들 수 있다. 또한 이들은 제3세계의 주체들이
제3세계로 일컬어지는 국가에 거주하든 제1세계의 국경 지대나
주변부에 거주하든 간에, 국가 통치성의 정치적 운영의 방향을
재설정해 줄 것이라 주장한다. "프랑스나 브라질 외곽 지역의
봉기에서, 농촌으로부터의 도피는 급진적으로 열려 있는
동시에 새로운 지평을 그려내고 있다. 이러한 주변부의 봉기는
시골 주민들이 생물, 즉 세계화된 세계를 만든 다중의 살(la
carne de multitud)임을 우리에게 보여 준다"[69]고 간주하기
때문이다. 하지만 이상화를 향한 이러한 열의 속에 주변부 (남성)
주체가 벌이는 행동의 복잡한 측면은 은폐되고, 이들의 행동이
디스토피아적이고 범죄적인 행위를 정상화하는 데 미치는
영향은 분석되지 않는다. 세계화가 만들고 육성해 낸 폭도의 주요

68. 네그리 외 2007년 7월 10일, 3.
69. 같은 글, 1.

구성원들, 즉 범죄 주체이자 고어 자본주의의 엔드리아고 주체를 배제하고 있기 때문이다.

따라서, 엔드리아고 주체가 수행하는 윤리적 규범의 파괴를 다른 방식으로 이해하는 것이 필요하다. 그들은 시장의 가장 극단적인 명령을 맹목적으로 따르고 있기 때문이다. 우리는 지나치게 익숙한 방식의 비평인 선악 이분법에서 벗어나야만 한다. 제아무리 그럴싸한 전문적인 용어로 표현되었다 해도 말이다. 마니교적 이원론에서 벗어난 주체로서 "얼토당토않은 열정과 모순투성이 영감에 변덕을 갖다 붙인"**70** 가벼운(*light*) 제3세계주의(tercermundismo)를 안일하게 찬양하는 함정에 빠지지 않고, 다른 관점에서 말하는 법을 배워야만 한다.

우리는 모든 문화가 문화적 실천에 관해서라면, 고유의 필요와 내부 맥락 안에서 정당화된다는 것을 알고 있다. 그렇다고 힘을 갖기 위해서는 어떤 일이든 할 수 있다는 뜻은 아니다. 특히 디스토피아적 수단을 통해 얻어 낸 일이라면 용인될 수 없다. 또한 **모든 것이 문화적이고 그러므로 모든 문화가 동등하게 정당하다**고 말할 수도 없다. 문화의 개념을 보편적인 것처럼 이야기하는 것은 문화의 특수성뿐 아니라 행위 주체성까지도 지워 버리는 일이기 때문이다. 이런 이유로 고도 소비주의에 근거한 사회 구조를 가리키기 위해 무차별적으로 **문화**, **다문화성**과 같은 용어를 사용할 수 없다. 이 용어들은 실상 차이를 가질 권리를 옹호하는 것이 아니라 **구색 맞추기**와 다름없이 차이를 이해하고 있기 때문이다.

여기서 분명히 밝히고자 하는 것은, 한눈에 확연히 보이지는 않더라도, 휴머니즘이 고어적 논리 내부에서 부정할 수 없이 복잡하고 중요한 역할을 맡고 있다는 점이다. 고어라는 개념이 현대 자본주의에 적용될 수 있도록 허용하고 뒷받침하는 논리를 가능하게 하는 것은 휴머니즘과의 관계 덕분이기 때문이다. 하지만 이 관계는 유일한 것도, 직선적인 것도 아니며, 오히려 고어 자본주의는 휴머니즘 담론에 관여하는 동시에 휴머니즘

70. 핑켈크로트 2000, 115.

담론에서 이탈하거나 그것을 전복하기도 한다. 휴머니즘 담론을 일반적으로 제3세계가 발전하는 경제적, 정치적, 일상적 조건에 적용할 수 없기 때문이다.**71** "신자유주의는 사회 통합에 관한 어떤 모델도 제시할 수 없다"**72** 는 점에서 그러하다.

그럼에도 불구하고, 엔드리아고 주체의 행위는 휴머니즘 담론에 동참하고 있다. 또한 휴머니즘, 종교, 경제의 명령이 구축한 사회적 가치 속에서 탄생한 새로운 혼합주의 (sincretismo)를 통해 휴머니즘 담론을 넘어선다. 엔드리아고 주체는 그동안 자신들에게 역사적으로 부과되어 온, 그들을 격하하는 패러디적 하위주체성의 위치를 뒤집어 버린다. 아예 "그들에게 수치심을 주려 했던 존재의 방식을 긍지의 동력으로 바꿀"**73** 정도로 말이다. 따라서 엔드리아고 주체는 가미가제식 논리를 통해 자신의 존엄성과 정체성(두 가지 다 휴머니즘적 열망이다)을 확인받으려 한다. 이들이 죽거나 죽이는 이유는 종교나 정치적 명분 때문이 아니라 돈과 권력 때문이다.

만일 엔드리아고 주체가 어떤 경우에도 휴머니즘 담론에 참여하지 않는다면, 이 세계들 사이에 다리를 놓을 여지는 없을 것이다. 우리는 서로 연결되지 않은 평행한 세계에 대해서 이야기할 수밖에 없을 것이고, 두 세계는 어떤 방식으로든 비교 불가능할 것이다. 특히 두 세계 사이의 관계에 대해서 논의할 가능성조차 부정될 것이며, 서로를 판단하며 영향을 주고받는 방식에 대해서도 이야기할 수 없을 것이다. 하지만 현 포스트포드주의 경제 국면에서는, 담론들은 동일한 소비주의의 뿌리를 공유하고 있다. 과거의 공통 기반이 휴머니즘 담론이었다면, 현재는 고도 소비주의적인 새로운 자본주의 담론이 그 자리를 대신하고 있는 것이다. "이제 가장 취약한 계층조차 고도 소비사회의 상징 기호에 접근하기를 원하고

---

71. 여기에서 말하는 **제3세계**는 경제적으로 침체된 머나먼 국가들만 지칭하는 것이 아니라, 제1세계 자본주의의 중심부에 잔존하고 있는 제3세계적인 지역 또한 포함한다.

72. 네그리 외 2007년 7월 10일, 2.

73. 핑켈크로트 2000, 71.

개인주의적 행태와 포부를 드러낸다. 그것이 그저 유행을 따르는 것이라도 말이다."[74]

이와 같이, 엔드리아고 주체가 수행하는 행위를 해석하고 정당화하기 위한 담론적 기반은 휴머니즘 담론에서 고도 소비주의 담론으로 넘어가게 되었다. 오늘날 엔드리아고 주체의 행위가 새로운 균형, 즉 현재 우리가 알고 있는 사고 체계 내에서는 생각할 수 없는 그러한 균형을 만들어 낼 수 있을지 우리는 아직 알 방법이 없음을 인정하는 것이 중요해질 것이다.

우리가 도덕적으로 확고한 관점에서 엔드리아고 주체의 행동을 평가하는 것은 그들을 재단하고 단죄하는 담론을 만들어 내는 결과를 낳을 것이며, 고어-되기(devenir gore)에 대한 대안을 세우는 것을 방해할 뿐이다. 순전히 도덕적인 담론적 입장에서 그들을 평가하는 것은 그들의 행동을 단순화시키고 낡은 척도로 구분해 꼬리표를 붙이도록 만든다. 구체적인 일상의 현실은 윤리적 명령법 안에 가둘 수 없는 어마어마한 속도로 변화하는 중이기 때문이다. 그러므로 우리는 "빈곤의 사회학 혹은 게토의 형이상학"[75]에 호소하는 방식으로 엔드리아고 주체성을 해석하는 담론을 만들려는 타자화의 유혹을 경계해야만 한다. 이렇게 그들을 단순하게 환원하는 시각으로, 인간 행동의 측면으로나 가능한 사고의 측면에서나 돌이킬 수 없이 주변부에 갇힌 현상으로 한정 짓는 것 말이다.

우리는 엔드리아고 주체성을 단순화할 게 아니라, 시신정치와 죽음애호와의 관계 속에서 생각해야만 한다. 우리는 시신정치를 생명정치에 기입된 교환 가치로 이해한다. 죽음애호의 경우에는 역사적으로 탈실재화된 제3세계만큼 문명화된 제1세계에서도 뿌리 깊게 기입되어 있다고 말할 수 있을 것이다. 오늘날까지도 죽음애호는 흔한 관습일 뿐 아니라 더 증가하는 추세로, 전투와 전쟁을 위해 사고를 훈련하는 하나의 방식이기도 하다. 제1세계와 제3세계 모두에서 "일단 첫 살인을 저지르고 피를 뒤집어쓴 이후에는, 해결책은 전진뿐이다.

74. 리포베츠키 2007, 183.
75. 사비아노 2008, 82.

되돌아가는 것은 무의미하다. 왜냐하면, 우리가 한 짓을 어떻게 해명한단 말인가?"[76] 그리고 바로 여기가 제3세계 엔드리아고 주체의 행위와 제1세계 군인의 행위가 고도 소비주의 사회의 논리 안에서 합쳐지며 휴머니즘 규범을 위반한다는 공통점 속에 서로 연결되는 지점이다.

이러한 행위들이 서로 동떨어진 것처럼 보일지라도, 우리가 인정하고 싶어 하는 것보다 더 우리의 일상 가까이에 있다.

> 소비주의의 압력과 태도는 빈곤의 경계 앞에서 멈추지 않고 오늘날 모든 사회 계층으로 확장되어, 이제 사회 보장에 기대어 살아가는 이들도 예외는 아니다. 한편으로 포스트포드주의 단계는 소비를 통해 사회화를 달성하는 굉장한 기계이지만, 다른 한편으로는 빈곤에 적응하지 못하고 상품의 유혹에 저항하지 못하는 전 사회 계층의 사람들을 혼란에 빠뜨린다.[77]

이렇게까지 되어 버린 상황에서, 소비주의의 명령을 완수하게 해 주기만 한다면야 엔드리아고 주체가 고어적 행위를 사용하는 것이 이상한 일은 아니다. 고어적 행위는 현실이 선사하는 좌절과 실패의 감각을 뒤바꿔 줄 하나의 대답으로 버티고 있기 때문이다.

> 어떤 예측도 불가능해진 상황에서, 물질적 빈곤은 자율성이 결여된, 계획을 할 수 없는 삶을 만들고, 동시에 생존에 대한 집착과 사회적 좌절과 몰락의 감각만을 가지고 살도록 만든다. 소비사회에서 불안정한 상황은 심리적 혼란과 인생에서 실패했다는 심증을 증폭시킨다. 직업을 통한 사회적 계층 이동이 가능한 경우 온전히 물질적인 좌절감은 감소하지만, **빈곤층**은 **삶 같지도 않은** 삶을 살고 있다는 확신 속에서 물질적 좌절감을 더 크게 느낀다. 이것이 바로 행복의 문명에서의 폭력, 그 새로운 고난의 길이다.[78]

역사의 불균등 발전에 대한 우리의 주장으로 돌아와서, 휴머니즘

76. 이마놀 수베로(Imanol Zubero). 사회학 박사, '평화를 위한 몸짓(Gesto por la Paz)' 회원. 이 인용문은 홀리오 메뎀 감독의 다큐멘터리 「바스크의 공」에서 가져온 셰익스피어의 「맥베스」 4장의 한 장면을 의역한 것이다. 메뎀 2003 참조.

77. 리포베츠키 2007, 185.

78. 같은 책, 190.

담론을 참혹하게 파괴하는 이러한 행위의 계보가 엔드리아고 주체에서 발견되는 것은 아님을 덧붙이고자 한다. 오히려 이러한 행위는 고어 주체성이 등장하기 전부터 휴머니즘의 규범은 이미 깨져 있었다는 것을 폭로한다. 이 인식론적 단절의 뿌리는 제1세계가 제3세계를 역사적으로 착취하고 도외시해 왔던 그 순간에 자리하며, 북반구와 남반구 관계의 사회 경제적 정책을 적용하고 관리하기 위한 기본 요소로서 시신정치를 재위치시킨다.

엔드리아고 되기: 고어 자본주의의 새로운 주체

고어 자본주의 안에서 유지되는 사회에서 그 사회를 구성하는 주체의 삶에 영향과 결과가 있으리라 예상된다. 이 내외부의 영향은 거의 분리가 불가능할 정도로 중첩되어, 사회 현상의 효과로 주체와 주체의 행동이 미리 형성되는 것인지 — 여기서 말하는 주체 형성은 자연주의나 본질주의와는 조금도 관련이 없다 — 아니면 주체의 몸과 행위가 현실의 특정한 현상을 만드는 것인지에 대한 딜레마에 빠지게 된다. 뿐만 아니라, 만일 사회적 현실이 스스로 움직일 수 있게 되어, 유연하고 유동적인 구조물로 변하여 주체의 몸과 현실 자체에 대규모로 스며들기에 충분히 무해하게 보인다면 어떨까. 이렇게 이중의 구조가 만들어진다. 한편으로는 주체의 내부에서 외부로 작용해 현실에 영향을 미치고, 다른 한편으로는 바로 그 현실이 주체의 형성에 영향을 끼치는 것이다. 결과적으로 이 구조는 새로운 주체의 생산과 고도 소비사회의 수요를 유착시키고 내외부적으로 반복 순환되는 고리를 형성하기 때문에, 언뜻 봐서는 파악하기 어렵다.

19세기 말에 이미 니체는 질문했다. 20세기의 야만인은 어디에 있는가? 니체는 야만인을 "의기양양한 야생의 맹수, 길들여지지 않고 흉포하지만 완전히 살아 있는"[79] 존재로 상상했다. 기독교 이전의 자부심에 기반을 둔, 소위 금발의 야수[80]라 불리는 니체의 새로운 인간은 자기 영토의 경계를 넘어

79. 버먼 2002, 175.

80. 우리가 지금 제시하는 엔드리아고 주체성은 나치즘이 금발의 야수에게 부여했던

"광란의 살인, 방화, 강간, 고문을 저지르고 의기양양하면서도 평화롭기 그지없는 마음으로"[81] 본래 있던 곳으로 돌아올 수 있는 자들이다. 니체는 금발의 야수의 이러한 특징이 대부분 백인도 아니고 제1세계인도 아닌 주체를 통해 구현되고 실현되리라고는 상상하지 못했다. 이 주체들은 니체가 그토록 원했던 것처럼 세계를 다시 야만화시키는 과업을 실현하는 와중에, 야만성에 대한 낭만화된 관점에 타격을 가하는 셈이다. 아마도 니체를 읽지 않았을 이 야만인들은 니체의 전제를 실행하며 야만인은 어디에 있는가에 대한 니체의 질문에 답하고 있다. 이 새로운 야만인들이 우리에게 말하는 바는 니체와 같다. "심연을 오랫동안 들여다보면, 심연 또한 너를 들여다볼 것이다."[82]

한편 우리는 이국적인 목가 관점 역시 극복할 필요가 있다. "피해자성과 영웅주의, 동정과 찬미의 극단 사이를 오가는 구도와 개념화"[83]를 버려야 한다. 우리는 현대의 정치적 올바름의 덮개 아래 주변화된 주체 개념을 사용하는 것을 멈춰야 한다. 현 경제 시스템 안에서 주변화된 주체가 속해 있는 상황을 찬찬히 살펴보기 위해 더 깊숙이 파고들지 못하고, 이들 주체에 대한 모호한 일반화에 기여하게 되기 때문이다. 이국화의 유혹과 지적 게으름을 동시에 극복하는 것이 시급한 과제이다.

우리는 자본을 생산하는 동시에 인간의 몸을 파괴하는 자본주의에 직면해 있다. "최소한의 투자(폭력과 위력의 사용)로 출발해 유일무이한 방식의 실시간 직접 판매를 통해 소비자의 즉각적 만족을 낳는다"[84]는 점에서 이 자본의 생산은 몸을 상품처럼 사유하는 데 근거한다. 죽은 몸, 훼손되고 학대당한 몸을 생산하는 것은 새로운 자본주의의 수요와 공급 과정 속에서 시작되고, 유지되고, 정당화되는 상품의 일종으로 여겨진다.

이제 살인은 하나의 거래로, 극단적인 폭력은 정당성을 얻기

해석과 아무런 관련이 없다는 것을 분명히 한다. 우리가 가져온 니체의 개념은 폭력적이고 인접한 주체성을 묘사하고 있기 때문이다.
81. 버먼 2002, 175.
82. 같은 책, 176.
83. AA. VV. 2008, 239.
84. 프레시아도 2008, 36.

위한 도구로, 고문은 고수익을 보장하며 권력을 전시하고
행사하는 수단으로 이해된다. 한때 **글로벌 지하 세계**로 이해되던
것이 빠르게 약진하여 이제는 수면 위로 떠오른 것이다.
고어 자본주의는 그간 우리의 삶에 침투해 왔으며, 우리가 단순한
소비자/구경꾼 역할에 머문 상태에서는 그 사실로부터 우리를
분리할 수 없다. 우리에게 일상화된 수많은 현상은 조직범죄와
유착되어 있다. 고어는 더 이상 영화 장르로 축소될 수 없으며,
찌라시나 선정적인 언론에만 등장하는 이름도 아니다. 고어는
지금 우리의 현실이다.

이러한 현실의 예로 주식 대신 마약에 투자하는 것을 들
수 있다. 신자유주의 원칙에 충실한 소시민 계층뿐 아니라 연금
수급자, 노동자, 중소기업인들 역시 마약 사업에 투자하는 새로운
투자 집단에 속해 있다. 이들은,

> [...] 자신들의 돈을 마약 밀수품에 재투자해 줄 중개인에게
> 건넨다. 600유로의 연금을 코카인에 투자하면 한 달 후
> 두 배가 넘는 돈을 돌려받는다. [...] 돈을 잃을 위험은 수익에
> 비할 바가 아니다. 특히 그 돈을 은행에 예금해 두었다면
> 받았을 이자와 비교한다면 말이다.[85]

범죄 행위와 사회적 일상이 뒤얽혀 있다는 것과 **선험적**으로
예견되지 않은 주체가 범죄 시스템에 참여하고 있다는 것을 보여
주는 또 다른 예는 다음과 같다.

> 소시민 계층은 마약 거래의 비공식적이며 극도로
> 자유주의적인 유통에 완벽하게 들어맞는 집단이 되었다.
> 우호적으로 보이는 교류, 범죄 구조와 완전히 동떨어진
> 판매, 마치 전업주부들이 친구들에게 크림이나 청소기를
> 권하는 것처럼 말이다. 지나친 도덕적 책임감에서
> 벗어나기에도 안성맞춤이었다. 패거리의 비호 아래 온종일
> 광장 모퉁이에서 번쩍거리는 트레이닝복을 빼입고 서
> 있는 마약상은 없다. 그저 돈과 상품만 있으면 된다. 거래의
> 변증법을 위해 충분한 공간이다.[86]

85. 사비아노 2008, 65-66.
86. 같은 책, 80.

이들 사례를 통해 우리는 어떻게 엔드리아고 주체가 만들어지는지 그 과정을 탐구해 보려 한다. 어떻게 그들이 현실을 재전유하기로 결심하고 개념적 틀에서 상상되지 않았던 방식으로 다시 현실을 만들어 가는지 말이다. 이들은 서구의 근간이 되는 아리스토텔레스적 전제에서 벗어나는 동시에 포스트모던 네트워크로부터 망명하여, 범죄 구조와 마약 카르텔 안에서 자리 잡는다. 행위자로서, 생성되는 역사의 일부가 되는 자기만의 서사를 만듦으로써 말이다.

장 보드리야르는 거울 속 사람들의 복수에 대해 이야기한다.

> [...] 타자성의 위대한 복수가 시작된다. 미묘하게 혹은 폭력적으로 자신의 특이성을 박탈당했던, 모든 형태의 타자성은 이제 사회 질서, 정치 질서, 생물학적 질서에 해결할 수 없는 문제를 제기한다. [...] 어느 날 이 존재가 반란을 일으킬 것이며, 그때 우리의 모든 표상과 가치 체제는 이 반란의 무게 아래 사라질 운명이다. 동일성과 유사성을 강요하는 지금의 노예 제도는 언젠가 타자성이 맹렬히 돌아오는 그날 부서질 것이다. 우리는 거울의 반대편으로 가기를 꿈꿨지만, 우리의 세계를 깨고 들어오는 것은 바로 그 거울 속 사람들이 되리라. 그리고 "그들은 이번에는 굴복하지 않을 것이다."**87**

보드리야르의 글에서 우리는 엔드리아고 주체가 어떻게 출현했으며 현재의 역할은 무엇인지에 대한 유효한 설명을 찾을 수 있다.

87. 보드리야르 2000b, 200-201. [보드리야르는 보르헤스의 「거울 속의 동물들」을 인용하며 글을 시작한다. 「거울 속의 동물들」은 다음과 같은 내용을 다룬다. 중국의 황제(黃帝) 신화 속에서, 거울의 세계와 인간의 세계 속 사람들은 존재도, 형상도 서로 무척 달랐지만 교류하며 평화롭게 살았다. 어느 날 거울 속 사람들이 인간 세계를 공격하고, 전투에 승리한 황제는 침략자들을 거울 속에 가둔 뒤 일종의 꿈처럼 인간의 행위를 똑같이 따라 하도록 명한다. 하지만 힘과 형상을 잃고 인간에 종속된 그림자처럼 살던 거울 속 사람들은 언젠가 동면 상태에서 깨어나 반격하고, 굴복하지 않을 것이다.—옮긴이.]

견고한 모든 것은 피 위에 세워진다

실재는 어떤 과정으로 반박할 수 없는 확실성의 조건을
재정립하고 고어 자본주의의 톱니바퀴에 맞물려 들어가는가?
그 모든 가상 기술과 시뮬라크르에 대한 이론화 이후에 어떻게
현실을 강화하기에 이르렀는가? 현실이 다시 진실이 되기
위해 우리는 어째서 살, 피, 신체 훼손을 필요로 하는가? 경제
강대국들은 제3세계에 무엇을 요구해 왔는가? 경제 강대국들은
제3세계의 응답이 단호하고 폭력적이길 기대했나? 오늘날
우리가 생명정치적 주체를 넘어, 엔드리아고 주체에 대해 말할 수
있는가? 엔드리아고 주체는 새로운 자본주의의 행위 축으로서,
견고한 모든 것은 대기 속으로 녹아 사라진다는 근대성에 대한
마르크스주의의 슬로건을 박살낸다. 이제 견고하고 소비할 수
있는 모든 것은 피 위에 세워진다.

　　고어 자본주의는 세계화된 세계, 고도 소비주의, 국경
지대에서 엔드리아고 주체가 적극적, 폭력적, 불가역적으로
참여하고 해석한 것의 결과다. 대문자 역사의 전회, 디스토피아적
묘사. 순수한 상태의 역설. 우리 속으로 파고들어 우리를 궤멸하는
문제. 잉여 가치와 대량 학살. 고어 자본주의의 새로운 주체,
엔드리아고.

　　이제 자본의 무분별한 생산과 더불어 여러 층위의 현실이
폭력적으로 충돌하고 폭발하는 것의 부정적인 결과로서 고어
자본주의를 살펴보아야 할 때가 왔다. 마치 현실이 시간 속으로
물러나, 부를 축적하는 소수와 피 흘리는 대다수 사람들이 유일한
상수로 남은 담론적 다중현실 속에 우리가 살고 있는 것처럼.

　　전 지구화된 폭력은 세계화 기획이 낳은 복합적인
디스토피아의 단면이라 할 수 있다. 엔드리아고 주체의 출현과
결부된 세계화는 한편으로는 "세계 시장의 확장에 관한
절대적으로 구체적인 사실"[88]처럼 이해되는, 세계화 기획에 대한
날것의 진실을 보여 주고, 다른 한편으로는 엔드리아고 주체가
극단적 자유주의 경제의 요구를 따르는 철저한 방식을 드러낸다.

　　　　88. 네그리, 에스테베스 외(편) 2008, 53.

극단적 자유주의 이데올로기의 기반이 된 경제적, 인식론적
독점은 대표적인 저항과 활동의 모든 이데올로기를 밀어냈다.
하지만 신자유주의의 신보수주의적-극자본주의적 담론의
반대편에서 신좌파가 취해 온 퇴행적이고 허무주의적인 태도
역시 이를 가능케 했다 하겠다. 좌파는 다양한 성격의 사회 운동과
동맹 관계를 형성할 필요가 있다. 또한 이론적 동기를 살펴보는
것 이외에도, 현재 우리가 살고 있는 사회에서 발생하는 문제들의
구체적 맥락 속에 저항을 뿌리내리도록 하는 사상의 흐름으로서
스스로를 재구성하는 실천적 활동의 지도를 구축해야 할 것이다.

저항의 담론에서 충분히 대변되지 않을 때, 모든
소외된 주체 및 소외되지는 않았으나 고도 소비주의의
요구의 영향력 아래 놓인 주체는 엔드리아고가 될 가능성을
지닌다. 엔드리아고에게 있어 그들을 대변하는 것은 구매력과
디스토피아적 행위를 통해 저항의 개념을 재설정하는 데
기반하기 때문이다. 이렇게 엔드리아고는 역사적으로 금지된
것으로 가둬 둔 영역, 즉 범죄를 통해 부각되려 한다.

마약 거래를 분석해 보면, 이것이 **탈지역화**라고 불리게 된
세계화의 표어를 이용하는 또 다른 방식임을 알게 된다. 일종의
거꾸로 된 탈지역화인 셈인데 수십 년간 요구가 있었고 점점
그 수요가 증가해 온, 번영하는 부유한 시장에 제품을 가져다
팔기 위해 국경[89]을 넘나들기 때문이다. 이렇게 마약 거래는
자본주의의 핵심적 준칙을 완수한다. 사고 싶어 하는 사람에게 팔
수 있는 무언가를 가지고 거기서 이윤을 얻는 것 말이다.

엔드리아고 되기는 사회적으로는 고도 소비주의라
칭해지는 현 경제적 과정에서 쉽게 예측 가능한 결과에 속한다.

엔드리아고 주체의 정의와 특성

엔드리아고라는 용어는 중세 문학, 구체적으로 말하면 『갈리아의

---

89. 세계화의 핵심적 모토 가운데 국경을 없애라는 것이 포함되는 것을 고려하면
또 다른 역설이기도 하다. 하지만, 국경이 열려 있는 경우는 사람의 이동이 아닌
자본의 유출입을 허할 때뿐이다.

아마디스』(Amadís de Gaula)**90**에서 가져온 것이다. 현재의
세계는 괴물들의 귀환에 의해 통치되고 있다고**91** 주장한 메리
루이스 프랫의 논지를 따랐기에 한 선택이다. 엔드리아고는 문학
속 인물이자 괴물로 인간, 히드라, 용 사이의 잡종이다. 거대한
신장, 민첩한 움직임, 잔혹한 성격이 특징인 엔드리아고는,
갈리아의 아마디스가 맞서 싸워야만 하는 적이기도 하다.**92** 이
소설에서 엔드리아고는 어떤 적수라도 두려워하고도 남을 만큼
공격과 방어에 천부적 자질을 지녔다고 묘사된다. 엔드리아고의
잔혹성이 어찌나 유명한지, 그가 살고 있는 섬은 사람이 살지 않는
곳, 일종의 지상 지옥으로 소개된다. 오직 영웅심이 광기의 경계에
닿을 정도로 넘쳐나는 기사만이 들어간다는 이 섬에 대한 설명은
현대의 국경 지대와 비슷해 보인다.**93**

　　우리는 타자, 받아들일 수 없는 존재, 적에 속하는 문학적
인물로서의 엔드리아고와 이 연구에서 새롭게 등장한 주체,
즉 고어 자본주의의 극도로 폭력적이고 파괴적인 엔드리아고 주체
사이의 유사성을 밝혀 볼 것이다.

　　엔드리아고 주체는 포스트포드주의라는 특정한 맥락
속에서 출현한다. 포스트포드주의는 빈곤과 폭력, 엔드리아고
주체의 탄생과 고어 자본주의 사이의 연관성을 설명하는
피상적인 계보를 증명하고 추적한다.

　　엔드리아고 주체가 일상적으로 처해 있는 상황은 "상품이
넘쳐나는데 소비에서는 소외되는 두 현실이 나란히 나타나는
것이다. 욕구는 점점 늘어나는데 국민 상당수가 점점 기본적인

---

90. 스페인어 중세 환상 문학의 걸작으로, 16세기 이베리아 반도에서 엄청난 인기를
누렸던 소위 기사소설 장르 중 가장 잘 알려진 작품이다.

91. 프랫 2002, 1.

92. 『갈리아의 아마디스』는 기사와 서구 문화가 상속받은 기사도적 가치를 대표하는
작품일 것이다. 아마디스는 최고의 서구적 주체이다. 비(非)괴물, 비타자, 다시 말해
후에 계몽주의와 휴머니즘의 논리로 옹호받게 될 균열 없는 존재이다.

93. 국경 지대라는 표현은 일반적인 국경을 가리키지만, 미국과 접해 있는 멕시코
북부 지역의 국경, 그중에서도 완벽한 사례가 되는 도시 티후아나를 강조하고자 한다.
현재 마약 카르텔, 인신매매범, 성매매, 다양한 억압적 공권력이 들끓는 이 도시는
전쟁터인 동시에 언제나 계엄 상태이다.

자원조차 확보하기 어려운 상황이 동시에 일어난다."**94**
이에 다음과 같은 현실이 더해진다.

> 한쪽에서는 사람들이 고삐 풀린 소비의 분위기에 취해
> 있는 사이, 다른 쪽에서는 생활수준이 떨어지고 필수적인
> 지출 영역에서조차 끝없는 궁핍에 시달린다. 지옥과 같은
> 일상에 지긋지긋해 하며 사회 보장 제도의 지원을 받는
> 굴욕을 감내한다. 고도 소비의 악몽이 있다면, 그것은
> **무의미함의 확대**나 상품 구매의 채울 수 없는 갈증 때문이
> 아니다. 일상은 끊임없이 영롱한 유혹의 폭격을 받고 있는데
> 물적 조건은 바닥으로 떨어지고 최소한으로 소비하고
> 절제해야 하는 상황이 주는 낙담 때문이다. 지옥이란 소비의
> 끝없는 소용돌이 속에 있는 것이 아니라 고도 소비사회의
> 한복판에서 취약 계층이 저소비로 버티는 것이다.**95**

이런 방식으로 엔드리아고 주체는 힘을 얻고 자본을 획득하기
위한 도구로 폭력을 사용하기로 결심한다. 앞으로 여러 예시를
통해 설명하겠지만, 복합적인 요인으로 말미암아 무력한 계층
사이에서 직접적인 폭력의 사용은 점점 더 일반화되고 있다.
또한 많은 남성들이 갈수록 취약해지는 노동 조건과 그로 인해
적법한 방식으로 남성 생계 부양자로 설 능력이 없어진 상황에서,
뇌리에 깊이 박힌 남성성 상실에의 공포에 대한 하나의 응답처럼
폭력을 받아들이고 있다. 한편으로는 가난한 사람들이 더 이상
하나의 사회 계급에 속하지 않게 된 것이 현실이다. 더 이상
그들을 하나로 묶을 범주나 조건이 존재하지 않는 것이다. "현대
사회 대중의 빈곤과 무방비 상태라고 할 수 있을 정도의 취약성은
생소한 모습으로 드러난다." 이는 개인이 부정되고 탈실재화되는
특징을 보이는 상황으로, 소속감의 모든 의미와 가능성을
좌우하는, 일종의 담론적 무화와 같은 것이다.
　　다른 한편으로, 우리는 "손쉽게 돈을 구해 미디어에서
떠들어 대는 주류적 삶의 방식을 누리기 위해 경범죄, 절도,

94. 리포베츠키 2007, 181.
95. 같은 책, 181–182.

속임수를 이용하는 것을 정당화하는 경향"**96**을 본다. 이렇게 폭력의 개념에 대한 인식론적 전환이 일어난다. 폭력을 자기 가치 확인의 도구이자 생계 수단으로 여기는 것이다.

앞서 언급한 두 가지 요인에 더해, 소외된 자들 역시 소비자가 되기를 원한다는 (또 그래야만 한다는) 사실이 더해진다. 소비를 통한 사회화/경쟁의 방식을 찾기 때문이다. "현 조건에서 소비는 정체성의 큰 부분을 구축한다. 사회적 인정을 받을 다른 경로들이 막힌 상황에서, **한 밑천 잡**아서 소비하는 것은 최우선 목표가 된다."**97**

분명히 짚어야 할 지점은 폭력의 사용뿐 아니라 폭력의 소비 역시 대중화되었다는 것이다. 이를 통해 폭력은 도구인 동시에 다양한 틈새시장을 겨냥하는 상품으로 변할 수 있다. 이를테면 **장식용 폭력**을 통해 중산층과 특권층을 공략하는 식이다. 이 현상으로 인해 시장의 그 어떤 틈새나 분야도 폭력에서 벗어날 수 없게 된다. 폭력이 상징적 가치를 제공하는 상품처럼 보이든 혹은 디스토피아적 힘 기르기의 도구처럼 제시되든 간에 말이다.

두 번째 경우에, 폭력을 도구화함으로써 얻은 구매력과 소비력 사이의 거리를 좁히면서 폭력 소비의 이면을 보여 주는 것이 바로 엔드리아고 주체이다. 소비를 통해 모두가 하나 되고, 그것이 마치 정체성의 재확인으로, 구매를 통한 인정과 지위의 재확인으로 해석되기 때문이다. 여기에서 **지위**는 더 이상 사회적 문제가 아닌 개인적인 문제가 된다. 그러므로 우리는 다음과 같이 이야기할 수 있다.

> **진정한 삶**의 매개자로서 소비는 사회적 경멸과 스스로에 대한 부정적 이미지로부터 벗어날 수 있도록 해 주는 어떤 것으로 자리 잡았다. 오늘날 소외 계층에서도 나타나는 소비 집착은 상품화된 생활 방식의 전례 없는 힘을 보여 줄 뿐 아니라 주류적 삶의 모델과 비교하며 생기는 좌절감의 이례적인 무게를 드러낸다. 또한 배려와 존중의 요구가 늘어나고 있는데, 이것은 포스트포드주의 단계가 조장하는

96. 같은 책, 184.
97. 같은 책, 183.

자기표현이 강한 개인주의의 특징이다. 개인은 하찮은
기분이 들지 않는 것이나 존엄이 훼손되지 않는 것을 점점 더
중요시하게 되었다.**98**

이 모든 것이 우리를 고어 자본주의로 데려간 모순의 기원을
설명하고 있다. 고어 자본주의는 다음과 같은 사실 때문에
강화되어 보인다.

대도시 외곽의 젊은이들은 소비주의 규범과 가치를
대대적으로 내면화하지만, 취약한 삶과 빈곤 때문에 충분히
소비 활동을 하거나 마음껏 여가 상품을 누릴 수 없다.
이러한 모순 속에서 좌절감과 배제당했다는 감정이 분출하는
동시에 범죄적 행동이 따라온다.**99**

엔드리아고 주체 정체성의 특징으로 "결핍(빈곤, 실패, 불만족)의
논리, 과잉의 논리, 좌절의 논리, **영웅화**의 논리, 증오 충동과
실리적 전략을 합친 것으로 변칙적이며 위법적"**100**이라는 점을
꼽을 수 있다. 엔드리아고 주체성은,

[...] 물론 독립할 자원을 가지고 있는 승자들의 개인주의와
일치하지 않는다. 하지만 부정적이거나 참고 감내하는
개인주의로 축소되지도 않는다. 부정적 개인주의는 자신을
희생자처럼 드러내지만, [엔드리아고 주체의] 야만적인
개인주의는 희생자의 이미지와 조건을 떨쳐 버리기 위해
위법 행위를 저지르고 자기 확인의 방편을 찾는다. 부정적
개인주의가 동정과 연대에 호소한다면, 야만적 개인주의는
명령과 탄압의 요구를 불러일으킨다. 사회적으로 취약한
지역에서조차 잔혹한 행동주의, 도전, 위험을 야기하는
행동으로 가득 찬, **결핍 개인**(*individuo por defecto*)**101**이

98. 같은 곳.

99. 같은 책, 183-184.

100. 같은 책, 189.

101. 결핍 개인이란 프랑스 사회학자 로베르 카스텔(Robert Castel)이 분류하는
개인성에 관련된 개념이다. 인용문에서 언급된 승자로서의 개인은 우월한 능력과
사회적 조건을 갖춘 '과잉 개인'이며, '결핍 개인'은 온전한 개인으로 존재하기 위한
사회적이고 문화적인 자원을 가지지 못하고 박탈당한 개인이다.—옮긴이.

감당할 수준을 넘어서는 개인주의적인 경쟁이 존재한다.[102] 엔드리아고 주체는 극단적 폭력으로부터 생활, 노동, 사회화, 문화의 방식을 만든다. 그들은 노동 문화를 일과 삶을 통일시키는 일종의 디스토피아적 개신교로 재구성한다. 그럼에도 불구하고 엔드리아고는 개신교에서 신의 자리를 돈으로 완전히 대체하면서, 노동과 노동의 수행 개념을 재해석하고 있다.

엔드리아고는 본질적으로 금지적이고 이성적인, 노동의 세계를 지배하는 원리를 깨는 동시에, 노동이 재해석되고 폭력으로 등치되는 새로운 국면으로 우리를 내몰면서, "폭력이 이성을 압도할 때 스스로를 드러내는 과잉"[103]을 보여 주고 있다.

결국 우리는 엔드리아고 주체가 자본주의 주체성에 의해 규정되는 개인들의 집합이라고 이해한다. 전 지구적으로 취약해진 경제적 조건을 통과해 걸러진 이 주체성에 더해서, 엔드리아고는 극단적 폭력의 실천으로부터 만들어진 행위 주체성으로 정의되기도 한다. 엔드리아고의 폭력 행위는 접경지대에서 자기 지시적인 방식으로 "생산하는 거대 기계, 사회를 통제하는 거대 기계, 세계를 인식하는 방식을 규정짓는 정신적 심급 사이에 직접적으로 연결된 시스템"[104]을 통합한다. 또한 "가변 자본의 순환과 같은 사회 과정에 뿌리를 내린 몸은 결코 유순하고 수동적이라 간주해서는 안 된다"[105]는 것을 보여 준다.

102. 리포베츠키 2007, 189.
103. 바타유 2002, 45.
104. 가타리 외 2006, 41.
105. 하비 2003, 141.

3. 새로운 마피아

밀수는 우리의 문화유산이다.
— 이반 크라스테프(Ivan Kasttrev). 불가리아 정치학자.

마피아와 자본주의 사이의 역사적 연결 고리

지난 몇 십 년 사이 무슨 일이 있었던 것일까? 무슨 일이 있었기에
영화와 문학의 걸작을 낳고 속이 뻔히 들여다보이는 감탄의
후광을 자아내던 주제(불한당과 해적에서부터 이탈리아계
미국인 마피아까지)가 원고지와 세트장을 뛰쳐나와 안전을
위협하는 주된 요인으로 변모했을까?[1] 이 질문에 답하기 위해서
우리는 범죄 조직망이 고어 자본주의에서 가장 대표적으로
두드러지는 요인으로 간주된다는 점을 감안하여, 마피아와
자본주의의 역사적 관계를 연구해 보기로 했다.

역사적 기억을 되짚어 보면, 마피아가 세계화와 소비주의의
악화에 중추적인 역할을 했다는 것뿐 아니라, 자유주의 경제와
조직범죄 사이의 관계는 18세기까지 거슬러 올라간다는 것을 알
수 있다. 18세기에 해적, 특히 영국 해적은 "불법적으로 취득한
자본을 합법 경제 영역에 투자해 합법 경제를 융성하게 하는
강력한 사업가로 변신"[2]했으며, 이를 통해 산업화와 자본주의
자체가 싹트는 것을 가능케 했다. 범죄와 자본주의가 결합한
또 다른 예로 미국과 내전 이후 스페인의 경우를 들 수 있다.
여기서 첫 번째 경우 "산업화와 국가 자체의 형성에 동참한 강도
귀족은 미국에서 핵심적인 역할을 했다."[3] 두 번째 경우에 대해서
카를로스 레사 네스타레스는 이렇게 이야기한다.

1. 루에스가 외 1997년 9월 2일.
2. 같은 글.
3. 같은 글.

스페인 내전 이후 사회 경제적 상황의 악화, 국제적 고립, 정부의 약화, 국내 시장의 소비재 부족 현상이 나타남으로 인해, 아프리카 전쟁 중에 시가를 밀수하는 것이 주요 역할이었던 기존 조직범죄의 양상이 강화되었다. 창안자들을 기념하기 위해 이름은 에스트라페를로(estraperlo)[4]라고 불렀다. 에스트라페를로는 일상화된 부패 속에서 기본재, 불법 서비스 대금, 갈취, 협박, 마피아 세금을 위한 암시장과 관련된 광범위한 불법 행위를 아울렀다. 이것은 상인, 제조업자와 더불어 이 음모의 중심인물이었던 내전의 승리자들의 넘쳐나는 교만의 소산이었다. 에스트라페를로는 배급이 끝나자 사라졌고 암시장의 주요 사업가들은 건설업, 금융업과 그 외의 영역에서 번듯한 회사 소유주가 되었다.[5]

폭력이 시대의 풍조이며 마피아가 뉴스, TV 엔터테인먼트, 황색 신문을 제외하면 거의 알아차리기 힘든 방식으로 우리 삶에 침투한 것은 명백한 사실이다. 우리는 이러한 현실이 자연스럽게 생긴 것이 아니라, 앞서 지적했듯이, 지난 2세기의 역사 속에서 일련의 현상들과 나란히 진행된 일이라는 점을 명심해야 한다. 하지만 지난 몇 십 년간 폭력이 세계적으로 전개되고 확산되는 데 기초를 닦아 준, 겉으로는 상호 무관하고 무해해 보이는 현상들을 통해 폭력은 과격해졌다. 이 중 몇몇은 서로 너무나 낯설고 동떨어진 일처럼 보여서, 이 사건들이 어떻게 범죄를 세계화하고 빠르고 효율적으로 자본을 획득하기 위한 굉장히 수익성이 높은 방식으로서 권력을 다지는 데 직접적으로 영향을 준 것인지를 생각조차 하기 쉽지 않다.

---

4. 1930년대 스페인에서 당시 금지되어 있던 종류였던 룰렛 게임을 카지노에 설치하도록 국가의 허가를 따내기 위해, 몇몇 기업가가 정부 관료들에게 뇌물을 주고 담합하는 사건이 있었다. 우승자를 조작하는 것이 가능했던 이 룰렛 게임의 상표가 '스트라페를로(Straperlo)'였으며, 1935년 관계자의 폭로로 이 사건은 세상에 알려지게 된다. 이후 '에스트라페를로'는 부정한 거래, 사기라는 뜻으로 통용되었으며, 특히 스페인 내전 이후 프랑코 독재 정권하에서 정부의 개입 혹은 허가 아래 이루어지는 불법적 상거래를 뜻하는 말로 쓰이기도 했다.—옮긴이.

5. 같은 글.

이제 미샤 글레니의 글을 통해 우리가 고어 자본주의라고 명명한 것을 높은 자리로 끌어올린 몇몇 사건을 짚어 볼 것이다.

2차 세계대전 후의 질서는 1980년대 전반기에 무너지기 시작했다. [...] 미국과 미국의 우방인 영국에 단단하게 뿌리내린 추세가 형성되었다. 세계는 국제 금융과 상품 서비스 시장의 자유화에 첫걸음을 내딛고 있었다. 미국과 유럽의 기업과 금융 기관은 지금껏 해외 투자와 통화 교환을 엄격하게 규제하던 시장을 개척하기 시작했다. 그리고 1989년 공산주의의 몰락이 도래했다. [...] 아이디어도 돈도 없고 기술 경쟁에서 이길 희망도 없던 공산주의가 지표상에서 사라지는 데는 몇 년이 아니라 며칠도 걸리지 않았다. 기념비적인 사건이었던 공산주의의 붕괴와 세계화 과정이 융합되어 지하 경제의 엄청난 팽창을 촉발했다. 이 가공할 경제적, 정치적 격변은 전 세계 방방곡곡에 영향을 미쳤다.

전반적으로 보면 세계적으로 무역, 투자, 부의 규모가 증가했다. 하지만 이렇게 창출된 부의 분배는 매우 불공정한 방식으로 이루어졌다. 무수한 국가가 '과도기'라고 알려진 연옥의 입구에 섰다. [...] 수렁에 빠진 상황에서 경제적으로 생존하려면 종종 무기를 쥐고 닥치는 대로 훔쳐야만 했다.[6]

이렇게 경제적 폭력은 고어 자본주의가 생존의 요소로서 형성되고 대중화되는 데 결정적 요인이 된다. 생계의 도구로서 이해된 폭력 사용으로 인해 차츰 폭력을 관리하는 새로운 방식이 등장하게 될 것이다. 노동과 실존의 프레카리아트 그리고 주변성이 폭력과 범죄를 초국적 기업인 양 이해하는 새로운 방식과 공존하게 될 것이다.

초국적 기업으로서의 새로운 마피아

엔드리아고 주체를 주축으로 가장 파렴치한 신자유주의가 지탱하는, 범죄 해석의 패러다임이 변함에 따라 범죄 조직은

6. 글레니 2008, xii-xiii.

상상할 수도 없는 힘을 가지게 되고 대부분의 경제 회로에 진입하기에 이른다. 역사적으로 마약 밀매, 무기류 불법 판매, 성매매, 돈세탁에 국한되어 있던 회색 시장과 암시장에서부터 건설업, 엔터테인먼트 부문, 국제 금융 투자, 민간 경비 사업, 다른 재화나 상품처럼 시장에서 서비스를 제공하는 민영화된 군사 용역에 이르기까지 말이다.

이렇게, "마약 사업의 전형적 사례가 보여 주듯이, 범죄 행위는 새로운 경제를 통치하는 규칙을 벗어나지 않는다."[7] 스케일이 큰 범죄자와 온갖 마피아들이 스스로를 사업가로 여기면서 마피아의 구식 구조는 바뀌게 되었다. 그들은 이제 "폭력적 간부, 관리자, 킬러, 건설업자, 지주의 집단으로, 각자 무장한 패거리를 거느리고 모든 경제 분야에서 다양한 이해관계로 결탁"[8]한 사업가인 셈이다. 그들의 동기는 정직한 사업가를 움직이는 동력과 전혀 다를 바가 없었다. 그것은 바로 사업에서 가능한 한 최고 수익을 올리는 것이다.

현재 마피아와 범죄를 논하기 위해서는 "합리적인 경제적 현상이자 하나의 조직과 활동 방식을 가진 사업으로" 이해될 수 있는, 일종의 다단계 회사처럼 완벽하게 조직화된 회사에 대해 논하는 방식을 사용하면 된다. 마약 밀매의 경우는 카르텔의 구체적 필요에 따라 세분화되는 네 가지 기초 단계로 나뉘어 있다고 본다. 카를로스 레사 네스타레스는 다음과 같이 설명한다.

> 사실, 조직범죄는 사업체의 가장 이상적인 모델이다. 가장 효율적이고 전도유망한 모델인, 더할 나위 없이 완벽한 네트워크 체계로 구조화되어 있으며, 꽤 자주 소수 민족에 속하는 노동자와 회사 사이에 충성심으로 다져진 유대감이 형성된다.[9]

조직에서 서열이 가장 높은 1단계는 자금을 담당하는 투자자, 발기인, 그리고 믿을 수 있는 직속 부하를 통해 마약 거래와 판매 행위를 통제하기도 하는 우두머리 집단이 차지한다. 2단계에는

7. 쿠르베 2007, 71.

8. 사비아노 2008, 208.

9. 루에스가 외 1997년 9월 2일.

마약을 직접 처리하는 자들이 있는데, 이들은 마약을 사고, 준비하고, 나누어 카르텔의 지역 책임자들에게 분배하는 역할을 한다. 3단계를 차지한 광장의 우두머리들은 마약 판매상과 직접 접촉할 뿐 아니라 도주 계획을 짜고, 망보는 업무를 조율하고, 마약이 가공되는 실험실과 물건의 경비를 책임진다. 4단계는 사회에서 가장 많이 알려지고 인식 가능한 집단으로, 보통 소비자를 상대하는 길거리 마약 판매상들로 구성된다.

이 마지막 4단계는 노동의 취약성과 외주화에 의해 통치되고 있다. 이 단계에서 카르텔은 제3세계뿐 아니라 제1세계 신자유주의 정부의 만성적 실업 문제와 사회 개발 계획이 부재한 상황을 이용한다. 피라미드의 맨 밑에서 일하도록 범죄 경제의 하청을 받은 이들의 특징은 보통 고도 소비주의의 갈증에 유혹당해서 범죄의 영향력에 줄을 선, 대부분 아주 젊은 남성들이다. 로베르토 사비아노는 이것이 우연이 아니라고 설명한다.

> 이로운 점이 한두 가지가 아니다. 어린 소년은 가장 계급이 낮은 성인 조직원의 절반보다 덜 받는다. 부모를 부양해야 하는 경우도 드물기 때문에, 가족을 짊어질 의무도 없고, 근무 시간도 마음대로에, 봉급을 제때 챙겨 줄 필요도 없다. 무엇보다 아이들은 종일 거리에 나와 있을 준비가 되어 있다. [...] 이렇게 꼬마 밀매상들은 마약 판매의 유연한 경제 구조에서 필수적인 존재가 되었다. 왜냐하면 주목을 덜 받기 때문이다.**10**

앞서 이야기한 단계적 조직과 더불어 중요한 사실은 모든 카르텔이 자신들만의 군사 조직을 가지고 있다는 것이다. 보통 특수 부대 출신의 전직 군인, 전직 엘리트 운동선수 — 특히 위압적인 신체 조건을 가진 레슬러, 미식축구, 하키 선수 — 와 갱단의 조직원이었던 자 등이 모여 강력한 돌격 부대를 형성한다. 이 군사 조직의 임무는 카르텔이 경제적-재정적 구조를 보존할 수 있도록, 다양한 단계의 보호를 제공하는 것이다.

카르텔은 다단계 기업처럼 변신했을 뿐 아니라 속도,

10. 사비아노 2008, 119-120.

생산성, 최고 수익성의 논리를 따라 마피아의 케케묵은 코드를 버리고, 조직원의 프로필과 나이를 업데이트하기로 했다. 신자유주의 기업 다원주의를 고려해 볼 때, 조직 지도부는 점점 더 젊어져야만 했다. 현재 멕시코 미디어가 마약 밀매에 연루되어 체포된 범죄자들의 나이를 밝힌 바에 따르면, 멕시코 마피아의 새로운 보스 대부분은 서른다섯 살이 넘지 않는다. 극도의 도취 상태에 사로잡힌 채, 이들은 젊음과 승리자의 개념을 동일시하려 한다. "인간의 잉여 가치를 높이 산다고 해도 시장은 양보하는 것을 허락하지 않기"[11] 때문이다. 이 신종 마피아는,

> 한 방울의 낭비도 없이 인적 자본을 쥐어짜고, 어떤 증권 회사라도 부러워할 만한 위험 편익 분석을 실행 중이다. 시장이 불완전한 시기, 어느 시장에서건 자연스럽게 일어나는 독과점 경향이 모든 곳에서 만연한 시기, 그리고 무엇이 허용되고 금지되는지에 대한 분명한 기준이 거의 전무한 그런 시기에는, 효율을 추구하는 사업 활동이 사회적으로 보나 다른 어떤 잣대로 보더라도 양심의 가책이라고는 가질 수 없는 것이다. 의심의 여지없이 조직범죄는 통제되지 않는 시장에서, 다르게 말하면 엘리트가 통제하는 시장에서 가장 발전하고 정제된 형태의 기업이다. 그곳에서 권력의 유일한 합법적 원천을 부여하는 것은 바로 돈이며, 그 돈을 가진 자들은 제멋대로 권력을 휘두른다.[12]

이 새로운 기업가 마피아가 대응하는 현실에서는 "모두가 동일선상에 놓이게 되었다. 누구도 신화적인 과거에, 이전의 경험에, 마땅히 표해야 할 존경에 호소할 수 없다. 이제는 모두가 각자 제안의 우수성, 경영 능력, 카리스마의 힘으로 승부해야만 한다."[13] 구세대 마피아가 근거를 두고 있던 비밀 종교적인 격세유전과 단절하며, 새로운 마피아는 상대 진영의 여성이나 아이들의 생명을 존중하는 것과 같은 기존 마피아의 원칙은

11. 같은 책, 89.
12. 레사 네스타레스 2003b.
13. 사비아노 2008, 89.

주도권 경쟁에 장애물이 된다고 여기게 된다. 위협이나 경고로는
충분하지 않았고, 그런 것은 낡은 관념이자 효력 없는 명령이라
여겼다. 새로운 마피아에게는 수요와 공급의 법칙이 부과하는
것들 이외에는 그 어떤 한계도 존재하지 않는 셈이었다.

시장이 초국적 시장에 가하는 역학 관계만을 지침으로
삼으며, 범죄 기업과 그 운영자들은 초국적 기업들이 전 세계에
'지사'를 세우는 방식을 차용해서 전 지구적 동맹을 형성한다.
그 결과는 다음과 같다.

> 초국적 조직범죄라는 명칭으로 알려진 것은 위계화되었다고
> 할 수 있는 여러 범죄 집단을 아우르는 개념[이다].
> 이 집단들은 다양한 층위로 서로 협력하고 있다.
> 특히 라틴아메리카와 아시아의 마약 밀매업자, 무서운
> 속도로 확장하고 있는 이탈리아 마피아, 일본 야쿠자,
> 중국 삼합회, 그리고 러시아와 동쪽 여러 국가의 정치-범죄
> 동맹을 구축하고 있는 분산된 마그마와 같은 그룹으로
> 묶인다.[14]

마피아 조직이 재구조화하고 있는 움직임은 그들이 대중 매체가
제공하는 정보를 효율적이고 수익성 있게 다루고 있다는
점에서도 잘 드러난다. 여기에는 두 가지 양상이 있다. 첫째는
무료 광고의 채널로 이용하는 것이며, 둘째는 다양한 국가의
반마피아 부서의 공권력에 의해 개발된 전략이 누설되는 통로로
이용하는 것이다. 이렇게 마피아는 심화되는 경제 세계화에
대응하기 위해 세계적으로 사용하고 있는 기술 발전에 편입된다.

> 합법적 거래 흐름의 증가, 운송과 통신 분야의 발전, 허술한
> 국경과 같은 요소로 말미암아 불법적 재화와 용역의 유통이
> 용이해졌다. [...] 기술 발전이 가져온 가장 두드러진 효과는
> 가속화된 이주 과정과 점진적으로 조성된 민족 네트워크라
> 할 수 있다. 민족 네트워크는 익명이 보장된 세계적인
> 도시를 중심지로 삼으며 전 세계로 퍼져 나갔다. [이] 민족적
> 디아스포라는 초국적 범죄 네트워크가 발전하는 데 촉매

　　　14. 글레니 2008, xvi.

역할을 했다. 통신 시스템의 현대화 덕분에 항시 연결되어
있을 수 있었기 때문이다.[15]

스펙터클의 사회에서 태어난 이 범죄자들은 정보 매체를
가시화와 위상을 위한 핵심 요소라 생각한다. 미디어는 폭력의
스펙터클화를 통해 공짜로 그들에게 홍보와 정당성을 제공한다.
게다가 미디어는 범죄자가 자신의 영토에 관한 권력과 통제를
전파하는 방식으로 이해하는 만성적 공포를 만들어 내고
확산시키기도 한다.

조직범죄가 매체와 광고를 이런 방식으로 이용하는 명백한
사례가 있다. 멕시코 남서부의 미초아칸주에 본거지를 두고 있는
라 파밀리아 카르텔을 결성한 멕시코 마약 밀매범들의 경우이다.
라 파밀리아의 **두목**들은 홍보라는 또 다른 측면에서
선구자이다. 누군가를 죽이는 것만으로는 부족하다. 더할
나위 없이 잔인한 방식으로, 그리고 대중의 주목을 받으며
죽여야 한다. 경찰 보고서에 따르면 라 파밀리아는 매스컴을
다루는 진정한 전략을 가지고 있다. 경쟁자들을 살해한
후에는 머리를 잘라 상대 조직—주로 로스 세타스—을
위협하는 현수막과 함께 공공장소에 전시하며, 다음에
누구를 죽일지 예고하기도 한다. 인터넷에 퍼진 녹화
영상에는 로스 세타스로 추정되는 조직원의 처형 장면이
담겨 있다. 그는 나체로 의자에 묶인 채 검은 속옷만 입고
있으며 위협적인 문구가 몸에 가득 적혀 있다. 그런데 라
파밀리아의 메시지는 경쟁 카르텔만을 겨냥한 것이 아니라
보통 사람들을 향한 것이기도 하다. 그리고 말도 안 되게
보이겠지만, 주요 신문에 유료 광고를 싣기도 한다. 그들의
목적은 시민들의 호감을 사는 것이다. 어떻게? 또다시,
본래 국가가 수행했던 기능을 도맡아 함으로써 말이다.
『라 보스 데 미초아칸』(La Voz de Michoacán)과 『엘 솔
데 모렐리아』(El Sol de Morelia)의 전면을 채운 메시지는
이렇다. "우리의 사명은 납치, 직접적 강탈과 전화를 통한

15. 레사 네스타레스 2003a.

공갈, 청부 살인, 강도를 근절하는 것입니다. [...] 지금은 사람들이 우리를 이해 못 할지도 모릅니다. [...] 유감스럽게도 우리로서는 강력한 전략을 강구해 보았지만, 이것이 정부의 질서를 잡는 유일한 방법이며 우리는 통제 불능의 상황을 허하지 않을 것입니다."**16**

미디어가 앞장서서 시민들에게 공포를 심어 주는 과정에는 범죄자들의 직접적 투자도, 에너지도, 자본도 필요하지 않다. 그러나 범죄자들에게뿐 아니라 언론 자체와 정부, 시장에도 엄청난 이득이 된다. 경제를 조국으로 모시는 범죄의 제국을 통해 자본을 창출하는 일련의 과정을 촉발하면서 말이다.

이렇게, 더 많은 청중을 확보하길 원하는 미디어는 조직범죄의 공모자의 자리에 올라, 고어 자본주의를 보급하고 대중화시키는 데 필수적인 연동 장치 역할을 맡는다. 이것이 미디어에 더 많은 경제적 이익을 가져다줌은 물론이다. "언론은 선정적인 범죄 뉴스를 허기진 맹수처럼 집어삼키는 특정 시장을 차지하기 위해 윤리란 윤리는 모조리 져버린다. 폭력과 시민의 두려움을 스펙터클화하며 얻는 언론의 쾌락은 그 기저에 악취가 진동하는 가짜 도덕과 밥줄이 깔려 있는 슬로건인 것만 같다."**17**

우리는 이렇게 결론 내릴 수 있다. 새로운 마피아는 초국적이고 경제적인 요구에 효율적으로 적응하고 국가에게서 버려진 이들에게 복지 국가를 약속함으로써, 범죄의 논리를 복잡하게 만든다. 따라서, "조직범죄는 [고어] 자본주의의 가장 정제된 형태, 법으로도 도덕으로도 규제되지 않는 형태, 그래서 특히 자본 축적에 효과적인 형태이다."**18**

16. 오르다스 2009년 6월 14일.
17. 사베드라 2008년 12월 13일.
18. 루에스가 외 1997년 9월 2일.

폭력의 지나친 전문화
창조적 파괴의 개념

1940년대에 요제프 슘페터가 제시한 "창조적 파괴"는[19] 시장 경제에서 일어나는 혁신 과정을 가리키는 경제학 개념으로, 새로운 상품이 오래된 회사와 사업 모델을 파괴하는 것을 의미한다. 슘페터는 기업가가 창조한 혁신이야말로 장기 지속되는 경제 성장을 떠받드는 힘이라고 보았다. 하지만 이러한 경제적 역동이 새로운 과정에 의해 극복되어야만 하는 이미 정착된 것을 파괴하는 데 바탕을 두고 있다는 사실을 외면하지 않았다. 슘페터는 자본주의의 정수는 이 창조적 파괴의 과정에 기반을 두고 있다고 주장했다. 마찬가지로 기업가-혁신가가 시장을 창조하는 힘을 구현한다는 것이다. 슘페터가 말하는 기업가는 어떤 사회 계급에서도 나올 수 있으며 경제 제국, 기업가의 왕조를 창조하기를 꿈꾸는 자이다.

우리가 슘페터의 개념을 인용한 이유는 창조적 파괴가 폭력 — 군국주의적 폭력뿐 아니라 엔드리아고 주체가 행사하는 폭력도 포함하는 — 의 과도한 전문화 방식과 직접 연관돼 있기 때문이다. 고어 자본주의가 시장을 만들어 낸 과정을 분석하다 보면, 슘페터가 제시한 창조적 파괴의 과정을 정확히 따라가는 것을 볼 수 있다. 자본주의를 가장 흉포한 방식으로 적용하기 위해 면죄부가 되는 이론을 등에 업고, 폭력을 가하는 기술은 과도한 전문화를 거쳐 소비의 대상이 되었다.

폭력의 지나친 전문화가 전쟁을 위한 군사 기술의 발전에 기원을 두고 있다는 것은 부정할 수 없는 사실이다. 알려진 바와 같이, "전쟁은 마치 댐이나 다리의 인장 강도 기준처럼 그 필수 공정이 정밀하게 계산 가능한 광대한 공학 프로젝트인 것처럼 이야기된다."[20] 따라서 고어 자본주의의 창조적 파괴는 신체에 극심하고 치명적인 방식으로 고통을 가하는 기술에 기반한 하나의 훈육이라고 간주할 수 있을 것이다. 이것은 경제 문제이므로, 도덕적 판단이 들어갈 자리는 없다.

19. 슘페터 1996 참조.
20. 와츠 1984, 106.

경제적 훈육으로서의 폭력

폭력이 인간의 조건에 내재되어 있다는 것은 비밀도 아니다. 하지만 우리가 고어 자본주의라고 명명한 것 안에서 폭력을 행사하는 방식은 고도로 전문화된 기술이 되었다. 도구적이고 경제주의적 합리성에 기초한 이 기술은 고통을 주고 고문하고 죽이기 위해 사용된다. 폭력의 방식이 더 '정교하고' 계획적이고 군국주의적으로 될수록 (어떤 관점에서 보더라도) 더 역겹고 더 비열한 결과를 낳았다. 고어 자본주의에서 전통적인 무기는 새로운 방법에 비하면 보조 도구에 불과하게 되었다. 훨씬 더 잔인한 방식으로 행사되는 새로운 폭력은 위협적 힘을 강화하고, 효율적으로 사용하고 또 유지하기 위한 수단인 잔혹성과 극단적 효율에 기반하고 있기 때문이다. 이들은 이렇게 원격 조종된 그물망과 같은 공포를 창조해서, 위해를 입고 죽임을 당한 신체부터 아직 이러한 폭력을 겪지 않은 사람들의 신체에까지 그 공포를 전달한다.

인간을 고문하고 없애 버릴 수 있는 피비린내 나고 효과적인 방안을 연구한 결과, 이들은 참수,[21] 사지 절단, 피라냐와 악어로 가득 찬 수영장, 산 채로 (최소한 희생자를 녹일 수 있을 정도의 성분을 가진) 산에 집어넣기와 같은 일련의 기술을 도입하고 실행하게 되었다. 이를 통해 폭력의 기호학과 각 마피아 조직 특유의 표식이 만들어졌다.

이런 점에 있어서 마피아는 스스로를 시장 논리 안에서 의미 있다고 여기고 지부와 프랜차이즈를 만들 수 있는 **등록 상표**(*TM*)처럼 입지를 굳힐 방안을 모색한다. 미샤 글레니는 국가를 넘어서게 만드는 영향력으로 인해 맥마피아라는

---

21. 참수는 물질적 차원으로나 상징적 차원으로나 아주 흥미로운 행위이다. 물질적 차원으로 보면 노동과 죽음 사이의 공생 관계가 적용된다. 단두대의 발명부터 죽음의 산업화를 이야기할 수 있기 때문이다. 한편 상징적 차원에서는 피해자의 신체에 정체성을 지워 버린다는 점과 범죄의 진실성과 효력을 증명하기 위해 머리를 들고 가는 상대편에게 정당성을 부여한다는 점을 이야기할 수 있을 것이다. 참수(decapitación)와 탈자본화(decapitalización), 두 단어 사이에는 독특한 근접성이 존재한다고 볼 수 있다. 이를테면 한 번 참수할 때마다, 합법 경제 시스템의 탈자본화와 국가의 권위에 대한 문제 제기가 암시된다는 식으로 말이다.

이름으로 알려진 러시아의 체첸 마피아가 프랜차이즈화되었다고
이야기한다. 세계에서 가장 폭력적이고 피에 굶주린 마피아라는
명성 덕분에, 그들은 체첸 마피아와 관련이 없지만 범죄 사업에서
인정받기를 원하는 모든 사람들을 상대로 체첸이라는 이름을
상품화하는 데 성공했다. 폭력 전문가들의 수요와 공급에 기댄
범죄의 유행에 충실한 새로운 틈새시장이 탄생한 것이다.

이 현상은 폭력을 경제적 훈육의 방식으로 다루는 데
참여하지 않는 이들의 시각으로 보면 실로 부조리해 보인다.
하지만 범죄 상표는 이미 세계의 다양한 범죄자들에 의해
차용되었다. 예를 들면 멕시코의 마약 밀매자들은 특정 스타일의
폭력의 행사한 후 암흑가의 전통적 표식이나 상표의 흔적을 남긴다.
카프(Caf, 아레야노 펠릭스 카르텔)라고도 알려진 티후아나
카르텔은 시칠리아 마피아의 스타일을 모방하며 '일하는' 반면,
걸프 카르텔은 자신만의 스타일을 지키며 로스 세타스라 불리는
사병 조직을 통해 범죄 표식을 창조했다. 멕시코와 엘살바도르의
전직 군인으로 구성된 로스 세타스는 마라 살바트루차(특히
희생자를 참수하는 방식을 선호하는 것으로 잘 알려진 폭력
게릴라 출신의 살바도르 범죄 조직)의 스타일로 적을 해치운다.

멕시코에서 이러한 범죄 스타일은 2001년 등장하기
시작했다. 범죄의 규칙이 바뀜에 따라, 더 이상 결투의
예법이라든가 여성과 아이들은 존중한다든가 하는 규칙들은
존재하지 않았다. 이제 따라야 하는 것은 경제의 명령에 의한
규칙뿐이었다. 이윤이 증대되거나 범죄 시장에서 경쟁력을 높일
수만 있다면, 젠더나 나이 구별 없이 죽이라고 요구하는 규칙
말이다. 이는 피도 눈물도 없는 신자유주의의 모토에 철저히
입각한 마피아, 거래와 보복 그리고 이익 창출만을 위해 달리는
마피아의 총체화하는 효과(efecto totalizador)일 뿐이다.

시장이 소비의 가이드라인처럼 다루는 수익성과 독점성의
논리 안에서, 국제적 마피아는 개인의 필요에 맞춰진 상품을
제공하는, 개인적인 인장을 창조했다고 표현할 수 있을 것이다.
멕시코 조직범죄의 경우 이 개인 인장은 효과 중심적이고
잔인하며 유혈 낭자한 폭력 행위를 도입하고 정착시킨 데에서

만들어진다. 마치 **할리우드 영화**에서 끄집어낸 듯한 이 고어 폭력은 결국 각각의 카르텔 특유의 표식이 된다. 지나치게 전문화된 폭력은 유명세와 고어 시장 안에서 수익성을 동시에 얻을 기술로서, 상상 가능한 범주를 넘어서 버렸다.

경제 분야로서 지나치게 전문화된 폭력에 대해 말할 때, 우리는 폭력행위자의 가학성과 쾌락을 만족시키는 고문에 대한 것뿐만이 아니라, 폭력을 디스토피아적으로 합리화하는 것에 대해서도 이야기한다. 이 합리화의 논리 안에서는 왜 죽이고 고문하는지에 대한 이유가 누락되어 있지 않다. 이러한 행위가 경제적 동기에서 기인한다는 것을 누구나 알고 있기 때문이다. 그리하여 전문화된 폭력의 기술은 **고어 프레카리아트** 시대에 일종의 '일반적인' 노동으로 탈바꿈한다.

범죄의 해적질: 폭력 전문가와 기회주의자

우리는 **해적질**이라는 용어를 최대한 확장된 의미로, 저자의 동의 없이 작품을 복사하고 배포하는 행위라고 정의한다. 최근 범죄 조직 외부에서 떠오른 범죄의 해적질 현상을 다루기 위해 이러한 정의가 필요하다고 보기 때문이다.

멕시코 공화국에서 범죄 대응 당국이 밝힌 바에 따르면, 2006년 이후 일종의 **조직범죄의 해적질**이라고 부를 수 있는 현상이 맹렬한 속도로 증가했다. 특히 납치와 갈취 행위가 만연했다. 당국은 전문 범죄자와 **해적 범죄자**를 구분하는데, 최근 더 위험하고 가학적인 쪽은 해적 범죄자들이다. 이들은 **납치를 전담하는 전문 범죄 조직**이 실제로 **납치를 실행할 때 따르는 규칙을 모르기** 때문이다. 그 결과 **해적 납치범들**은 더 폭력적이고 **정당화하기 어려운** 아마추어 기술을 사용하고, 대부분의 경우 데리고 있던 희생자들을 죽게 만든다.

역설은 분명하다. 전문가 범죄와 **해적 범죄**를 구분하는 것 자체가, 범죄가 체제의 심층 구조와 시민들의 일상생활의 일부가 되어 버렸다는 것을 말해 주기 때문이다. 적어도 라틴아메리카에서는 피할 수 없는 현실이다. 이러한 구분이 시사하는 바는 한편으로는 범죄 행위가 만연하고, 노동의

취약성과 사회적이고 실존적인 불안이 심각한 상황에서
기회주의가 급증하고 있다는 것이며, 다른 한편으로는 정부
보안군에 의해 수행된 범죄의 정상화와 전문화야말로 이러한
보안군과 조직범죄 사이에 폭넓은 공통부분이 있다는 증거라는
것이다. 이는 정부가 폭력 전문가들과 긴밀한 관계를 맺고
있었음을 폭로한다. 많은 경우 그 전문성을 양성한 것이 다름
아닌 정부였기 때문이다. 그러므로, 다음과 같은 찰스 틸리의
주장이 놀라운 일은 아니다.

> 조직 폭력에 참여하면 정치·경제적 권력을 획득하는 길이
> 열리는 곳에서는 집단 폭력이 크게 증가한다. 폭력 전문가는
> 굉장히 특수한 방식으로, 내가 조율된 파괴와 기회주의라고
> 부르는 폭력적인 파괴의 종류를 발전시킨다. 폭력 전문가는
> 단순한 쾌락이나 자신에게 돌아올 이익을 위해 해를 입히지
> 않는다. 그들은 자신들만의 프로젝트를 추진하기 위해
> 폭력과 폭력의 위협을 사용한다.**22**

비록 폭력 전문가와 기회주의자를 이렇게 구분하면, 타자의
신체를 불법으로 전유하는 것 자체가 교환 가능한 상품이 된다는
사실을 어떻게 설명할 수 있을지에 대한 논쟁은 논외로 하게
되지만 말이다

허가받지 않은 범죄자가 저지른 폭력을 더 가혹한 법으로
처벌하는 것은 불합리해 보인다. 그럼에도 불구하고, 당국이
알지 못하는 프레임과 특성을 가진 범죄자들이 증가하는 것이
엔드리아고 주체성의 문제를 더 복잡하게 만들고, 범죄 증가를
막으려는 국가의 싸움을 무력화시킨다는 것은 분명하다.

고어 자본주의의 다양한 행위자들이 각자의 맥락에서
지닌 모순, 재해석, 불안은 그들의 행위를 통해 강화된다.
고어 자본주의 내부에서 적극적으로 참여하는 엔드리아고
주체는 아마도 진짜 필요에 의해 나타났을 것이다. 하지만 빈곤과
폭력의 양자 관계는 더 복잡하며, 그렇기 때문에 우리는 많은
경우에 폭력 행위는 사회 불안을 표현하는 징후라고 생각한다.

22. 틸리 2007, 39.

"범죄는 추가 이익을 발생시키는 다른 방법일 뿐 아니라, 불만을 표출하는 수단이기도 하다."[23]

우리는 경제적 불평등이 범죄를 저지르는 유일한 요인은 아니지만 중요한 부분을 차지한다는 것을 안다. 폭력으로 이어지는 과정에는 여러 요소가 뒤얽혀 있으며, 사회적 불평등과 빈곤이 범죄적 폭력을 행사하게 만드는 핵심 원동력인 것은 사실이다. 그럼에도 불구하고 우리는 범죄 네트워크를 만들고 돌아가게 만들기 위해서는 경제적이고 기술적인 수단을 확보해야만 한다는 레사 네스타레스의 지적에 동의한다. 그래서 상품처럼 인식된 폭력을 행사하고 관리하기 위해서는 위계화가 필수적이다. 생산 수단이 없는 빈곤층은 범죄 사슬의 제일 밑바닥을 차지하기 위해서 노동력을 제공하며, 그 밑바닥의 막중한 임무는 다름이 아니라 폭력을 직접 행사하는 것이다. 이들의 동기는 경제적 생존 이외에도 돈이 부여하는 정당성을 통한 계급 상승과 사회적 소속감의 욕망에 바탕을 둔다. 그 결과로 **폭력의 새로운 프롤레타리아** 혹은 **고어 프롤레타리아**라 부를 수 있는 종류의 집단이 탄생한 것이다.

엔드리아고 주체의 특징적인 요소라 할 수 있는 폭력의 지나친 전문화 현상으로 인해, 이들은 신체와 신체에 위해를 가하는 행위를 문자 그대로의 의미, 그리고 포스트모더니즘적인 의미의 상품처럼 받아들이게 되었다. 다시 말해, 엔드리아고 주체는 강력한 사상 체계 — 이를테면 윤리와 같은 것 — 와는 거리가 먼 새로운 재화를 쉬지 않고 미친 듯이 생산하기를 요구하는 "후기 자본주의 문화적 논리 안에"[24] 신체를 위치시킨다.

1970년대에 이미 들뢰즈와 가타리는 우리 사회가 포드 자동차를 생산하는 것과 같은 방법으로 정신분열증을 생산하고 있다고 주장했다. 유일한 차이점은 정신분열증은 판매가 불가능하다는 것이다.[25] 거의 40년이 지난 이후, '고어

23. 레사 네스타레스 1997, 265-284.
24. 제임슨 1995 참조.
25. 분열자에 대해 더 알아보려면 들뢰즈와 가타리의 『안티오이디푸스』 (El Sol de Morelia, 1985)를 참조하라.

되기'가 진행 중인 자본주의는 분열증뿐 아니라 폭력 전문 청부 살인업자들을 생산하고 있다. 그들은 공간, 몸, 죽음의 차원을 재설정하는 방법을 찾아서 수익성 있는 요소로 바꾸고, 다른 인간을 죽음에 이르게 할 수 있는 능력을 전시가 아닐 때에도 자본화가 가능한 현상으로 변모시키고, 이 현상은 그저 시장의 또 하나의 부문으로 통합된다. 이렇게 축적의 전략으로서의 몸의 지위가 재맥락화된다.

폭력의 기호학: 고문 기술

지나치게 전문화된 폭력의 발전과 행사는 더 전 지구적인 차원의 역사에 뿌리를 두고 있다. 신체를 훈육하기 위한 국가 기술의 역사가 바로 그것이다. 국가가 발전시키고 군사 장치로 전수된 이 훈육 기술은, 현재와 같은 고어 시대에는 재화와 서비스처럼 시장에서 제공된다. 이렇듯 잔혹하게 세심한 기술은 폭력의 테두리 안에서 해석 코드를 도입한다. 어떤 구체적 고문 기술을 적용했고 어떤 방식으로 살해했는가를 통해 보내는 메시지를 해석하는 일종의 기호학을 만들어 낸 것이다.

이 관점에서 우리는 멕시코 마약 카르텔의 경우를 이야기할 수 있다. 조지 프리드먼[George Friedman, 미국의 보안 컨설팅 회사인 스트랫포(Stratfor)의 소장]은 이들이 "압도적인 권력의 이미지를 보여 주려 하며, 살해와 협박과 메시지는 모두 자신들이 어떤 일을 할 수 있는지를 공개적으로 드러내는 방편"[26]이라고 분석했다.

계속해서 멕시코 마약 카르텔이 수행하는 고어 자본주의에서 지나치게 전문화된 폭력의 기호학과 관련된 코드를 들여다보겠다.

자비의 일격으로 처형당하는 것은 교훈을 주려는 욕망을 의미한다. 만일 시체에 뚜렷한 고문의 흔적이 보인다면, 정보를 얻어 낼 필요가 있었다는 뜻이다. 죽은 후 담요에 싸여 있는 것은 망자에게 친밀감이 있었음을 드러낸다. 십중팔구 경쟁 카르텔에서 알려졌거나 존중받는 사람이었을 것이다.

26. 알바라도 2008년 6월.

비닐봉지를 머리에 씌워 질식시켜 죽이는 것은 천천히 길게 고통을 주려는 욕구를 상징한다. 완전히 붕대로 감아 놓은 시체 역시 앞의 코드와 동일한 의미이다. 손이 묶인 시체는 처형당하기 위해 준비되었음을 뜻한다. 만일 손발에 붕대가 감겨 있다면 정보를 얻기 위한 고문을 당했음을 나타낸다. 안와에서 튀어나온 눈은 카르텔을 배신했음을 뜻한다. 분명 피살자는 경찰 정보원이었을 것이다. 잘린 손가락은 다른 카르텔에 정보를 유출했음을 의미한다. 산에 용해시킨 시체는 카르텔에 채무가 있었음을 뜻한다.[27]

멕시코 마약 밀매자들이 쏘아 올린 이 표식에서, 몸은 마치 다시 쓰기 쉬운 지도 제작처럼 재개념화된다. 조직범죄 고유의 코드 안에 기입하는 행위의 의미는 소름 끼치는 대화와 끊임없는 위협에 기반한 사회적 상상계를 정착시키려는 시도이다. 이러한 기입은 직접적 경고의 역할을 한다. "우리 모두가 살에 새겨진 메시지를 이해"하기 때문이다.[28] 고어 자본주의의 폭력 전문가들에게 **몸**은, **만신창**이가 되고 **훼손당한 몸**은 그 자체가 **메시지**이다.

이러한 행동은 시민의 협약을 깨며, "폭력의 상징이자 폭력을 전염시킬 위험의 증거인 시체에 대한 공포"[29]라는 금기 역시 깨뜨린다. 시체에 대한 금기가 깨진 상황은 깊이를 알 수 없는 잔혹성으로 우리를 논쟁의 한계 지점까지 밀어붙인다.

이 폭력 양상은 노동의 의미가 재해석되는 전환을 알리기도 한다. 노동은 금지를 통해 폭력의 재생산과 죽음의 폭력을 배제하는, 합리적 행동이기 때문이다.

경제적 이익을 우선하기 위해 노동과 인명을 재해석하는 것은 죽음에 관한 의식 역시 왜곡한다. 과거에는 이것이 철학적으로 "죽음을 의식하는 것"[30]으로 이해되었다면, 지금은

27. 곤살레스 2008년 7월 21일.
28. 사비아노 2008, 145.
29. 바타유 2002, 49.
30. 같은 책, 48.

이익을 얻기 위해 죽음에 부여해야만 하는 권력을 의식하는 것으로 변한 것이다.

죽음의 개념에 인식론적 단절이 있었다. 죽음이라는 개념이 가리키는 지시 대상은 사라지기 직전이며, 죽음에 대한 전율과 공포도 길을 잃었다. 우리는 "살아 있다는 것과 시체가 되는 것 사이의 한 걸음의 차이[와 그것이 가지는 무게], 즉 다른 사람에게 한 사람의 시체는 고통을 주는 대상이라는 것"[31]을 망각하기 직전에 와 있다. 고어 자본주의는 기존 질서를 전복하고 존재론적 문제에 경제적 정당성을 부여한다.

약물

우리가 살고 있는 고도 소비주의, 포스트포드주의 사회에서 약물의 역할은 다양하면서도 양가적이지만, 약물의 가장 큰 특징은 어디에나 있다는 점이다. 현대 사회에서 약물은 자기 투여가 가능한 형태로 우리의 몸을 통제한다. 한번 몸 안으로 들어온 약물은 미세한 보철과 같은 통제의 방식으로 몸의 일부가 되어, 일종의 먹을 수 있는 판옵티콘처럼 변한다. 폴 B. 프레시아도가 지적하듯이, 이러한 과정을 거쳐 몸은 생성되는 자본주의 안에 배치된다.

> 현대 사회는 신진대사를 지배하는 약물(혹은 약물들)에 의해 규정되는 주체가 살고 있는 곳이다. [...] 오늘날 기술 과학의 성공은 우리의 우울증을 프로작으로, 우리의 남성성을 테스토스테론으로, 우리의 발기는 비아그라로, 우리의 임신/불임은 피임약으로, 우리의 에이즈는 트리테라피로 바꾸어 놓았다는 점에 있다.[32]

이렇게 우리를 구성하는 약물의 힘은 어떤 식으로든 우리의 주체성을 만드는 데 관여하며, 과학 연구, 자본의 생산, 약물의 판매와 소비를 통해 만들어진 시장과 필연적으로 관련이 있다.

따라서, 국가와 과학은 합법적 약물 — 거대 제약 회사가 개발하고 처방전과 함께 제공되는 약제와 의약품 — 과 불법적

31. 같은 책.
32. 프레시아도 2008, 33.

약물 —자연에서 나왔거나 합성된 모든 물질(서구 의료계와
제약업계 프로토콜의 외부)로, 자기 투여를 통해 개인에게
쾌락을 주고 의존을 유발하며 유통될 경우 국가의 소득과 세금이
유출되리라 추정되는 것 — 을 분리해 왔다. 이 구분은 몸을
통제하고 훈육하며 법제화하고자 하는 목적으로도 추동되지만,
가장 큰 것은 경제적 목적이다.

　　약물을 합법과 불법으로 구분하는 것은 약물 시장의 패권을
받아들이지 않으려는 국가가 마련한 방안이다. 약물 시장의
패권은 "20세기 말에 노골적으로 드러났으며, 그 뿌리는 자본주의
근대성의 기원으로 거슬러 올라간다. 그것은 바로 15세기 중세
경제가 산업 경제, 국민 국가 형성, 서구 과학기술 지식의 지배
체제로 변화했던 시기를 말한다."[33]

　　대부분의 문명사회에서 아주 먼 옛날부터 존재해 온
약물 소비와 같은 문제가, 상대적으로 최근인 20세기 초에
이르러서야 법제화되었다는 것은 이상한 일이다.[34] 마찬가지로
국가가 약물을 금기처럼 다루거나 기껏해야 공공 보건의 문제로
다룬다는 것 역시 기이한 일이다.

　　약물 문제는 대부분의 경우,[35] 약물을 금지하는 것이 오히려
불법 약물의 밀매 사업에 종사하는 사람들에게 더 큰 이득을
주는 이중 잣대로 다루어 왔다. 여기에는 마약 밀매에 종사하는
불법 조직이 얻는 이득만이 아니라, 부패한 관료가 연결되어 있는
사슬과 그 사슬에 어떤 식으로든 가담하는 중앙 정부 및 국제적
정부 기관이 얻는 이득 또한 포함된다. 우리는 "약물에 부과된
세금이 근대 국가의 주춧돌(국가 역시 약물에 대해 징수하는
세금의 중독자가 될 수 있다)이자 유럽 식민 제국의 근본적인
재정적 기둥이었다"[36]는 점을 기억해야만 한다.

　　현재 우리 대부분은 소비자나 판매자로든, 이러한 조직
말단의 하청 직원으로든 혹은 이 과정에 침묵하는 목격자로든

　　33. 같은 책, 113.
　　34. 에스코오타도 1999.
　　35. 스위스와 네덜란드처럼 대마초 같은 특정 약물의 소비를 합법화한 국가는
예외이다. 그 경우 국가가 판매를 관리한다.
　　36. 쿠르베 2007, 67.

범죄 경제에 참여하고 있다고 말할 수 있을 것이다.

이 시대의 '불법' 약물은 우리 삶에 명시적인 형태로 나타난다. 뿐만 아니라, 불법 약물은 상이한 수준으로 우리 일상의 일부가 되어 다양한 쓰임과 의미를 통해 교차적인 방식으로 삶에 통합되어 있다. 첫째로, 마약 밀매는 가장 불균등한 이질적인 지역들에 침투하여 뿌리내리는 데 성공했다. 한편에는 정부의 규제가 별로 없고 부패 지수가 높으며, 마약 밀매가 국내 총생산의 중요한 수입원으로 사용되는 경제 침체 국가들이 있다. 다른 한편에는 불법 약물의 생산국이라고 좀처럼 생각되지 않지만[37] 고어 자본주의의 쟁탈전에서 뒤처지고 싶지 않았고 마약 밀매를 통해 최소한의 투자로 터무니없는 이윤을 남길 수 있었던 캐나다 같은 나라도 있다.

둘째로, 전 세계적인 노동과 실존의 프레카리아트화로 인해 마약 밀매가 만성적 실업과 사회 발전 계획의 부재에 대한 해결책으로 사회 구조 속에 안착했다. 마약 거래가 활기차고 불법적인, 다른 형태의 경제를 창조한 것이다. "마약은 [...] 거대한 경제적 활력을 생산한다. 의사, 경찰과 재활치료사를 경유해 농민에서부터 변호사에 이르기까지, 마약은 모두에게 지속적인 일거리를 제공하는 일종의 영구적으로 움직이는 기계이다."[38]

셋째로, 이 새로운 형태의 활기찬 경제는 중상류층에 속하는 많은 주체 입장에서 결과적으로 너무나 매력적이었다. 은행에서 권하는 상품이나 전통적인 투자에 비해 단기간에 고수익을 올릴 수 있는, 보장된 투자 형태였기 때문이다. 마약에 투자하는 것은 부르주아 계급에게 자산을 불리는 **마법** 공식이 되었다. 하지만 부르주아는 투자자 자격으로만 마약 사업에 진입한 것이 아니었다. 그들은 친구 모임의 판매자가 되어 마약 판매 행위를 개운치 않은 범죄의 뒷맛으로부터 '해방하고' 새로운 얼굴을 선사했다. 뜻밖의 사회 주체(이를테면 제1세계 소시민 계급)에 의해 마약의 소비와 판매에 대한 금기가 느슨해지자,

37. 미샤 글레니는 현재 캐나다의 브리티시컬럼비아는 대마초의 재배와 매매 관련 사업이 번창하는 것을 자랑스럽게 드러내고 있다고 주장한다. 글레니 2008, 10장 참조.
38. 쿠르베 2007, 68.

마약 밀매를 해석하는 범주는 변하거나 흐려지며 관련 담론 역시
애매모호해지기 시작했다.

넷째로, 마약 가격과 카르텔의 새로운 경제 정책이
민주화되면서 지난 수십 년간 **고급** 마약으로 간주되었던
코카인 같은 특정 마약들이 대중을 위한 것으로 변했다. 순도는
다르겠지만 모든 호주머니 사정에 맞추어 줄 수 있는, 소득 수준이
높건 낮건 접근 가능한 마약이 된 것이다.

코카인 소비 영역에서 일어난 변화는 마약류의 소비가
어떻게 변화해 왔고 사회 경제적 요구에 맞춰 조정되어 왔는지를
보여 준다. 하지만 동시에 마약은 모든 사회 계층에서 다양하게
사용될 수 있으며 여가 공간에서뿐 아니라 노동의 공간에서도
자기 투여가 가능한 보철물처럼 이해될 수도 있다는 것 역시
보여 준다. 최고의 효율을 내기 위해서, 그리고 다국적 기업이든
취약하고 착취적인 조건이든, 일터에서 요구받는 경쟁을 감당해
내기 위해 사람들은 마약을 소비한다.[39]

글로벌 시대에 마약 소비가 사회적으로 인정되는 추세이며,
점점 더 마약 밀매 문제를 다루는 정부의 이중 잣대가 현저하게
드러나고 있다. 그럼에도 불구하고 마약 소비가 발생시키는
비용에 관한 불투명성을 해결하지는 못하고 있다. 1회분의
시장가를 넘어서, 피의 대가 말이다. 도덕적 판단 아래에서 이
문제를 규제하기 위한 일리 있는 방안을 생각해 내기를 거부하는
정부도, 마약 밀매 산업에 직간접적으로 참여하고 있는 우리도,
마찬가지로 시민으로서 책임감을 면제받지 못할 것이다.

정부와 마약

전 세계 정부의 대부분은(미국은 특히 열성적으로) 마약 문제에
있어 무관용 정책을 고수한다. 이러한 나라들은 마약 관련 정책이

---

39. 군인들이 추위, 배고픔, 공포를 더 잘 견디도록 나치 화학자가 개발한
메스암페타민의 경우가 그러하다. 메스암페타민은 미국처럼 경제적으로 부유한
국가에서 많은 사람들이 여가의 방편으로 소비하고 태국(마약 밀매에 사형을
선고하고 마약 소비 역시 중형으로 처벌하는)과 같은 빈곤국에서도 대중화되었다.
태국에서 메스암페타민은 '야바'(yaba)라는 이름으로 알려졌고, 혹독한 노동 시간을
견뎌야 하는 극도로 취약한 계층 사이에서 특히 더 많이 소비된다.

도덕성 문제와 다를 수도 있음을 고려하지 않는다. 경제학자
다이앤 코일은 다음과 같이 설명한다.**40**

> 이렇게 많은 시민들이 불법 약물을 사용하는 상황에서
> 무관용 정책이 제대로 기능할 가능성은 없다. 다섯 명 중
> 한 명(12세 이상 미국인은 세 명 중 한 명)이 사는 동안 어느
> 시점에 어기는 법이라면, 그리고 그들의 친구 중 누구도
> 신고하지 않을 것이라면, 이것은 실패한 법이다.**41**

코일의 의견을 살펴보면, 마약 문제에 보수적으로 접근하는 것은
'시민 불복종' 문제를 야기한다. 시민 불복종은 고도 소비주의
사회에서 유통되는 수사법과 자본주의의 도덕적 이중 잣대에
의해 강화된다.

이제 경제 이론에 기대어 마약 문제를 분석해 보면, 마약
밀매는 정부의 규제 효과가 예측 가능한 활발한 시장이라는 것을
알게 된다. 엄격하게 금지하면 할수록 사업 수익은 더 높아진다.
수요와 공급에 기초한 시장의 논리를 적용하면 간단하게 추론
가능한 문제다. 금지는 독점을 낳고, 결국 시장을 장악하려는
집단 간의 폭력과 구매자인 시민들의 범죄로 이어진다.

> (불법 약물을 수입하는 대다수 국가가 적용하고 있는) 마약
> 전면 금지 정책은 조직범죄에 의해 통제되는 평행 경제를
> 만들었다. 마약 거래가 창출한 수익은 돈세탁을 거쳐야
> 하기 때문에, 마피아 조직원들은 다른 합법적인 영역으로
> 진출하게 되었다. 게다가 우리는 세계 경제의 시대를 살고
> 있다. 유엔 공직자부터 버클리의 저명한 사회학자 마누엘
> 카스텔(Manuel Castell)까지 수많은 전문가들의 의견에
> 따르면, 점점 커지는 다국적 범죄의 영향력은 합법적이고
> 민주적인 기관을 밀어내고 있다. 전통적이고 정치적인
> 진보를 통해 번영을 이루려는 개발 도상국들의 열망 역시
> 당연히 저지한다. 농민들에게 손쉬운 수입원이 있는데
> 마다할 이유가 어디 있겠는가? 게다가 그 후한 사업에 눈을

40. 다이앤 코일은 맨체스터 대학교의 교수이자 『인디펜던트』(The Independent)의
칼럼니스트로, 컨설팅 회사 인라이튼먼트 이코노믹스를 운영한다.
41. 코일 2006, 9.

> 감는 부패한 관료와 정치인에게 거액의 넉넉한 보상까지
> 쥐여 주는데 말이다.**42**

수익은 일방통행이 아니라 생산국, 경유국, 소비국 사이에
마약과의 전쟁이라는 수사에 근거한 정치적 전략의 설계를 통해
분배된다. 정부가 벌이는 마약 퇴치 전쟁이, 특히 미국의 경우,
지속적으로 국가의 우선 과제로 다뤄지는 것은 우연이 아니다.
합법적 무기 판매를 통해 이들 국가의 합법 경제가 활성화되고
있다는 사실을 도덕적 주장을 통해 감추고 있을 뿐이다. 미국과
멕시코 사이의 접경지대를 잇는 미국 남부의 주에서 온갖 종류의
군사 무기를 사 들이는 멕시코 카르텔의 경우를 예로 들 수 있다.
이러한 방식으로 '마약과의 전쟁'을 누구보다 크게 외치는 자들의
군비 확장 경제가 강화된다. 이 마약 전쟁의 수사는 직설적이며,
권력 기관과 영토권의 끝없는 악용을 정당화하는 순환 논리가
되어 돌아온다.

미국 그리고 '마약과의 전쟁'

마약 밀매를 종식시키려는 목적으로 미국이 시작하고 1980년대
말 라틴아메리카에 집중되었던 반마약 운동은 세계적 패권을
유지하고 확장하려는 본색을 숨기고 있었다.

> 공산주의의 전 세계적 위협이 사라지고, 약물의 밀매(물론
> 불법 약물이다. 합법 약물을 매매하는 사람들은 돈을 주고
> 관대한 허용을 산다)와 그 사촌격인 초국적 조직범죄에서
> 새로운 신화적 악마가 발견되었다. 사회 대중 매체가
> 조장하는 불안과 공포에 힘입어, 이 악마는 상이한 규모의
> 사회적·정치적·경제적 국가 체제를 엄청난 위험에 빠뜨린다.
> '공산주의 인터내셔널'의 대단한 위협은 '주식회사 범죄
> 인터내셔널'로 대체되었다.**43**

자본주의가 자본주의 경제 전략의 잔혹성을 숨기기 위해
도덕을 이용한다는 것은 잘 알려진 사실이다. 미국 정부가 마약
퇴치 운동을 벌이는 주된 이유는 삶을 중시하기 때문이 아니다.

42. 같은 책, 12.
43. 레사 네스타레스 2003d.

미국의 마약과의 전쟁은 삶을 지키는 것과 하등의 관계가 없으며, 소비자를 보호하기 위해서도, 마피아에 연루된 사람들을 걱정해서도 아니다. 이들의 삶은 "언급할 가치가 있는 삶, 소중히 여기고 보호할, 인정받을 가치가 있는 삶"[44]으로 간주되지 않는다. 대신에, 정부가 진정으로 가치를 두는 것은 불법 시장을 통해서 국가를 우회하는 자본과, 전 지구적 규모로 시행 가능한 개입주의 통제 전략의 가능성이다.

미국이 선포한 마약에 대한 무관용 원칙 담론의 기저에는 마약 밀매로 '처벌받는' 국가들을 끊임없이 통제하는 개입주의 정책을 정당화하려는 시도가 있다. 이러한 통제 정책의 정착을 통해 미국은 해당 국가에 예외 상태를 창출하는 동시에, 범죄 조직에 더 많은 무기를 판매하고 돈세탁 역시 늘어난다. 레사 네스타레스에 따르면 자본의 세탁력이 가장 높은 국가는 미국이며, 돈세탁 작업을 성공적으로 처리하기 위해서는 복잡한 요소가 조합되어야 가능하다. 이를테면, "금융 비밀주의, 지하 금융 시스템, 부패, 복잡한 재정 운용 추적을 위한 경찰의 자원과 양성, 세계적 금융 중심지 보유, 조세 피난처에의 접근, 외화 환전에 대한 통제력"[45]과 같은 조건을 말한다.

마약과의 전쟁은 한편으로 미국 영토 안팎에서 인종차별적 정책을 적용함으로써 비백인 소수자를 범죄자로 만들기 위한 구실로 사용된다. 다른 한편으로는 정부 예산을 유용하기 위한 효과적 전략으로 이용된다. 마약 밀매를 퇴치하기 위해 자금이 필요하다는 논리 외에 별다른 명분은 필요 없기 때문이다.

마약과의 전쟁은 미국이 자국 영토에서 일어나는 마약업을 통제하려는 목적으로 시작되었다. 하지만 동시에 아프리카계 미국인과 라티노 공동체의 사회·경제적 기회를 제한하고 통제함으로써 인종주의를 강화하는 제도적 도구라고 이해해도 무리가 없을 것이다. 이것을 단단하게 뒷받침해 주고 있는 것은 "마약과의 전쟁에 내재된 재정적 유인책과 백인 공동체가 누리는

44. 버틀러 2006, 61. 버틀러, 『위태로운 삶: 애도의 힘과 폭력』, 66.
45. 레사 네스타레스 2003a.

법적 보호이다. 미국에서 이 전쟁은 흑인과 히스패닉을 상대로 벌어지고 있다."**46**

        음모론을 불러와 이야기할 필요도 없이, 이 상황이 소수자 공동체와 사회 취약 계층에 곱절의 고통을 주고 있음은 부정할 수 없다. 한편으로는 마약과의 전쟁이 그들의 사회적 권리를 심각하게 침해하고 있기 때문이고, 다른 한편으로는 이들 공동체 안에서 마약이 유통되면서 발생하는 피해와 폭력이 있다. 그 속에서 시민들은 정부, 마약업자, 약물 소비 사이에서 일종의 십자포화를 맞고 있다.

        소수 집단을 상대로 개발되고 시행된 통제적 개입주의 정책은 소수자들이 폭력의 희생자가 될 뿐 아니라 가해자로도 바뀌는 상황에 처하도록 만드는, 영구적 계엄 상태로 밀어 넣는다. 그들은 불리한 조건 속에서 어쩔 수 없이 생존 전략을 짜게 된다. 은밀한 폭력과 노골적인 폭력 사이에서 생계를 꾸려야만 하기 때문이다. 여기에서 이야기하는 은밀한 폭력은 국제 시장의 장기 매매를 말한다.

        폭력이 세계화 시대의 필요조건이라는 메시지를 자연스러운 것처럼 만드는 현실의 조건은 여러 가지가 있겠지만, 그중에서도 전 지구적 고어 시장, 국가의 형편없는 정부 운영, 고도 소비주의로 이끄는 광고의 압박감을 꼽을 수 있을 것이다. 하지만 경제주의 개념에 기반한 이 모든 심각한 요인들은 우리가 삶을 체념하고 폭력을 소비해야만 한다거나 폭력이 또 다른 시장을 형성하는 것에 그저 적응해 버리기에 충분한 이유라고 보이지는 않는다.

    마약 사업에서 숫자의 문제

마약 밀매가 세상의 어떤 통화로든 거래 가능하고 수많은 노동력에 기대고 있으며, 수십억의 매출을 올리는 거대한 산업이라는 점에는 이견이 없을 것이다. 경제학자들이 마약업을 정당한 자격이 있는 하나의 산업으로 간주하지 않는 이유는

          46. 글레니 2008, 328.

불법이기 때문이다. 하지만 경제학자들도 마약업의 규모와 경영 수준은 수요와 공급의 법칙을 따를 뿐 아니라 그 법칙을 재정의하기에 이르렀다는 것은 인정하고 있다.

마약 밀매업의 수익이 제시하는 숫자를 들여다보면 굉장한 모순이 존재하며, 대개의 경우 마약 사업이 만들어 내는 돈의 양이 터무니없다는 것을 넌지시 암시한다. 하지만 어떤 기관이 발표하느냐에 따라 공식적인 수치는 서로 모순된다.[47] 예를 들어 1994년 멕시코의 법무부 차관이었던 모이세스 모레노 에르난데스(Moisés Moreno Hernández)가 제공한 정보에 따르면, 멕시코 국내외에서 마약 판매로 벌어들인 수익은 300억 달러였다. 이 수치는 2008년에 미국 내의 소비만 산정하더라도 500억 달러까지 오른다. 하지만 이 수치를 증명하는 것은 어렵다. 이런저런 단체를 거쳐 수치가 재활용되고 "어떤 종류의 통계든 무작위로 포함시키면서 엄격한 척하는 데 안달이 난, 군산 마약 복합체라고 불리는 것의 이득에 복무하고 있는 논쟁의 본질을 왜곡하는"[48] 언론 매체를 통해 다시 전달되기 때문이다. 이에 관해 레사 네스타레스는 다음과 같이 지적한다.

> 공식적이고 학술적인 수치에 따르면, 마약 매매에 의해 처리되는 자본의 규모는 3000억에서 8000억 달러 사이이다. 이 숫자를 믿는다면 마약 거래는 전 세계 섬유 제품 판매와 자동차 수출을 넘어선다. 극단적인 차이를 보이는 이 수치 안에서 가장 자주 인용되는 숫자는 학계에서 추정한 것으로, 유엔의 축복을 받고 전 세계에 반복적으로 인용되고 있는 5000억 달러이다. 방법론적 약점에도 불구하고 이 수치는 시간이 지나도 끈질기게 버티고 있다. 1991년에 처음 등장한 자료가 작년까지도 그대로 반복되어 왔으며 2000년대에도 신뢰할 만한 자료로 활용될 확률이 높다.[49]

그러므로 이러한 수치를 사용하고 퍼뜨리는 것은 순수하지 않은 경우가 많다. 사실상 이 통계의 대부분은 미국 정부가 실시하는

---

47. 레사 네스타레스 2003년 6월 참조.
48. 레사 네스타레스 2003e.
49. 같은 글.

불법 약물 정책에 대해 다른 국가의 협력 정도를 평가하는 연간 인증을 앞둔 몇 달간 중점적으로 사용되는 경향이 있다.

마약 매매에 부과된 수치의 초인플레이션 현상은 국가 예산을 유용하기 위한 정부의 전략적인 기획에 기반하고 있다. 하지만 이 수치를 심층 분석해 보면 도저히 정당화하기 어렵다. 이해관계에 따른 과장이 넘치기 때문이다.

> 상식적으로 말이 안 되는데도 불구하고, 원칙적으로는 가치 평가의 기준이 총매출이 아니고 생산이다. 결론을 말하자면 5000억 달러라는 마법적인 숫자에 도달하기 위한 수학적 계산을 거치는 동안, 각 공공 기관의 관료적 필요에 따라 부풀려지는 경향이 있는 다양한 수치들을 종합해 일련의 추산이 이루어진다. 경작 중인 땅의 면적이 부풀려지고, 면적당 생산량이 과대평가되고, 완성품을 만들기 위해 필요한 원자재가 편향적으로 책정되고, 공정 과정의 손실은 간과된다. [...] 그 최종 결과는 최소한, 일관성이 결여된 수치인 것이다.[50]

이 수치상의 불일치는 우리가 다음 사항을 고려하면 더 명백해진다.

> 미국 내 마약 소비의 가치는 결코 700억 달러의 문턱을 넘은 적이 없다. 동일한 기준으로 소비와 가격을 책정하면, 미국을 제외한 나머지 세계 시장이 소비하는 불법 약물은 약 500억 달러 상당이다. 합산하면 전 세계의 마약 중독자와 비정기적 소비자가 욕구를 만족시키기 위해 약 1000억 달러를 쓰는 것이다. 따라서 이 소비 수치와 마약 밀매자의 5000억 달러 수입 사이의 차이는 두 가지 변수에 따른 경제적 관점으로만 설명 가능하다. 공식 계산에 드러나지 않는 4000억 달러가 재정적으로 기록되지 않을 뿐 아니라 지하 경제의 특수 케이스로 추적되지 않거나, 혹은 마약 매매업자들의 월스트리트 투자가 사업 이득을 네 배로 불려 주는 기막힌 투자를 하고 있다는 것이다. 하지만 후자의

50. 같은 글.

> 가능성은 근대의 드라큘라인 콜롬비아 마약업자들의
> 재산만 치더라도, 불법 재산 몰수법을 입안하기 위한 계산에
> 따르면 5000억 달러에 달한다는 사실을 고려하면 이치에
> 맞지 않는다.[51]

이 인용문은 4000억 달러가량의 국가 자본이 새고 있다는 사실을
폭로한다. 이것은 세입 예산을 확보하기 위해 국가가 '문제'의
수준을 부풀렸음을 뜻한다. "현 금지주의 체제를 유지하고 더
많은 공적 자원을 얻기 위해 갈등을 부풀림으로써 월급을 받는
관료들의 이해관계에 맞게 수치를 조작하는 지속적인 작업"[52]을
해 온 것이다.

따라서 마약 매매 문제를 다룰 때 숫자에 호소하는 것은
사회 이데올로기를 뒷받침하는 감정을 엮어 내는 능력과 관련이
있다. 이 사회적 이데올로기는 마약에 관한 금지주의 정책과
무관용 원칙을 지지하며, 이는 이러한 형태의 경제가 사회에
야기하는 실질적 결과에는 아랑곳하지 않는, 금지-소비-국가와
마약업자의 부의 창출이라는 순환 현상을 낳는다.

레브 티모페예프(Lev Timofeev)를 비롯한 많은
경제학자들은 마약을 사는 데 돈이 많이 드는 국가에서 마약을
합법화할 경우 따라올 가능성과 이익에 대해 이야기한 바 있다.
합법화는 암시장에서 부과된 가격의 붕괴를 유발할 수 있고,
마약 밀매자들의 독점을 와해시킬 수 있기 때문이다. 그러한
조치는 전 세계 불법 경제에 도미노 효과를 일으킬 것이다.

> 만일 현재 불법인 약물이 자유화된다면, 정식으로 약물에
> 세금을 부과하고 가게에서 자유롭게 팔 수 있게 된다면,
> 대부분의 문제는 해결될 것이다. 제3세계 국가들의 발전을
> 위한 새로운 길이 보이기 시작할 것이며, 미국은 타국의
> 내정에 간섭하기 위해 새로운 어리석은 구실을 찾아야만 할
> 것이다. 단 한 번의 펜 놀림으로 여러 은행의 이익은 감소할
> 것이며 그들의 자본 세탁 은폐 역시 줄어들 것이다.[53]

51. 레사 네스타레스 2003e.

52. 같은 글.

53. 레사 네스타레스 2003d.

하지만, 이 책에서 마약 합법화 정책을 분석하는 데 지나치게 천착하지는 않을 생각이다. 우리가 이러한 측면을 조명하며 보여 주고자 하는 것은 마약 시장이 현대 사회에 완전히 통합된 핵심적 연동 장치와 같다는 것이다. 그렇게 함으로써 우리는 마약 시장을 통해 고어 자본주의의 구조를 관찰할 수 있으며, 불법과 합법을 아우르는 경제 체제 양쪽에서 다 드러나는 폭력으로 지탱되는 경제적 논리를 따라갈 수 있다. 이를 통해 국가가 시행하는 경제 정책에 내재한 이중 잣대와 국가와 불법 시장과의 연결 고리가 명백하게 드러난다. 고도 소비주의적인 **군-산-**마약 복합체가 창조됨으로써 엔드리아고 주체성의 증식과 대중화를 길러 낼 비옥한 땅이 준비된 것이다.

국경
국가적 희생 지역으로서의 국경
마이크 데이비스는 생태학적 재난을 가리키는 용어인 **국가적 희생 지역**(*National Sacrifice Zones*)에 대해 이야기한다. 지역 자체도, 그곳의 거주자도 자본주의 체제의 생산적 요소로 간주되지 않게끔 소외된 미국의 특정 지역이 여기에 해당한다. 우리는 이 표현을 빈곤국과 강대국 사이의 경계나 국경 지대를 지칭하기 위해 사용하려 한다. 이 경계 지대에는 해당 공간을 무엇이든 **허용되는** 곳으로 만드는 이중의 역학 관계가 형성된다. 달리 말하면, 이 공간은 양국의 차고처럼 다루어진다. 관문 지역이자 후문 도시인 이곳에서는 달갑지 않은 것과 바람직하지 않은 것이 동시에 동일한 방식으로 합류하고, 상반적인 성격이 교잡하며, 전통적인 가치론을 적용해 개념화하기 힘들어지고, 자기소모적이고 음산한 일종의 종말론적 단절이 파생된다.

데이비스에 따르면 "언캐니(the uncanny)는 [...] 억압된 것의 귀환을 포함한다. 자신의 종교가 몰락한 이후 신들은 악마로[바람직하지 않고 식별할 수 없는 것으로] 변한다."[54] 언캐니와 두려움은 국경 주변을 둘러싼 개념이다. 디아나

54. 데이비스 2007, 21. [이 부분은 프로이트의 「언캐니」(Das Unheimliche, 1919)를 데이비스가 재인용한 것이다.—옮긴이.]

팔라베르시츠가 지적하듯이, 이런 관념은 "다양한 인종, 민족, 언어적, 성적 체제 사이에서 교섭하는 사람들이 경험하는 일련의 경계적 주체성에 대한 비유처럼" 사용되기 때문이다. "이곳은 추상적인 공간이 아니라 역사와 기억으로 가득 찬 공간이다."[55]

국경에 대해 이야기하는 것은 언제나 논쟁적이다. 한편으로는, 세계화된 세계에서 역설적으로 가상의 선은 그 선에 집중하고 있는 높은 수준의 감시 때문에 현실보다 더 현실적인 선을 만든다. 다른 한편으로는, 국경은 포스트모던 담론적 이상화의 영토가 된다. 하지만 국경은 영토성으로도, 국경을 둘러싸고 형성된 담론으로도 축소되지 않으며, 글로컬 시장, 노동, 영토성, 법적 규제, 감시, 언어들, 성별화되고 인종화된 노동력 간 변화와 통합의 집합체라고 할 수 있다. 이 모든 것을 고어 자본주의를 생성하는 고도 소비주의 사회의 문화적 요구가 관통한다.

국경 지역에서 접경의 정체성이 만들어지는 것은 분명하지만, 그 정체성이 언제나 혼종적이거나 디스토피아적인 것은 아니다. 그럼에도 우리는 국경이야말로 고어 자본주의의 생성과 확산에 완벽한 요람이라고 확신한다. 경계 지대는 현재 경제 논리가 명하는 요구에 따른 재해석(이 단어가 뜻하는 모든 의미에 있어서)을 강요하며, 국경을 형성하고 있는 양쪽 영토에서 만들어진 이중적이고 모순적인 요구에 얽매이도록 만들기 때문이다. 모든 국경이 비슷하다는 것은 지지하기 힘든 확언이다. 하지만, 국경이 빈곤국과 부국을 연결/분리할 때, 국경 지대를 유사하게 만드는 어떤 특징들이 등장한다. "국가들을 피하는 시장이 형성되기"[56] 때문이다. 이러한 과정은 "비공식 경제, 밀수, 이주 활동을 구조화하는 대안 공간이 출현하는 토대가 된다. 국경 지대의 국가 간 교류는 단순한 지역적 의미가 아니라, 국제 시장과 그 역학과 연결되어 있다."[57]

우리는 국경 지역의 기저를 이루는 식민주의의 잔재를 잊어서는 안 된다. 이 식민주의는 누가 봐도 통제와 재식민화의

55. 팔라베르시츠 2005, 173.
56. 움벨베, AA. VV. 2008, 171.
57. 같은 책, 170.

공간인 경제적 공간의 구조화를 통해 국경 지역에 삽입된다. "관련된 지역 혹은 국가에 따라 애당초 불균형적인 발전을 도모하는 것은 식민주의의 유산에 해당"[58]하기 때문이다. 이 주장을 통해 식민화를 단순한 시각에서 조망하려는 것은 아니다. 하지만 국경이 본질적으로 혼종적이고 포스트모더니즘적인 공간인 것처럼 미화하는 입장과는 분명히 거리를 두려 한다. 이러한 입장은 우리를 기만적이고 찬미하는 제한된 해석으로 이끌기 때문이다. 이 해석은 레고처럼 조립과 해체가 가능하여 양극단을 통합할 수 있도록 해 주지만, 인간의 신체가 처한 사회 경제적, 지정학적 조건을 통해 그 신체에 실질적으로 가해지는 물리적 영향력을 고려할 수 있는 시각은 제공하지 못한다.

식민주의 잔재가 이제 소비를 매개로 사회적으로 재이식되었다는 점을 고려하면, 국경 도시들이 "일반적인 소비 행위가 그렇듯이, 옷차림, 음악, 광고에 조합되고 혼합된 것을 특징으로 하는 코스모폴리탄적이고 크리오요적인 새로운 도시성"을 드러내는 것은 당연하다.[59] 이 공간에서 국경은 협상과 재전유, 여러 시도와 실험이 일어나는 거래의 공간이다.

재해석의 차원에서 볼 때 국경은 비옥한 영토로 간주되기 때문에, 창조적이건 파괴적이건 특정한 운동이 처음으로 구체화되는 공간이라 예상된다. 따라서 우리는 국경을 죽음과 희생의 이데올로기를 특징으로 하는 무장 운동 혹은 죽음과 소비의 이데올로기를 특징으로 하는 범죄 조직이 구현하는 종말론적 차원이 창조되기에 적합한 공간이라고 확신한다. 국경은 목표를 달성하기 위해 이질적이거나 심지어 모순적인 요소들을 재결합하면서 "쾌락과 죽음 사이의 새로운 문화적 관계를 극단까지 밀어붙인다."[60]

고도 소비의 요구, 불안정성, 국가의 수축 상황 속에서 국경 지역에는 사회화와 권위를 획득하는 새로운 방식이 등장한다. 이 새로운 방식은 주변부의 개념 자체를 재설정하면서,

58. 같은 책, 177.
59. 같은 곳.
60. 같은 책, 179.

엔드리아고 주체성이 만들어지는 환경을 제공하고, 결국
엔드리아고는 국가 없는 진정한 군대로 거듭난다. 이것이 바로
멕시코 북부 국경의 범죄 네트워크와 마약 카르텔의 상황이다.
그곳에서 주조된 것은 자아 확인을 위한 극단적 행위의
원동력으로서 불법 행위와 노골적 폭력을 저지르는, 소비의
논리와 좌절감을 재결합한 **극한**의 포스트 식민주의이다.

고어의 수도 티후아나

1990년대 중반부터 티후아나를 다룬 글이 많이 나왔다. 사실
티후아나는 문화 연구와 다른 학문 분야에 의해 과잉 대표되고
찬미되었다. 이러한 경향을 촉발한 아르헨티나 인류학자
네스토르 가르시아 칸클리니의 다음과 같은 언급은 유명하다.
"[티후아나는] 근대적이고 모순적이며 세계주의적인 도시,
강력하게 스스로를 정의하는 도시 [...] 이 도시는 뉴욕과 더불어
포스트모더니티의 대표적 실험실이다."**61**

심지어 포스트모더니티의 축도로서 티후아나가 대중화되고
이국화되기 이전에도 이미 멕시코의 사회적 상상계 내부에서
티후아나는 국경에 인접한 위치 때문에 흑색 전설(leyenda
negra)을 가지고 있었다. **불법성**은 국경의 특성이자 국가 내에서
국경이 수행하는 기능이며, 국경 지대는 바로 그 불법성을
위해 만들어졌다고들 이야기한다. 어찌 되었든 이런 주장은
담론적 차원에서 아무것도 기여하지 않는다. 한 지역의 조건을
'자연화'하다 못해 찬미하는 수준까지 가는 것은 이 '자연스러움'을
재고하기 위한 우리의 행동이 가지는 잠재력에 대해 무비판적이고
체념적인 태도를 가지게 하기 때문이다.

티후아나는 경제와 주체성에 대한 재해석적 디스토피아를
찬양하는 일종의 포스트오리엔탈리즘의 대상이었다. 이들은
티후아나와 같은 공간을 "급진적으로 열려 있는 동시에 새로운
지평과 같다. 이러한 주변부의 봉기는 시골 주민들이 생물,

즉 세계화된 세계를 만든 다중의 살임을 우리에게 보여 준다"[62]고 찬양한다.

우리는 티후아나에 대한 접근하려면 이 도시에 대한 세 가지 가장 흔한 클리셰와 대화하는 동시에 거기에 도전해야 한다고 단언한다. 포스트모더니티의 **실험실, 티후아나. 지나가는 도시, 티후아나. 악덕 도시, 티후아나.** 물론 이러한 특징이 티후아나의 꽤 중요한 부분을 구성하며 존속한다는 사실은 인식해야 하기 때문에, 이를 회피해 버려서는 안 된다. 하지만 이 클리셰만으로는 이토록 모순적인 국경을 형성하고 있는 현실을 설명할 수 없다. 티후아나의 중심핵인 폭력의 경제를 고려하고 있지 않기 때문이다. 말하자면, 이러한 진부한 시선은 티후아나에서 폭력이 가지는 영향력과 힘을 시신세력화의 도구로서 바라보지 못하고, 페티시적인 포스트모더니즘을 넘어서는 국제 범죄 경제의 근간으로서 분석하지 못한다는 뜻이다.

티후아나에 대한 가장 대중화된 이미지는 이 도시를 포스트모더니티의 실험실로 보고 이곳의 혼종성, 변칙성, 불법성을 신격화하는 것이다. 다음 인용문에서 그 사례를 만날 수 있다.

> 때때로 티후아나는 도시라기보다 '트란사'(transa)이다.
> 트란사는 멕시코의 속어에서 유래한 단어이며, 국경에서
> **트란사**는 대유행 중이다. '트란사'는 합의, 뇌물, 사업, 의도,
> 고심, 기획을 의미한다. '트란사'는 꺼림칙한 것, 외곽에서
> 만들어지는 것을 넌지시 암시한다. 단지 불법적인 것뿐
> 아니라 모든 전형적이지 않은 계획을 뜻한다. 무엇을 트란사
> 하는가? '트란사'는 거래(trasacción)에서 유래했다. 거래와
> 하는 거래. 티후아나가 작동하는 방식이다. 티후아나는
> 혼란을 일으킨다. 트란사라는 단어가 담을 수 있는 가장
> 확장된 의미로, 티후아나는 트란사 한다.[63]

물론 티후아나는 혼란을 일으킨다. 문제는 무엇이 혼란스럽게 하는 것인지, 어떻게 이 혼란이 생기는지 혹은 이 혼란이 차후

62. 네그리 외 2007년 7월 10일.
63. 몬테첼로로 외 2006. 4. [동사 'transar(트란사르)'는 거래하다는 뜻을 가지고 있으며, 이 동사의 3인칭 단수 활용형은 'transa(트란사)'이다.—옮긴이.]

어떻게 되는지 아무도 설명해 주지 않는다는 데 있다. 그저, 티후아나를 "알록달록한 페이지로 가득 차 있지만 서로 관련도 없고 합리적이거나 경제적이거나 결정적인 체계도 없는 낭만적인 스크랩북"[64]으로 바꾸는 적절하지 않은 환유의 일종을, 어떤 용어의 사용을 통해서만 간신히 제시할 따름이며, 만일 그것이 환유라면, 이는 혼란을 명확하게 해 주지 않는다.

티후아나가 기존 패러다임에 들어맞지 않는 것은 사실이지만, 동시에 티후아나는 그 패러다임에 참여한다. 이것은 티후아나의 영토성에 실린 역설적인 성격 때문이다. 이런 측면에서 티후아나는 **지나가는 도시**처럼 해석된다. 하지만 우리는 "교외화 이후의 부유한 대도시로 간주되는 캘리포니아의 도시들과 맞닿아 있는"[65] 티후아나를 **트랜스-도시**로 읽는 것이 더 적절하다고 생각한다. 트랜스라는 접두사가 물리적 이동뿐 아니라 언어와 경제적 관점의 이동 역시 의미하기 때문이다. 티후아나는 마치 포스트아포칼립스의 풍경처럼, 반론의 여지가 없는 신자유주의의 상품으로 등장한다. 동시에 **신세계 질서**의 핵심 도시가 되어 이 **새로운 질서**가 경제적 거래를 제외한 다른 약속을 이행할 리가 없다는 것을 폭로한다.

북쪽의 이웃(고작 20킬로미터 떨어진) 샌디에이고와의 차이에서 명확히 드러나는 대조는 티후아나를 이해하는 데 필수적이다. 기후와 지형은 사실상 동일한 이 두 도시는 외관상 지구 정반대에 위치한 것처럼 보일 것이다. **미국 최고의 도시**라는 별명으로 더 잘 알려진 샌디에이고가 빌딩, 만, 해변으로 아름답게 장식된 도시라면, 남부의 이웃 티후아나에는 급하게 지어 올린 건물이 듬성듬성 흩어져 있다. 골프장 옆 판잣집들과 폐자재로 지은 집부터 **나르코 건축**이라 명명할 법한 양식의 거대한 맨션까지 잡다한 건축물이 병존한다. 이 대조는 티후아나의 풍경이나 건축에만 국한된 것이 아니라, 멕시코 국경의 나머지 지역에도 해당한다.

64. 하비 1998, 18.
65. 데이비스 2007, 113.

> 멕시코와 미국 간 국경은 빈곤국—관변에서 나온
> 정보에서조차 인구의 40퍼센트가 빈곤선 이하로 살고
> 있다고 인정하는 나라—이 경제적·정치적으로 세계
> 최강대국과 3000킬로미터 국경선을 따라 '비비고' 있는
> 유일한 지역이다.[66]

글로벌 세계에서 정치적, 경제적으로 강력한 권력에 근접해
있다는 조건은 티후아나에 지리적으로 전략적인 위치를 주었다.
그 결과 역사상 유례없는 수준의 미국 소비 시장에 접근하려는
불법 상품과 서비스의 이상적인 경유지가 되었다. 티후아나를
악덕의 도시로 읽어 내는 것은 제1세계의 소비와 여가에 대한
요구와 결부되어 새겨진 것임이 틀림없다. 티후아나를 이해하기
위해 미국 시장을 분석하는 것은 필수적이다. 미국 시장은 고어
자본주의가 제공하는 서비스를 통해 실질적인 필요와 유흥의
욕구를 충족시키려는 주요 소비자로 간주되기 때문이다.

이 시점에서 우리는 고어적 서비스의 제공과 폭력 행사가
티후아나 경제의 주요 원천이 되는 현실이 미국 시장의 논리를
수행하고 재전유하는 것에 근거를 두고 있다는 사실에 대해
숙고할 수 있다. 이렇듯 자본주의의 핵심 본부는 폭력과 범죄
경제에 기대어 유지되는 새로운 양식, 즉 고어 자본주의를
창조하고 육성하고 지지하기로 한 것이다. 바꿔 말하면,
고어 자본주의는 미국 시장의 요구에 의해 원격으로 만들어져,
경제적으로 침체된 국가에 장착된 셈이다. 이렇듯 미국 시장은
불법 서비스를 조달하기 위해 제3세계[67] 국가에 불법적 지사와
실험실을 만드는 데 성공했다. 제3세계 국가의 다양한 경제적
가능성은 파괴되고 폭력과 유혈 사태, 불법 상품과 서비스 거래에
기반한 오직 한 종류의 경제 속에 유폐되고 말았다.

66. 팔라베르시츠 2005, 173.

67. 우리는 제3세계와 같은 개념을 티후아나의 현실에 적용하는 것에 불편함을
느낄 독자들이 있다는 것을 잘 알고 있다. 그럼에도 불구하고 다른 용어가 아닌
제3세계라는 용어를 사용하는 이유는, 담론적 비유를 또 만들어 내는 것은 제3세계
현실의 미디어적 유령화를 확고하게 만들 뿐이라고 보기 때문이다. 또한 제3세계는
빈곤국의 지정학적 공간만을 설명하는 것이 아니라 경제적 초강대국의 주변부에서
진행되는 현실을 드러내기도 한다.

티후아나 국경의 경제가 100퍼센트 불법적 서비스의
제공으로만 지탱되지 않는다는 것은 부정할 수 없는 사실이다.
하지만 성장하고 있는 시장인 것만은 확실하다. 왜냐하면,

> 조직범죄는 경제적으로 침체된 국가[비효율적이라 간주되고
> 권력의 중심부와 멀리 떨어져 있는 국가]에서 아주 수익성이
> 높은 사업이다. 서유럽[과 미국]의 평범한 시민들(부자나
> 가난한 자를 가리지 않고)은 성매수를 하고, 100달러나
> 50유로짜리 지폐로 마약을 흡입하며, 형편없는 임금으로
> 이주 노동자를 고용하는가 하면 [...] 절망적 빈곤 속에 사는
> 후진국으로부터 간과 신장을 구입하는 데 점점 더 많은
> 시간과 돈을 쓰기 때문이다.[68]

불법 상품과 그 상품을 유통하는 전략이 점점 더 과격해지는 것은
놀랍지 않다. 생산과 소비, 그리고 그로 인해 발생하는 자본에
대한 고전 경제학의 방법론은 흐려지고 생산 과정이 전복되어
전통적인 경제의 틀로는 인식하거나 해석하기 어려운 것으로
변해 버렸기 때문이다. 결국 지금 우리가 고어 자본주의라고
이해하는 현 자본주의의 단계를 해석하기 위해서는 정치경제학의
개념을 생산과의 관계에서 재검토하는 것이 시급하다는
사실이 분명해진다. 티후아나에서는 단기간에 엄청난 부자가
되기 위한 삶의 방편으로 고어 자본주의의 논리를 따르는 것이
대중화되었다. 쉬워 보이기 때문이다. 조직범죄 서클 내에서
최대한 많은 연락처를 확보하라, 자기 땅에서 마약을 경작할
최대한 많은 농민을 설득하라, 완전히 무장하라, 암살 팀을
고용하라, 사법 보호를 사라, 최대한 많은 세관원을 매수하라 등등.
물론 마피아의 조직 구조는 훨씬 더 복잡하다. 그렇다고 하더라도,
티후아나에서는 **구세대** 마피아의 변수들을 뒤흔드는 변화가
싹트기 시작했다. 그렇게 생겨난 일종의 **범죄계**의 해적들은
지역을 거점으로 자기들만의 네트워크를 만들었다. 이들은
전문 범죄 조직보다 영향력은 더 좁을지 몰라도 함께 **일하려는**
자들에게는 높은 경제적 이득을 가져다주었다. 일종의 DIY(Do it

68. Glenny 2008, 55.

yourself) 수정판, 혹은 어쨌든 기업가적 태도인 것이다.[69]

2000년대 초 티후아나에서 출현한 예술적 호황을
찬미하는 담론과 더불어, 2001년 9월 11일, 고어 경제의 구조적
정착을 재/인도하고, 첨예화시키고, 결국 입증하는 매우 중요한
사건이 일어났다.

그날, 폭력과 감시, 국경 폐쇄로 격화된 상황에 가속이
붙었다. 그날의 충격이 멕시코 국경에 끼친 영향은 "시민들이
'실재의 사막'으로 인도된"[70] 미국의 경우와는 완전히 다른
것이었다. 멕시코 국경 지역에서 두려움은 위협적인 유령처럼
뿌리내리지 않았다. 국경 폐쇄로 인해 절박한 문제로 떠오른
경제적 생존은, 재빠르게 부자가 되려는 욕망으로 변했다.
이렇게 티후아나 국경에서는 새로운 '사업'이 발굴되었다.
티후아나 거주민 납치는 그중의 하나로, 엄청난 수익을 보장하는
새로운 경제 활동이 되었다. 지역과 전국 언론은 환호하고
규탄하며 이를 이용해 수익을 올렸다. 이 모든 것은 티후아나를
더욱 자기 소모적이고 피비린내 나는 영토로 만들었다.

무장 폭력은 9·11 이전에는 거의 오로지 마약 카르텔 간
싸움에서만 사용되었지만, 9·11 이후에는 어마어마한 수익을 내는
납치 사업에 박차를 가하는 경제적 동력으로 변했다. 납치 사업의
호황은 어느 모로 보나 끔찍하고 뚜렷한 영향을 남겼고, 도시
경관 역시 기호학적인 변화를 맞이했다. 예를 들어 카르텔이
어떤 집의 바깥에 "팝니다"(se vende)라고 걸어 놓는 것은
더 이상 그 부동산이 매물로 나와 있다는 것만을 의미하지 않고
재코드화를 거쳐, 경제적 거래뿐 아니라 누군가의 목숨을 구하는
거래를 의미하게 되었다. 이 표지판은 그 집에 거주하는 누군가가
납치된 상태이며 그 몸값을 지불하기 위해 부동산을 팔아야
한다는 신호인 것이다. "팝니다"를 걸어 놓은 부동산의 숫자는
최근 기하급수적으로 증가했다.

납치범 조직이 (여러 번 적발되었듯이) 사법 제도(지역과

69. 이 범죄의 해적질은 멕시코의 국경 지역에만 정착된 게 아니라 나라 전체에
어지러운 속도로 확산되었다.

70. 지제크 2005, 4.

연방 수준에서)에 의해 육성되고 후원되고 있으며, 여러 법 집행 기관, 경찰, 군인과 전직 군인, 정치인에 의해 보호받고 있다는 사실은 우려스럽고 섬뜩한 일이다. 그 결과, 은행 직원과 정부 기관 공무원들과 공모한 납치범 조직은 시민들의 개인 정보에 쉽게 접근할 수 있었고 공모자들은 짭짤한 몸값을 보장할 수 있는 잠재적 희생자의 정보를 제공했다.

포스트모던 대도시 티후아나의 도시 경관은 "팝니다" 표지가 붙은 무수한 집들과 무장한 개인들로 바뀌었다. 슬프게도 갱스터 영화 촬영 세트장을 흉내 내는 것 같은, 제1세계의 시선으로는 픽션처럼 보이는 이 도시의 풍경은 **새로운 세계 질서**에 의해 주조된 고어 자본주의가 야기한, 수많은 도시가 처한 오늘날의 현실이다.

티후아나와 같은 영토가 증명하는 것은 신자유주의가 소비 혹은 노동 개념의 왜곡을 통하지 않고는 사회 통합에 대한 그 어떤 모델도 제시하지 못한다는 것이다. 이런 환경에서 불법 행위는 상업화의 자원으로 강조되고 조장된다. 또한 새로운 고어 주체성도 동일하게 설명될 수 있다. **살인자** 되기는 소비를 위한 존재가 되어 정당성을 얻도록 해 준다. 이들이 형성한 새로운 **범죄 계급**은 제3세계 공간에 채택된 신자유주의의 산물이자, 폭력 판매를 기반 삼아 "소비와 퇴폐적 행동으로 흥청거리게"[71] 되었다. 이 폭력의 소용돌이는 많은 제3세계 국가의 도시를 빨아들였다. 경제 후진국에서 사는 대부분의 주체가 좌절감, 부패, 멸시, 배고픔과 빈곤에 잠겨 있는 상황에서 소비주의의 열차에 오르기 위한 도구로 유혈과 무력의 논리를 사용하는 것은, 혐오스럽긴 하지만 고도 소비 시스템의 급진적 요구로서 점점 더 납득이 가는 당연한 선택이 되고 있다.

구소련 붕괴 이후의 러시아와 마찬가지로, 멕시코의 사법 제도—매년 100건의 범죄 중 두 건만 해결되는 상황에서 이를 여전히 사법 제도라 부를 수 있다면—는 마피아 조직과 사업가들에 의해 좌지우지되고 있는 실정이다. 멕시코 정부가

71. 글레니 2008, 68.

공개적으로 사회 통제를 단념하지는 않았지만, 조직범죄의 바탕 위에서 꾸려지는 일상의 현실에서는 마약 카르텔과 납치 조직이 국가의 통치권과 지휘권을 휘두른다. "합법과 불법, 도덕과 부도덕 사이의 경계는 거의 사라진 셈이었다."[72] 조직범죄가 과시적으로 존재를 드러내는데도 그에 대한 정의는 애매하다는 것은 이상한 일이다. 마찬가지로 돈세탁과 갈취처럼 불법적 거래를, 빈번히 일어난다는 이유로 일상적인 일로(특정 공간에서는) 받아들인다는 것 역시 희한한 일이다.

　　폭력은 범죄 조직이 경영하고, 생산하고, 판매하기 위한 자원이자, 자본주의 경쟁에서 한자리라도 차지하기 위한 필수 불가결한 도구가 되었다. 티후아나에서는 "과두제 특권층 (기업가), 관료(정부), 조직범죄단 사이의 음모의 삼각형"[73]이 명백히 드러났다. 아주 오래전부터 공공연한 비밀이었던 이들의 결합은 반박의 여지가 없는 방식으로 세상에 알려졌다. 멕시코 북쪽 국경에서 이제는 국가 전체로 확장된 마약 밀매 집단 사이의 폭력적인 전쟁이 점점 더 잦아졌기 때문이다.

　　티후아나가 고어의 수도인 이유는 고어 자본주의의 기술을 효과적으로 수행하기 때문이다. 이 기술이란 자발적인 폭력 행위와 정교한 계획하에 이행하는 폭력이 일종의 반죽처럼 뒤섞인 것으로 이해할 수 있다. 이 폭력은 합법, 불법을 가리지 않으며, 허용되는 모든 경로를 지나다닌다. 이 공공연한 폭력 행위는 마약 카르텔 사이의 보복의 일환으로 공공장소 한복판에서 무장 특공대가 자동차를 습격하는 것부터 유독성, 화학성, 방사성 폐기물을 끌어들이는 고도로 전문화된 기술에까지 이른다. 그 일례로 포솔레(pozole)[74]라는 행위가 점점 빈번하게 사용되고 있다. 포솔레는 사람의 전신을(짐작건대 살아 있는 상태로) 염산으로 가득 찬 드럼통 같은 것에 넣어 뼈를 녹이고 거기에 집어넣은 인간의 나머지 부분 역시 제거해서 완전히 없애 버리는 것이다. 이 행위는 폭력이 얼마나 극단으로 치달았는지,

72. 같은 책, 76.
73. 같은 책, 77.
74. 포솔레는 국밥과 비슷한 멕시코 전통 음식이다.—옮긴이.

공공장소에서 얼마나 자유롭게 활개 치고 있는지를 보여 준다.

카르텔들이 벌이는 전쟁은 경제 법칙을 제외하면 어떤 규칙도 없이 그저 마약 시장을 지키는 것에 집중된다. 나르코 언어로는 **플라사**(*plaza*)[75] 지키기라고 부른다. 조직범죄는 자유 시장의 논리를 따르면서, 합법성의 경계에서 이 논리를 전도시킨다. 또한 폭력을 중심에 놓으면서 강화하고 회복시킨다. 자본주의 논리를 재해석하고, 이렇게 **재장전한** 고어 자본주의 버전을 내놓는 것이다. "저항 없이 시장에 끼어드는 방법은 폭력을 수반"[76]하기 때문이다.

이 피비린내 나는 새로운 자본주의의 산파는 실업 상태의 농민, 부패 경찰, 정치인, 도둑, 살인 청부업자, 현역 군인 등 가장 예상(치 못)한 인물들이었다.

불법 시장은 이미 세계 경제에서 중요한 위치를 점유하고 있다. 불법적 경제를 선호하고 하지 않고의 딜레마는, 합법 경제는 더 높은 분담금을 징수하며 비싼 가격은 소비자에게 좋은 거래가 아니라는 자본주의의 가르침을 고려하면 해소되는 문제이다. 자본주의는 언제나 더 많은 이익을 내는 사업의 편에 서야 한다고 반복해서 강조하기도 했다. 그러므로 대부분의 상황에서 신생 자본가들이 불법 시장을 선호하는 것은 놀랍지 않다. 또한 세계 경제의 중심부와 지리적으로 근접한 지역에서 이 새로운 경제 형태가 뿌리내리고 번성하며, 그 결과 중심과 주변의 전통적 관계를 다시 짤 수 있게 된 것 역시 놀라운 일은 아니다. 티후아나에서 이러한 요구는 전적으로 받아들여졌다. 이것이 우리가 바로 지금 이 자본주의 모토가 낳은 날것 그대로의 **실재** 효과를 상대하게 된 이유이다.

티후아나는 고어 자본주의가 생산한 대항지리 (contrageografía)를 보여 주는, 새로운 세계 질서에 종속된 수도라 이해할 수 있을 것이다. 대항지리는 사스키아 사센의 정의를 따른다.

75. 본래는 광장 혹은 자리라는 뜻이지만, 마약 언어로는 마약 조직이 지배하고 있는 도시 혹은 구역을 의미한다.—옮긴이.

76. 글레너 2008, 71.

나는 이러한 회로를 세계화의 대항지리라고 명명한다. 왜냐하면 그 회로들은 1) 세계 경제의 심장부에 있는 핵심 프로그램과 조건에 직간접적으로 결부되어 있으며, 그러나 2) 이 회로들은 충분히 대표되지 않고, 세계화와 관련이 있다고 생각되는 일도 드물며, 마약 거래처럼 범죄적 행위에 전적으로 개입되어 있지는 않을지라도[물론 이런 행위가 회로와 완전히 분리되어 있는 것도 아니지만] 사실상 법과 조약에 반하거나 예외로서 작동하기 때문이다.**77**

마약 조직 간 전쟁으로 인한 폭력과 학살이 격화되고 불가피해진 시점인 4년 전, 즉 2005년 이전의 티후아나는 "불완전하고 카니발적인 즉흥성을 구축하며 역동적인 [...] 환경 변화의 흐름에 휩쓸려 흘러가는, 절반만 현실인 상태로 존재하는 것이 가능한 도시"**78**라는 패러다임 아래 이해되었다. 하지만 2009년 현재, 제1세계와 제3세계는 더욱 명백하게 충돌하고 중첩되고 있다는 것이 티후아나를 통해 담론적으로나 물질적으로나 드러나고 있다.

티후아나는 두 가지 위험의 위협에 노출된 대도시의 치솟는 편집증과 치안 문제를 앓고/즐기고 있다. 대도시를 위협하는 이 두 가지의 위험 중 하나는 대중적으로 익히 알려진 위험 즉 공공연한 폭력이며, 다른 하나는 미지의 위험, 즉 누가 다음 희생자가 될 것인가 혹은 누가 다음 가해자가 될 것인가 하는 위험이다. "위험천만한 자본주의의 대도시"**79**라는 논리에 흡수되는 이유는, 국경을 오가는 사람들이 국경 지대와 맺고 있는 관계는 다양하며 이에 수반되는 주체와 공간 사이의 역학 관계와 기능도 함께 증가하기 때문에, 그 사람들의 흐름을 효과적 방식으로 설명할 수 없기 때문이다.

미국이 자국의 시민을 효과적으로 종속시키고 감시하기 위해 사용하는 공포와 편집증에 대한 담론의 유령성은 티후아나에서 유령의 범주를 넘어서 진짜가 된다. 이 유령성이 육신에 집행되고 구현되기 때문이다. 존재론적으로 실재하는

77. 사센 2003, 66.
78. 데이비스 2007, 23.
79. 같은 곳.

육신은 죽고, 죽도록 피를 흘린다. 이런 조건 아래에서 불안감은 뼛속까지 새겨진 공포에 비하면 가벼운 증상이다. "그럼에도 불구하고, 공포의 풍경은 보스(Bosch)의 작품에서처럼 아이러니하게도 육감적이고 거의 무한할 지경이다."[80]

　　　티후아나에서 우리는 북쪽의 미국으로부터는 파괴와 폭력을 마치 하나의 호사를 누리듯 고소해하며 조장하고, 해석하고, 행사하는 외설스러운 환희를 받아들였다. 남쪽의 멕시코로부터는 비극적 정서, 희생하는 취향, 욕망, 삶에서 신성함을 제거하는 전통을 물려받았다.

　　　한편 포스트모던 도시에는,

> 미로에서 길을 잃은 사람이 지나치게 많다. 서로를 잃거나 우리 자신을 잃기가 너무 쉽다. 만일 다양한 역할을 할 수 있다는 가능성에 무언가 해방적인 면이 있다면, 스트레스가 되고 몹시 불안하게 하는 면도 있는 것이다. 다른 한편으로, 그 모든 것 아래에는 설명할 수 없는 폭력의 위험과 사회적 삶이 완전한 혼란 속에 해체되는 경향성이 피할 수 없는 동반자로 함께한다.[81]

이 인용문은 포스트모던이라 분류된 여러 상이한 도시에 적용될 수 있다. 하지만 경제적으로 취약한 다른 국가와 마찬가지로 티후아나에서는, 제1세계가 겪고 있는 멜랑콜리나 허무주의와는 달리 일종의 불안한 활기가 감지되며, 매 순간 누군가는 다음 생존 전략을 짜고 있다는 것을 피부로 느낄 수 있다. 이런 의미에서 티후아나와 같은 도시는 이제 포스트/모던한 것이 아니라 포스트/모템(post/*mortem*)한, 그 안에서 일종의 위협적인 환희가 감지되는 곳이다. 피를 마주한 불안한 환희.

　　　티후아나는 폭력과 죽음 사이의 공생을 나타낸다. 폭력은 미국 사회에 깊이 뿌리내리고 있는 소비의 대상으로 이해되며, 죽음은 스펙터클이자 원주민 공동체 문화로부터 내려온 삶의 방식이다. 이에 대해 마우리시오 바레스는 다음과 같이 설명한다.

> 아스테카 족이 실로 매혹적인 이유는 열심히 일했고

80. 같은 책, 24.
81. 하비 1998, 19.

많은 것을 알았던 훌륭한 원주민이었다는 사실이 아닌, 카니발리즘이나 인신공희과 같은 원시 의식을 없애지 않은 채 복합적인 문화로 진화해 갔다는 사실에 있다. 더욱 중요한 것은 이러한 관습이 아스테카의 사회적 역동의 동력이자 사상과 일상생활의 주축이었다는 점이다. 우리의 땅에서 희생의 폭력과 카니발리즘이 관습적인 일이었던 이후로 500년이 지났다.[82]

하지만, 이 관습이 변형된 방식으로 되돌아온 것 같다. 이제는 카니발리즘을 통해서가 아니라 고대 희생 제의의 잔재를 가슴에 품은 적나라한 살인을 통해서 말이다. 이들의 살인은 고어 영화의 미학을 떠오르게 하는 노골적인 폭력 장면을 의례화한 행위이며, 경제적 정당화와 수익성을 통해 재의미화되었음을 의미한다. 게다가 이 살인 행위는 자신들이 공유하는 문화적 구조와 도덕 체계에 대한 소속감을 전시하는 것이기도 하다. 멕시코가 지금 겪고 있는 극단적 폭력은 결코 끔찍한 예외가 아니라 부패한 권위주의 정부의 잘못된 운영, 부정할 수 없는 빈곤, 국가와 개인으로서 우리 인격의 문화적 조형의 문제이다. 이 인격은 "불친절하고 신뢰할 수 없는 삶을 향한 원한과 비극으로 가득한 영화와 음악"[83]에다 대중 매체의 영향이 더해져 형성된 것이다. 특히 텔레비전 뉴스는 "이른 아침부터 심야 시간까지, 식사 시간에도 빠지지 않고 묘미를 더하며, 사람 죽는 일과 피에 굶주린 저속한 기쁨"[84]을 드러낸다. 또한 "위험 앞에서 초연함, 여성적 덕목에 대한 경멸, 모든 수준의 권위에 대한 긍정"[85]을 내보이는 마치스모가 핵심이 된 국가 정체성의 형성과도 결부된 문제이다.

티후아나에서 결정화된 폭력의 에피스테메로 인해, 폭력은 멕시코 전체가 공유하는 환상이 된다.

안타깝게도, 그동안 권위주의 정부가 조장한 피비린내 나는 스펙터클의 게임에 시달리던 시절도 정부의 손을 떠나면서

82. 바레스 2008년 5월 23일.
83. 같은 글.
84. 같은 글.
85. 몬시바이스 1981년 4–5월, 9–20.

> 끝났다. 범죄에 익숙해진 폭력 사회가 되었다. 범죄에
> 참여하지 않더라도 어느 정도 받아들인다. 그보다 더한 것은
> 언젠가 자신도 최대한 이용할 수 있도록 조용히 기대하고
> 있다는 것이다.[86]

이 장에서 우리는 포스트모더니티 실험실로서의 도시, 잠시 머무르는 도시, 악덕 도시로 티후아나를 설명하는 것이 고어의 수도로서의 티후아나를 이해하기에 얼마나 역부족인지를 살펴보았다. '혼종' 도시라는 특성은 더 이상 기호를 생산하는 데 머무르지 않기 때문이다.(어쩌면 그중 가장 찬미되는 실천들이 텍스트 바깥에 뿌리내리고 있었으므로, 그 기호에 한 번도 접근한 적이 없는 것일지도 모른다.) 티후아나에서 찾을 수 있는 것은 몸에 가해지는 무자비한 습격, 자본주의가 고어로 탈바꿈하는 변곡점으로 이용하기 위한 신체 강탈이다. 몸은 완전한 상품으로 변해, 끔찍하기 그지없는 폭력을 매개로 신체와 삶이 공공연하게 초국적인 화폐 교환 가치로 범주화되었다.

86. 바레스 2008년 5월 23일.

4. 시신정치

우리는 죽음이 모든 일상적 사건에
선행하는 시대를 살았다.
— 앙헬리카 리델.
  『그리고 썩어 버리지 않았으니까: 백설 공주』

이 장은 예외 상태에 대한 간략한 개요와 이탈리아 이론가 조르조
아감벤이 이에 대해 어떤 논지를 폈는지를 설명하며 시작하려
한다. 아감벤의 연구는 위기라고 간주되는 시기에 정부의 권력이
확대되는 것을 분석한다. 이 위기 상황에 주권적 권력이 확장되는
것을 아감벤은 예외 상태라 칭한다. 정부의 권력 확장이 요구되는
이 예외 상태에서 시민권과 개인의 권리는 줄어들고, 대체되고,
부정될 수 있다. 아감벤의 말을 그대로 인용하겠다. "어떠한
경우든 예외 상태는 문턱을 경계 짓는다. 그 문턱에서 논리와
실천은 서로 뒤섞이고, 로고스 없는 순수한 폭력은 지시 대상
없는 발화를 실현하라 요구한다."[1] 따라서, 아감벤의 예외 상태는
비상사태나 위기 상황에서 법의 유예가 어떻게 오히려 법의
효력을 연장하는지, 어떻게 벌거벗은 삶[조에(zoe)]이 생명정치의
대상이 되는지를 탐구한다. 벌거벗은 삶은 모든 생명체에 공통된
것으로 '살아 있다는 단순한 사실'을 가리키며, 정치적 주체의
범주를 지칭하는 비오스(bios)와 대비된다.
       아감벤은 인간이 권리를 상실하고 가장 극단적으로 취약한
실존적 상태로 축소되는 예로 나치 치하의 강제 수용소를 든다.
그러나 세계화 시대에도 공공 영역에서 노동의 현장, 그리고 가장
사적인 영역에 이르기까지 이 극단적 취약성을 드러내는 수많은

1. 아감벤 2003, 40.

사례가 존재한다. 이를테면 약탈을 목적으로 신체를 완전히 파괴하는 것, 그 파괴 행위가 규제 없는 신자유주의 시장에서 또 하나의 상품으로 편입된 것 등이 그러하다. 장기 자체의 판매 목적에서건 노예 노동에 준하는 착취의 목적에서건 이 모든 경우에서 자신의 몸에 대한 소유권은 흐려진다.

이쯤에서 몸에 대해 이야기를 계속할 필요가 있다.[2] 몸은 시신정치의 주요 표적이며 복잡하고 문제적인 발화를 함의하고 있기 때문이다. 아그네스 헬러에 따르면, "그전까지 귀족의 특권이었던 인신보호법을 확장해 모두에게 적용되는 법으로 만듦으로써 기록된 역사상 최초로 몸을 법적으로 해방시킨 것은 바로 근대성이었다."[3] 근대 사회에서 몸은 이중으로 포위된 거점을 대표한다고 해도 절대 지나친 말이 아니다. "인신보호법에 의해 법적으로 몸을 인정한 바로 그 근대의 세계에서, 동시에 사회적 삶의 주된 경향들이 억압하고 제거하며 침묵시키고 승화시키고 대체하기 위한 목적으로 이 법적 실존 개체를 손가락질한 것이다. 그리고 또한 그곳에서, 생명정치에 적합한 사회적 공간이 펼쳐졌다."[4]

이러한 관점으로부터, 몸이 정치에 의해 승화된 비유처럼 표현된다는 사실이 옹호되었으며, 또한 생명정치적 과정과 생명권력의 역전이 일어나는 장으로서의 인신보호(habeas corpus) 개념에 대한 의식과 책임이 그 의미와 중요성을 획득했다. 이것은 몸이 주체가 종속된 거점이라는 것이며, 동시에 자기 자신의 살아 있는 몸을 소유한다는 개념 자체가 종속된 주체를 작동시킨다는 것이다. 이 개념이, 몸에 항상 권력이 작동하고 있음에도(그리고 아마도 그렇기 때문에) 주체가

2. 데이비드 하비가 지적한 바와 같이, "몸을 모든 가치, 의미, 의의가 결정지어지는 환원 불가능한 장소로 바라보는 것은 새로운 일이 아니다. 몸은 소크라테스 이전의 수많은 철학 분파에서 핵심적인 위치에 있었으며, 인간 혹은 몸을 만물의 척도라 여기는 생각은 길고 흥미로운 역사를 가지고 있다." 게다가 "현대의 논의의 장에서 몸에 대한 관심이 부활한 것은 페미니즘과 퀴어 이론가들의 작업을 보면 명백해진다. 이들의 작업은 이론과 정치적 실천의 영역에서 젠더와 섹슈얼리티 문제를 풀어 나가려는 시도를 통해 그 길을 열었다." 하비 2003, 119-120.

3. 헬러 외 1995, 18.

4. 같은 책, 19.

능동적인 행위자로서 활동할 수 있는 장을 열어 주기 때문이다. 하지만 고도 소비주의 사회에서는 권력과 몸의 기능에 대한 세 번째 독해가 존재한다. 그것은 바로 몸을 점점 가치가 상승 중인 자산으로 보기 때문에 몸을 절대적인 상품이자 생명정치 통치성의 또 다른 양식으로, 하나 더 추가된 유령으로 재평가하는 입장이다. 이제껏 고려되지 않았던 이 몸이라는 유령은 최고의 경제적 수익성과 시신정치에서 수행하는 역할을 토대로 한다.

시신정치와 엔드리아고 주체에게 몸이 핵심인 이유는 몸을 중요한 상품으로 여기기 때문이다. 고어 자본주의가 우리에게 파는 것이 다름 아닌 몸이므로('몸을 가꾸고', '회춘시키기' 위해 호황을 맞은 의료와 미용 기술에서부터 납치의 대상이 되었다가 풀려나는 것까지), 몸의 돌봄, 보존, 자유, 온전함 모두가 우리에게 상품처럼 제공된다. 수익성 있는 상품으로서의 몸에 대한 과잉 육체화와 과대평가가 존재한다. 몸을 마치 값이 치솟고 있는 상품처럼 취급하면서, 시장은 위협받는 육체성을 통해 생명의 가치를 재평가해 온 것이다.

역설적이게도, 시민 사회의 종속된 주체에게 몸의 중요성은 상품처럼 팔리는 동시에, 엔드리아고 주체가 실현하는 몸에 관한 정반대의 움직임이 존재한다. 엔드리아고 주체는 타인의 몸 (교환 상품으로 상업화하기 위해 혹은 상대의 죽음이 작업 대상일 때)과 자신의 몸을 가리지 않고 몸에 대한 신성함을 제거한다. 엔드리아고 주체는 자신의 몸을 걸고, 의심의 여지없이 그들의 신체를 파괴하고 목숨을 앗아 갈 가미가제 식 논리를 따라 몸을 버린다. 이것은 은행 융자 예산에 달라붙은 고어적 부의 축적 논리 안에서 치러야 하는 피할 수 없는 대가이다.

> 이것이 바로 범죄 기업가의 새로운 리듬이자, 어떤 대가를 치러서라도 지배하고야 말겠다는 새로운 경제의 추진력이다. 무엇보다도 권력이 먼저이며, 생명 그 자체보다 더 소중한 것이 바로 경제적 승리인 것이다. 자기 자신의 생명을 포함해 어느 누구의 생명보다 더.[5]

5. 사비아노 2008, 129.

그렇다면 죽음과의 협상이 존재한다. 이 협상이 엄격한 의미의 자본주의 논리를 택해서든 혹은 자본주의와 의례를 혼합한 방식이든 상관없다. 최근 죽음에 대한 숭배를 선명히 내걸고, 죽음을 신격화하고 성인의 범주로 승격시킨 멕시코 범죄자들의 바로 그 사례이다. 이런 지점에서 혼합주의는 고어 자본주의 고유의 것이다. 죽음이 가까이 있다는 끊임없는 압박에 놓인 사람들이 그 사회 혹은 사회 집단의 맥락 속에서 죽음이 수행하는 역할을 재협상하려는 것이기 때문이다. 이 재협상은 엔드리아고 주체를 담론 안에 위치시키려는 목적을 수행하기도 한다. 그러므로 엔드리아고 대다수가(멕시코의 경우) 종교적 배경을 지닌다는 것을 생각하면, 이 담론적 접합이 숭배의 방식으로 나타나는 것은 우연이 아니다. 엔드리아고는 신앙심을 중심 요소로 가져와 고유의 담론을 정제해 낼 수 있었다. 신앙심은 종교 담론의 정수이며, 종교 담론은 엔드리아고가 스스로를 표현하기 위해 쓸 수 있는 유일한 담론 방식이기 때문이다. 죽음의 성인에게 올리는 기도에서 두드러지는 지점은 살해당하지 않게 해 달라는 것이 아니라 빠른 죽음을 맞이하기를 빈다는 점이다. 일상생활에서 죽음의 역할을 재협상함으로써 엔드리아고는 죽음과의 관계에서 적극적인 주체가 될 수 있다.

현시대에서 죽음은 생명정치를 죽음의 정치로 탈바꿈시키는 핵심에 있다. 아실 음벰베는 이에 관해 다음과 같이 말한다. "가장 최근에 주권이 표현되는 방식은 상당 부분 누가 살 가치가 있고 누가 죽어야 하는지를 명하는 권력과 능력이다. 그러므로 죽이거나 삶을 허용하는 것은 기본적 속성으로서 주권의 경계를 구성한다."**6** 아감벤과 마찬가지로 음벰베에게 나치 독일은 죽음의 주권의 완벽한 예시이다. 물론 음벰베는 생명정치 집행의 최초 분야들 중 하나로 노예제를 들고 있으며, 식민 정부가 행사하는 시신정치의 통치성이 가장 대규모이며 영속적인 예외 상태를 정착시킨 곳이 식민지였다고 지적하고 있지만 말이다.

우리는 음벰베가 생명정치를 지정학적이고 인종적인
상황에서 분석하는 것에 동의한다. 하지만 본 연구는 시신정치를,
생명정치와 동일한 영역에 기재되지만 생명정치를 급진화하는
등가 가치로 사용하려 한다. 시신정치는 죽는 과정의 신성성을
제거하고 상품화하기 때문이다. 생명정치가 사람들의 삶을
관리하는 기술로 이해된다면, 자본주의적 요구는 삶과 관련된
모든 과정과 삶 그 자체를 상품으로 만들었다. 이것은 결국
우리가 시신권력이라고 이해하는 것과 대비된다. 시신권력은
삶의 과정에서 가장 최종적이고 극단적인 관리인 죽음을
상징하기 때문이다.

우리는 현 시점에 맞추어 시신정치를 해석할 것이며,
이는 고어 자본주의의 골조를 구성하는 멕시코 조직범죄자들이
체현하고 있는 엔드리아고 주체라는, 특정 지정학적 공간의
구체적 사례를 중심으로 한다.

시신정치는 생명권력과 그 가역성에 대한 재해석이자
단호한 집행으로, 상당 부분 전시 무력 충돌의 논리에 기반한다.
일종의 자유를 행사할 때도, "다른 사람의 자유를 강탈하는
권력으로서만 이해될 수 있는 자유에 가깝다. 사실상, 전쟁에서는
강자와 약자가, 영악한 자와 순진한 자, 승자와 패자가 있고
모두가 행동하는 주체이자 자유로운 주체이다. 이 자유가 다른
힘에 대한 전유, 정복, 종속으로만 이루어진다 해도 말이다."[7]
시신정치가 중요한 이유는 몸을 승화하지 않고 행동의 중심에
다시 위치시키기 때문이다. 반이상향적인 반체제 인물들과 통치
불가능한 자들의 몸은 이제는 개개인의 몸, 일반 사람들의 몸에
대한 권력을 가진다. 이들의 권력은 휴머니즘적이고 이성적인
논리를 벗어났지만 상업적 합리성의 논리 안에서 작동한다.
이렇게 이들은 국가의 억압적 권력에 이의를 제기하는 동시에,
국가를 완전히 지지하지 않으면서 국가와 유사한 권력을 만들어
낸 것이다.

그럼에도 불구하고, 엔드리아고 주체의 행위는 생명정치의

7. 라차라토, 2000년 3월.

개념을 다르게 또 반대로 적용하여 시신권력의 영역으로 옮겨 간다. 이제 이 엔드리아고의 이행이 음벰베가 이해한 시신정치의 맥락, 구현과 완전히 유사하지는 않으며, 그보다 더 나아가 자유로운 동시에 경제적 역학 관계에 종속된 주체의 조건을 디스토피아적으로 재해석하는 것에 가깝다는 것을 알 수 있다. 엔드리아고는 통치 불가능성의 개념을 구현한다. 고도 소비주의에 대한 전 지구적 자본주의의 요구를 내면화하는 방식으로 권력에 종속되어 있기는 하지만, 동시에 자기 정체성의 정당성과 사회적 소속감을 획득하는 방식으로 이성애 가부장주의 담론을 내면화하고 있기도 하다.

> 왜냐하면 근대 국가는 주체를 탈주체화시키는 일종의 기계처럼 작동하는 것처럼 보이기 때문이다. 모든 고전적 정체성을 뒤섞는 동시에 그 용해된 정체성을 다시 체계화하는 기계처럼 작동한다. 특히 법적인 의미에서 그렇다. 모든 정체성이 비워진 이 파괴된 주체는 언제나 재주체화, 재정체화 과정을 거친다.[8]

정체성은 미디어, 광고, 젠더 테크놀로지, 고도 소비를 통해 재설정되고 재주체화된다.

멕시코의 맥락에서 시신정치와 생명정치를 논하기 위해서는 다음과 같은 사실에서 출발해야 한다. 즉 멕시코에는 단일 국가가 아닌 "반란 정부와 합법 정부, 적어도 두 개의 국가가 존재한다. 둘 다 공식적이고 비공식적이거나 표준적이고 비표준적인 특성, 특징, 논리를 가지고 있다."[9] 하지만 극단적 폭력과 고도 소비주의를 국가에 저항하는 반체제적 주체성의 형성 속에서 구조화하는 요소로 간주하지 않았다는 점에서, 이 평행 국가들의 특징은 생명정치 분야에서 충분히 연구되지 않았다. 그러므로 국내 및 국제 범죄자들이 대표하는 평행 국가는 생명정치를 재설정하고 죽이는 권력을 강탈하고, 보존하고,

8. 아감벤, 그렐렛 외 1999-2000년 겨울에서 재인용.

9. 말도나도 2003, 235. 현재 폭력 문제와 생명의 시신정치적 관리에 관련해 콜롬비아와 멕시코 사이에는 유사점이 점점 늘고 있다. 본 연구에서 그에 대해 깊이 다루지는 않을 것이다.

수익화하기 위해 시신정치적 행위를 사용한다.

엔드리아고 주체의 시신정치는 생명정치의 전철을 밟아, 생명정치가 영토를, 안전을, 국민을 통치하고자 하는 욕망을 따른다. 그 통치성을 통해 세 가지 요소를 착취하는 독점을 꾀한다. 첫째로 국토의 천연 자원 개발을 착취하거나, 둘째로 사람들의 안녕을 보장하는 민간 보안을 팔아서, 아니면 마지막으로 일반 시민의 신체를 교환 상품이나 시신정치화된 시장에서 파는 상품의 소비자로 전유하는 것이다. 엔드리아고 주체의 시신정치는 이제껏 알려지지 않은 방식으로 상당한 진척을 보이고 있다. 새로운 방식이어서가 아니라 이전에는 은폐되어 있었기 때문이다. 이 시신정치는 범죄 경제에 의존해 온 멕시코 경제를 장악함으로써 멕시코 정부의 권력을 손에 넣는 데 성공했다.

시신정치가 과격화되고 과다 노출될 수 있었던 것은 무엇보다도 시신정치의 '합법적인' 행위자/행사자들과 공간을 빼내서 통치 기술의 영역으로 넣었기 때문이다. 본 연구에서 이해하는 시신정치는 국가에 종속된 주체로서의 조건을 부수기로 결심한 엔드리아고 주체에 의해 행사된다는 점에서 특히 차별화된다. 그러므로 시신정치는 생명정치의 불법적이고 합법적인 행위자(정부, 국가, 담론과 같은) 양쪽에 의해 수행되고 또 그 과정을 통해 다시 정당성을 얻게 된다는 점에서 다중적 성격을 지닌다. 하지만 엔드리아고 주체가 행사하는 시신정치는 국가 관행과 관련이 있더라도, 이 전복적이고 디스토피아적인 주체는 이 시신정치를 적용하는 과정에서 재설정하고, 그래서 다루기 어려운 현상으로 바꾸어 버린다. "어느 정도 시간이 지나고 나면 초기 맥락에 대해 이야기하는 것은 의미가 없다. 폭력의 현상은 새로운 맥락을 생산한다."[10] "그 현상의 역사는 기원과 일치하지 않고, 일반적으로 그와 무관하지는 않지만 고유의 다른 방식으로 작동하는 논리를 지니게 된다"[11]는 점을 고려해 연속적인 접근을 통해서 다루어야 한다.

우리가 분명히 해 두고 싶은 점은 엔드리아고가 영웅이

10. 페코 2001, 10.
11. 말도나도 2003, 232.

아니며, 일반적으로 생각하는 적법한 저항의 주체도 아니고
스스로 그럴 의도도 없다는 점이다. 엔드리아고는 가장
비정상적인 신자유주의의 논리와 요구를 문자 그대로 적용하고
통합하는 사업가일 뿐이다.

> 범죄 사업가의 논리, 두목의 사고는 가장 과격한 신자유주의와
> 부합한다. [...] 다른 사람들의 생사를 결정하고, 제품 판매를
> 촉진하고, 시장의 한 부문을 독점하고, 최첨단 부문에
> 투자하는 입장에 설 권력을 얻기 위해서는 징역이나
> 목숨으로 대가를 치러야 한다.[12]

우리는 생명정치에 디스토피아적인 방식으로 반대하는 자들을,
폭력과 살인을 통해 스스로 정당성을 획득하려고 소비와
시장의 논리를 사용하는 자들을 저항의 주체로 신격화하는 데
반대한다.

아감벤에 따르면, 마약 사용자는 (다른 주체들과 더불어)
통치적 생명권력을 전복하고 생명정치적 관리에 저항하는
일종의 운동에 포함된다.[13] 어떻게 보면 이것은 마약의 생산-소비
사슬과 결부된 문제이며 이 전체 구조의 중요성이 현실 문제로
부각되었음을 의미한다. 하지만 아감벤의 주장에서 마약의
생산자, 유통업자, 사업 운영자는 이 생명권력 전복의 사슬에서
연결 고리로서 분명히 드러나지 않는다. 이들 역시 시신권력의
영역에서 생명권력에 저항하고 그 위계에 도전함으로써,
생명정치에 대항하는 일종의 디스토피아적인 전복을 꾀하고
있는데도 불구하고 말이다.

우리의 관점으로는 마약 소비와 같은 자기 파괴적 태도를
물화하는 것이 어떻게 강력한 주체성을 낳고 실제 저항 운동이 될
수 있는지 확실치 않다. 마약 소비를 통해 반마약 정책에 부과된
사회 규범을 위반하는 것이 공권력을 어지럽히는 행위라는 것은
부정할 수 없는 사실이다. 마약 소비는 시민 불복종 행위로 해석될
수 있지만, 고어 소비를 통해 시신권력을 지지하고 있기 때문에
저항 행위라고 할 수는 없다. 마약 소비를 저항 행위라고 생각하는

12. 사비아노 2008, 128.
13. 아감벤, 그렐렛 외 1999-2000년 겨울 참조.

것은 무비판적으로 고어 시장의 논리에 융화하는 것이기 때문이다. 마약 소비자는 종속된 주체의 사슬을 영속시키며 종속의 위계(또 다른 생명정치적 유령인 범죄자들이 실현하고 있는)를 강화하기 때문에, 그 소비자 정체성 자체만으로는 전복의 주체로 이해될 수 없다.

규범을 벗어나는 모든 종류의 주체성을 저항의 주체성으로 찬미하는 것은 위험하고 무비판적인 자세이다. 생명권력에 대항해서 진정한 저항을 할, 그러면서도 동시에 디스토피아적이지 않은 방식을 구축할 주체성을 생각할 가능성 자체를 없애 버리기 때문이다. 이 주체성은 마약 소비자(아감벤이 제시하는 사례처럼)나 브라질 파벨라에서 형성된 새로운 주체성에 의해 대표된다.[14] 각 주체의 다양한 변이, 맥락과 그 결과 발생한 억압과 반저항적 조약 — 특히 여성 억압과 성차별주의는 여전히 중요하지 않은 투쟁의 문제라 여기는, 젠더에 무감각한 초국가적 조약의 경우 — 을 고려하지 않고 모든 주체성을 찬양하는 것은 저항 운동에서 실질적 내용과 힘은 빼 버린 단어의 오용만을 남길 위험이 있다. 우리는 타자를 낭만화하고 이국화하려는 유혹을 버려야 한다. 물론 이것이 쉽지 않은 일임을 잘 알지만, (자기) 비판적인 담론을 끊임없이 구축해 나가는 것이야말로 "초국가적 세계에서 비판적으로 행동할 수 있는 주체가 등장하기 위한 조건을 구축/인식"[15]하며 현상에 접근할 수 있도록 해 주는 도구가 될 것이다.

이어서 고어 자본주의 내부의 시신정치에 관한 여러 개념, 즉 시신권력, 시신관행, 시신세력화/역량 강화, 죽음애호에 대한 우리의 관점을 정리해 볼 것이다. 시신권력이란 사람들의 신체를 지배하기 위해 생명정치의 통치 기술을 전유하고 적용한 것이다. 이것의 핵심 요소는 과도하게 전문화된 폭력이며, 그 목적은 사람을 죽이는 과정 자체를 상품화하는 것이다.

시신관행은 육체적 위해를 가하는 것을 목표로 하는 과격한 행위라고 이해할 수 있다. 시신관행의 사례 하나로 살인 기술의

14. 네그리 외 2006 참조.
15. 리베이로 2003, 27.

혁신과 같이 국가가 내부의 적을 제거하는 방식을 재전유하여 엔드리아고 주체의 적을 제거하는 데 적용하는 것을 들 수 있다. 시신관행은 최근 수십 년 동안 살인을 허용 가능한 것으로 여기는 새로운 문화적 감수성을 구축해 왔다. 미디어를 통해 살인이 스펙터클화되면서, 극도로 잔혹하고 소름 끼치는 잔혹한 방식의 살인 행위를 텔레비전을 통해 오락처럼 소비하며 유령화할 수 있었기 때문이다.

역량 강화는 하위 주체나 취약한 주체가 그들이 처한 상황과 맥락을 스스로의 힘을 기르고 행동할 수 있는 상황으로 바꾸면서 억압의 위계를 뒤집는 과정으로 이해할 수 있다. 역량 강화 개념은 사회·경제적 개발 행위의 대상이 되는 사람들이 자기 삶을 통제할 수 있는 역량을 강화할 수 있도록 지원하는 맥락에서도 사용된다. 또한 사회적으로 소외된 집단에 사회 정의와 인권을 보장하는 정치적 과정으로 해석되기도 한다. 이 책에서 시신세력화/역량 강화라고 명명하는 것은 앞서 지적한 역량 강화의 과정과 유사하지만, 그 과정은 디스토피아적 관행(살인과 고문 같은)을 통해 재구성하는 것을 뜻한다. 그 목적은 권력을 얻고 그 권력을 통해 불법적 부를 획득하고 왜곡된 방식으로 자아를 확인하는 것이다.

우리는 죽음애호(tanatofilia)라는 용어를 현 고도 소비주의 사회에서 죽음을 스펙터클화하는 것을 좋아하는 것을 지칭하기 위해 사용한다. 폭력과 파괴에 대한 애호, 죽이고 싶은 욕망, 자살과 사디즘에의 매혹과 같은 것 말이다. 시신애호(necrofilia)는 시신에 성적 매력을 느끼는 성적 지향처럼 이해되기에, 우리는 죽음애호라는 용어를 선호한다. 하지만 에리히 프롬이 1973년 『인간 파괴성 해부』에서 시신애호를 성적 의미가 아니라 진정으로 살아 있지 않은 상태로 영위하는 삶의 결과를 지칭하기 위해 사용했던 것은 언급할 가치가 있다. 에리히 프롬은 죽음애호가 생명애호(biofilia)와 반대 의미이며, 공생적 고착, 나르시시즘과 더불어 인류의 세 가지 악 중 하나라고 보았다. 프롬에 따르면, 서구 사회에서 사랑의 결핍이 시신애호로 이어졌다. 시신애호증자는 기계적으로 살아가면서, 감정, 삶의 과정, 생각을 사물로 바꾸고, 삶을 통제하려는 경향이 있으며, 삶을 예측 가능한 것으로 만들려 한다. 시신애호증자에게 삶에서 유일하게 확실한 것은 죽음이기 때문에 죽음을 갈망하고 숭배한다. 프롬이 보기에 현대 서구 사회에서 시신애호는 콘크리트와 강철로 만들어진 건물의 외관, 현대식 무기, 핵무장 경쟁, 거대 기계의 기술을 우상 숭배하는 기술애호(tecnofilia), 소비를 통한 자원 상실, 사람을 물건처럼 대하는 것(관료주의)에서 관찰된다. 우리는 이러한 프롬의 관점에 의거해 죽음애호라는 용어를 사용하지만 그 적용과 맥락에 차이가 있다.

결론적으로, 우리는 음벰베와 같은 질문을 던진다. 생명정치의 개념은 시신권력에 기반한 지금의 현실을 설명하기에 충분한가? 그에 대한 대답은 생명정치가 맥락에 맞게 재고되어야 한다는 것이다. 우리는 국가가 관리하는 생명정치와 엔드리아고 주체가 가진 시신정치 사이에 유사점이 있다고 본다. 두 경우 모두 권력 유지를 위해 폭력을 사용한다는 것이 핵심이다. 하지만 엔드리아고 주체의 시신정치는 국가와 비교하는 것만으로는 설명되기 어렵다. 엔드리아고 주체는 삼중의 조건에 처해 있기 때문이다. 우선 첫째로 엔드리아고는 폭력을 이용해 (국가가 관리하는) 권력의 도구를 재전유하고 있다. 그 목적은 시신정치를 통해 역량을 강화하고 이를 통해 얻은 권력으로 고도 소비적 신자유주의 요구를 충족시키는 것이다. 둘째로, 시신 역량 강화를 통해 이때까지 효율적이라 여겨졌던 훈육 사회에 문제를 제기한다. 마지막으로, 엔드리아고 주체는 종속된 주체 대부분이 속한 집단(각각의 특정한 지정학적 맥락을 가지고)으로부터 나왔다. 그리고 이 집단에 디스토피아적이지 않은 저항의 전략을 세우는 사람들도 포함되어 있다. 그러므로 엔드리아고 주체의 시신권력 논리를 이해하기 위해서 우리는 삼각 측량을 할 필요가 있다. 첫 지점은 이성애 가부장제 내에서 경제적 경로를 통해 실행되는 생명정치 권력의 역학이다. 두 번째 지점은 종속되어 있지만 적극적인 시민의 주체성이며, 세 번째 지점은 고도

소비주의 사회의 광고와 미디어가 수행하는 결정적인 역할이다.

"이 새로운 자본주의는 [...] 사실상 주체성의 생명미디어적 관리 덕분에 작동하고 있는 셈"**16**이기 때문이다.

바이오 시장과 장식용 폭력
바이오 시장

네그리와 하트 같은 포스트포드주의 이론가가 현대 자본주의 생산 방식의 복잡성을 설명하기 위해 푸코의 사상을 빌려 **생명정치 생산**의 개념에 대해 이야기한다면, 우리는 여기서 **생명권력** 개념을 가져와 **시신권력**의 개념에 접목함으로써 이 생산과 소비 양식들 간에 일어난 현대의 전이를 보여 주려 한다.**17** 그리고 이 전이가 "삶의 구조를 변모"**18**시켰다는 것을 이야기하려 한다.

생명권력에서 시신권력으로의 이 같은 이행은 특히 소비 양상에서 분명히 드러난다. 그 결과 전통적 정치경제의 범주가 전복되고, **생명소비**와 잉여 가치에 근거한 **생명권력**의 새로운 지형이 형성된다. 급변하는 전략들은 시신정치가 관리하는 시장에 유리하도록 삶의 방식의 근간을 흔들었다. 우리는 사회적이고 개인적인 행동 양식에 급진적인 변화를 가져오는 동시에 그 행위를 소비에 국한하는 이러한 이행을 **바이오 시장**(*Biomercado*)이라 명명하며, 이 변화가 실현되는 급진적이고 왜곡된 방식을 **시신권력**이라 부를 것이다.

생명권력, 그리고 소비자-신체와 그 신체의 소비력에서 비롯한 새로운 존재론 즉 고어 자본주의 고유의 존재론을 정착시키는 데 이 생명권력이 끼친 영향력을 설명하기 위해서는 푸코의 사상을 빌리는 것이 가장 적절하다고 하겠다. 즉, 바이오 **시장**이 육체에 스며드는 일종의 인식론적 전이를 야기하며, 나아가 더 이상 권위주의적 외부 구조에 속하는 것이 아니라 소비에 복종하는 우리 스스로의 실천을 통해 우리의 신체 시스템 내부와 융합된 것이라 볼 수 있는 것이다.

16. 프레시아도 2008, 44.
17. 자본주의 생산의 초기 형태에서는 생산과 소비 양식 간에 직접적이며 불가분한 것처럼 보이는 관계가 있었지만, 현재는 그렇지 않다. 이 전환을 가리켜 우리는 바이오 시장이라 부른다.
18. 프레시아도 2008, 138.

이런 의미에서 우리는 폴 B. 프레시아도가 푸코의 논의를 따라가면서, 권력의 변화를 해석하는 방식으로서의 판옵티콘으로부터, 그리고 판옵티콘과 현 세계와의 관계로부터 거리를 두는 것에 동의한다.

> [...] 우리가 마주하고 있는 장치는, 효율성은 계속 증대되면서, 개별적으로 소비 가능한 생체분자적 기술처럼 그 규모가 축소되었다. [...] 이것은 민주적이고, 사적이며, 흡수 가능하고, 호흡 가능한, 관리가 손쉬운 통제, 이제껏 한 번도 본 적 없이 빠르고 검출되지 않는 속도로 사회적 신체를 통해 보급되는 그런 종류의 통제를 말한다.
>
> 신체와 권력 사이의 관계도 이와 마찬가지이다. 침투, 흡수, 완전한 점령에의 욕망. 우리는 이 관계를 지배/억압의 변증법적 모델에 따라 표현하려는 유혹에 넘어갈 수도 있을 것이다. [소비 자본주의로 이해되는] 외부의 권력이 액체 미니어처로 바뀌어 개인의 순종적인 몸에 침투하는 그런 일방적인 모델처럼 말이다. 아니다. 권력이 외부로부터 침투하는 것이 아니라, 바로 신체가 [소비를 욕망하는] 권력을 욕망하는 것이다. 다름 아닌 신체가, 점점 더 많이, 권력을 삼키고, 먹고, 관리하고, 집어넣기를 원한다.[19]

이 인용문은 주체의 신체와 권력 사이의 관계가 변화하며 우리가 여기에서 **소비주의 권력**이라고 명명하는 것이 출현하도록 만들었다는 것을 보여 준다. 이 권력을 통해 고도 소비주의가 되어 버린 현재의 고삐 풀린 소비주의의 수준을 설명할 수 있을 것이다.

이 장에서 우리는 새로운 자본주의와 그 소비 요구 및 관행을 판독하기 위한 인식론적 범주로 바이오 **시장** 개념을 사용할 것이다. 소비에 대한 우리의 선호를 (인위적으로) (재)생산하고, 도입하고, 수집하는 시장의 **생명동화주의**(*bioasimilación*) 시스템과 분리된 방식으로는 이 판독이 불가능하기 때문이다.

우리는 시스템과 마찬가지로 바이오 **시장**을 더 이상 외부의 위계적인 장치로 이해해서는 안 된다. 바이오 시장은 우리의

19. 같은 책, 136.

취향과 요구와 연관된 유동적인 장치로, 소비의 *DNA* 이중나선 구조를 만들기 때문에 그 과정을 직선적이고 계보적으로 읽어 내려는 시도는 모두 무용한 시도에 지나지 않는다.

자발적인 것처럼 보이는 우리의 소비주의적 행동을 통해 우리 역시 틈새시장을 넓히는 상품을 만드는 데 기여한다. 예를 들면, 대안적이거나 저항적이라 여겨지는 상품이 존재하며, 보수적이고 부잡한 자본주의적 소비주의의 근본을 숨기지 않는 다른 모든 상품과 유사한 방식으로 홍보되고 판매된다. 이러한 저항적 제품은 취향을 만족시키고, 강화하고, 심지어 소비주의 시스템에 비윤리적인 취향을 창조할 수 있는 다중적인 이름표를 달고 나온다. 이러한 상품이 시장 자체를 반대하는 것처럼 보일 수도 있지만, 오늘날 시장이 가진 트렌디하고 수익성 있는 자기 잠식적 권력에 의해서 그 신뢰성은 철새처럼 무력화된다.

따라서, 시장에서 '정치적 행위'나 '비판'과 같은 이름표가 붙은 선택 가능한 대안을 찾는 것은 어려운 일이 아니다. 우리는 시장 논리가 어떤 종류의 저항이라도 착취할 여지가 있는 틈새시장으로 바꿀 수 있다는 것을 이해해야만 한다. 모든 것은 소비의 대상이 될 수 있다. 틈새시장이 만들어지고 고어 자본주의와 관련된 상품 및 서비스의 요구가 증가하기 좋은 이러한 조건 때문에 우리가 고어 시장이라 부르는 틈새시장이 만들어진 것이다. 고어 시장에서 제공되는 상품과 서비스는 시신권력, 시신관행과 관련된 것으로, 이를테면 불법 마약 판매, 폭력 행위, 인간 장기 매매, 살인, 여성과 아동의 인신매매 등이다. 하지만 틈새시장과 수요를 낳기 위해 시장이 모든 것을 빨아들인다는 것이 즉각적 방식의 흡수를 의미하는 것은 아니다. 이러한 정세를 비판하는 저항 행동을 할 가능성이 열리기도 한다. 그럼에도 불구하고 시장에 대항하는 저항의 방식과 우리의 입장은 끊임없이 재조직되어야 하며, 그저 시장에 반대하는 단순한 입장에서 출발하는 것은 곤란하다. 전복은 저항과 소비의 실천에 관한 우리의 이론을 재설정하는 것으로부터 시작해야 함을 명심해야 한다. 그리고 우리의 이론은 현상을 재설정하고 우리가 이분법을 탈피할 수 있도록 하는 것이어야 한다.

우리는 이제 전면적이고 '순수한' 저항만을 유일하고 진정한 전략으로 여기길 그만두어야 한다. 우리는 우리를 억누르고 또 압도하는 틀인 **생명경제**의 맥락 안에 위치한 채로 저항을 재구조화하도록 시도해야 한다. 그 전복은 우리의 **전략적 관계**로부터 시작될 수 있을 것이며, 푸코가 지적했듯이 그 전략적 관계는 "권력 게임처럼 결국 극도로 미미하고, 유동적이고, 가역적이고, 불안정한 것이다."[20] 시장 논리와 현시대 삶의 속도 앞에서 일부 해석의 범주는 더 이상 유효하지도, 견고하지도, 완벽하지도 않으며 오히려 쇄신이 필요하다. "생각의 가능성을 정화하고 싶은 욕망은 그 자체로 하나의 아포리아"[21]임을 고수할 필요가 있다.

우리는 현실을 이론화하기 위해 동시대 언어와 뒤섞여 오염되고 교잡될 범주를 구축해야 한다. 그물과 같은 발화의 가능성을 제시해 줄 교차적이고 다학제적인 범주 말이다. 이 범주 안에서 신체는 정치적 밀도를 잃지 않을 것이다. 결국 **생명인공물**(*bioartifacto*)적 범주는 바이오 **시장**과 고어 자본주의의 현실에서 우리의 입장, 행동, 책임을 포기하지 않고 사고하고 저항할 수 있도록 도와줄 것이다.

제3세계의 담론이 사실상 우리에게 보여 주고 있는 것은 만일 새로운 자본주의의 틀 밖으로 나갈 가능성이 존재하지 않는다면, 이 유일한 선택지 — 다양한 이름표가 붙어 있고 무한한 가능성으로 포장된 — 가 우리를 궤멸하는 것이 아니라 새로운 의미를 부여하리라는 점이다. 우리는 소용돌이 앞에서 체념하는 자세를 버리고, 내부에서 분자적 수준의 전복을 겪으며 진화하고 있는 자본주의적 맥락을 잊지 않는 저항 담론을 엮어 내며 새로운 의미를 찾아가야 한다. 바이오 **시장**은 선택이라기보다 내부 투사된(introyectada) 조건에 가깝기 때문이다.

보드리야르가 후에 시뮬라시옹 이론이 된 『기호의 정치경제학 비판을 위하여』에서 잘 포착해 냈듯, 시장은 유령성의 범주에 어마어마한 역할을 한다. 혹은 데리다가 유령

20. 푸코 1994, 729.
21. 데리다 1998, 147.

기록(spectrographies)에 대한 에세이에서 지적했듯, 시장은 미디어를 통해 시선을 순응시키고 교육하는 장치를 재해석하는 범주가 되기도 한다. 그러므로, 시장을 바이오 **시장**으로 판독하자는 우리의 제안은 소비주의적 전제가 적극적이고 담론적으로 관통하는 현실에 간섭하고 실질적으로 행동하는 가능성을 부정하려는 것이 아니다. 오히려 번영하는 고어 자본주의를 지탱하고 도와주는 또 다른 담론의 차원에 대해 탐구하려는 것이다.

장식용 폭력

마드리드에서(유럽연합에 속한 도시라는 사실이 함축하는 모든 의미를 포함한 도시로서), 마치 제3세계와 연대하는 가장 앞서 나가는 방식인 것처럼, 램프로 개조된 AK-47 소총이 진열된 쇼윈도를 마주치는 것은 상상하기 어렵다.[22] 그런데 이러한 쇼윈도는 존재하며,[23] 저 램프는 마드리드 중심부의 카예 오르탈레사 74번지에 위치한 올리비아라는 조명 가게에서 팔고 있는 제품이다. 이 가게에서는 무기-램프를 전시/판매하며, 가격은 900유로에서 1300유로 사이를 오간다. 이것은 연대라는 이름으로 정당화되는데, 판매가의 10퍼센트가 국경없는의사회에 후원금으로 기부되기 때문이다.

(제3세계에 존경받을 만한 기여와 원조를 한) 국경없는 의사회를 돕기 위해 세계 각지에서 수백만의 사람을 죽이는 데 사용된 기계를 선택했다는 것이 역설적이다. 이런 일이 일어난다는 사실 자체가 서구의 휴머니즘에 대한 개념을 심각하게 손상시킨다. 미국에서 수십 년 전부터 **자기 방어** 혹은 **수집 취미**라는 명목으로

---

22. AK-47은 칼라슈니코프 자동 소총 1947 모델의 줄임말로, 제2차 세계대전 당시 러시아 전투원이었던 미하일 칼라슈니코프(Mikhail Kalashnikov)가 1947년에 소련에서 디자인한 돌격용 소총이다. 1949년에 붉은 군대는 AK-47을 보병대의 주요 화기로 채택했고, 1954년 대규모로 공급되기 시작했다. 현재에도 여전히 민간 게릴라, 콜롬비아무장혁명군(FARC)과 같은 전 세계의 반란군, 국제적 범죄 조직과 마피아들이 가장 많이 사용하는 무기로 추정된다.

23. 이 공예품의 이미지를 보려면 필립 스탁의 홈페이지를 참조하라. https://www.starck.com

무기 소비를 정당화하는 민간인들에게 모든 종류의 무기를 파는 연례 대회가 전국 각지에서 열리는 것처럼, 지금 유럽 도시에서는 장식용 폭력의 판매가 대중화되고 있다.

이런 소비 현상을 목격하고 나면 여기가 바로 고어 소비주의가 전면적으로 정당화되고 결정화되는 곳임을, 장식적 요소로서의 폭력을 무책임하고 무비판적으로 수용하고 있음을 생각하지 않을 수 없다. 폭력이 장식용으로 변하는 것에 대해 우리가 심각하게 받아들여야만 하는 이유는, 이것이 계획적으로 정착된 고어 인식론의 징후이기 때문이다. 고어 인식론이 만들어 낸 해석 도구로서의 범주는 현대 사회에서 폭력이 수행하는 진정한 기능에 대해 현실에서 탈각한, 무균성의, 완전히 디스토피아적인 방식으로 접근한다. 우리가 사회적 혜택을 받지 못한 계층과 연대하는 방식의 근간으로 장식용 폭력을 소비한다면, 그것은 "체제의 약점을 판단하는 최고의 척도는 나 자신"[24]임을 스스로 말해 줄 뿐이다.

고어 소비주의는 모든 것을 소비 가능한 것으로 만드는 시장의 지배력을 보여 주기도 한다. 하지만 특히 제1세계 복지 사회의 파괴적 욕망을 반영하는 소비 행위를 드러내기도 한다. 앙헬리카 리델의 말을 빌리자면 다음과 같다.

> 너희가 완전히 안전하게 살고 있는 지금,
> 모든 적으로부터 자유로워진 지금,
> 마침내, 모든 적으로부터,
> 지금,
> 너희의 약함을 어떻게 다스려야 할지 모르고,
> 너희의 고통에의 탐욕을,
> 너희의 죄를,
> 너희의 욕망을,
> 너희의 야비함을,
> 그리고 너희의 모욕을.
> 학살이 끝난 후, 이제 문제는,

24. 리델 2007, 36.

남자는 계속 증명하기 위해 무엇을 할 것인가?
스스로에게 증명하기 위해,
자신이 여전히 남자라는 것을.**25**

유럽 도시의 공공장소(인테리어 가게)와 사적 공간에 장식품으로
자리한 칼라슈니코프 소총을 통해 우리는 어떻게 세계화가
비인간적이고 왜곡된 방식으로 거리를 좁히고 차이를 지우는지
알 수 있다. 세계에서 인명 살상 목적으로 가장 많이 사용된
무기를 누군가 구입함으로써 연대를 표현할 수 있다는 것은
그 자체로 끔찍한 일이며, 고어 자본주의 왕국에 거침없이
동조하고(또 기여하는) 소비주의의 투항을 말해 주는 것이기도
하다. 그 결과로 대신 얻게 되는 것은 사회적 지위의 상징적인
인정이다. 사비아노는 이렇게 설명한다.

AK-47은 온갖 역할에 함께했다. 해방자, 압제자, 일반
군대의 병사, 테러리스트, 납치범, 대통령 경호원까지도. [...]
칼라슈니코프는 [...] 경제적 자유주의의 진정한 상징이자,
완벽한 아이콘이다. 아마 문장(emblema)으로 쓸 수도 있을
것이다. 당신이 누구인지, 무슨 생각을 하는지, 어디에서
왔는지, 무슨 종교를 믿는지, 누구와 맞서 싸우든 누구를
위해 일하든 중요하지 않다. 우리 제품을 사용하는 것으로
족하다.**26**

고어 소비, 폭력의 미학, 장식용 폭력은 일반화된 소비주의 상상계
안에서 생각할 수 있고, 칭찬할 만하고, 허용할 수 있고, 실행할 수
있는 연대, 공감, 비판, 혹은 저항이 소비를 통해서만 가능하다고
이야기하는 것이다. 또한 약소국을 상대로 내전에 사용될 무기를
팔아 온 대부분의 제1세계 국가가 지탱하고 있는 군비 확장
경쟁의 패러다임 전환을 드러내는 것이기도 하다. 이 패러다임의
**전환은 만일 죽이기 위해 무기를 사용하지 않는다면, 장식하기
위해 사용하라**는 슬로건에 기대고 있다.

폭력을 장식용으로 해석하다 보면 점점 폭력을 덜 공격적이고,
덜 위험하고, 덜 무서운 것으로 인식하도록 심리적으로 사회

25. 같은 책, 38.
26. 사비아노 2008, 194.

구조를 길들이게 된다. 그 결과 공적, 사적 공간 모두 폭력에 의해 재전유되며, 명백하게 전쟁을 연상시키는 소비의 요소가 공간을 점령한다. 결국 장식용 폭력은 바람직하고 즐거움을 주는, 소비할 만한 대상으로 변한다.

전쟁과 연관된 물건의 또 다른 예로 허머(Hummer)라는 이름의 전지형 자동차를 들 수 있다. 소비자들에게 널리 받아들여진 이 자동차는 미국 기업 제너럴 모터스에서 만들었다. 허머를 보고 군사주의적 미학을 인식하는 것은 우연이 아니다. 사륜구동의 다목적 군용차였던 험비(Humvee) 혹은 HMMWV(고기동 다목적 차량)를 개량해서 만든 자동차이기 때문이다. 원래 미국 정부의 방위 산업체였던 AM 제너럴이 군용으로 생산한 차였는데, AM 제너럴은 1980년대 말 민간인을 상대로 차를 팔기로 결정했다.

계속해서 증가하는 장식용 폭력의 소비는 무엇을 시사하는가. 바이오 시장의 요구로 인해, 우리가 현 세계를 전쟁터의 무대처럼 재현하는 것을 바람직한 것처럼 생각하게 되었다는 점이다. 그로 인해 우리는 무비판주의적으로 정지한 채 전쟁-소비와 장식용 폭력이 우리의 일상생활에 끼칠 심각한 영향력을 문제시하지 않게 된다. 휴머니즘적 전제는 점점 더 뒤로 밀려나고, 허용되는 폭력의 범위는 넓어지며, 일반 시민의 소비-참여를 통해 무차별적 폭력의 사용이 당연시되고 있다. 이는 폭력과 연루된 시스템에 정당성을 부여하고, 폭력을 그저 소비 가능한 또 다른 상품처럼 정착하게 한다. 그 구체적 결과로 우리는 고어 자본주의가 공적 공간, 사적 공간, 그리고 너무나 당연히 우리의 몸까지도 점령하도록 환영하고 있는 것이나 마찬가지다.

폭력과 미디어에 대하여
"공공성은, 어떤 이미지가 매체에 등장하지 않는다는 조건, 어떤 이름을 말할 수 없다는 조건, 어떤 상실이 상실로 인정되지 않는다는 조건, 폭력이 탈실재화되고 분산된다는 조건 등으로 형성된다."**27** 정보는 이렇듯 승자와 미디어에 복무하는 권력이다. 미디어는 어떤 반체제의 징후라도 싹을 자르기 위해 사람들의 사고와 정신을 길들이는 뉴스 세탁소의 역할을 한다. 미디어는 반대 의견 자체를, 심지어 내면의 이견까지도 억압하는 도구로 사용된다. 폭력을 과도하게 노출하는 미디어는 끊임없는 이미지 폭력을 통해 시청자들이 폭력을 자연스럽게 느끼도록 만들다 못해, 마치 폭력이 우리가 감수해야만 하는 명백한 운명인 것처럼 바꾸어 놓는다.

미디어에는 배제 논리와 삭제 행위가 존속한다. 비르히니아 비야플라나가 주장한 것처럼, "폭력이 개인적이거나 우연적인 경험으로 축소되지 않고 사회적이고 비판적인 경험이 되도록 하기 위해서는 폭력의 양식에 이름을 붙이고 — 이름이 없으면 존재하지 않는 것이나 마찬가지이다 — 상징적 폭력에 대해 고민하는 것이 필수적이다."**28**

타자의 세계에서 일어나는 일에 이름을 붙이기 위한 담론이 부족한 상황에서, 미디어가 타자의 세계에서 일어나는 사건을 "유일한 관점에서 [...] 과도하게 재현"**29**함으로써 그 사건에 이름을 붙이기 위한 담론은 더 부족해지는 실정이다. 미디어는 결국 '익숙한' 것, '내가 이해하고' '내가 공감하는' 이야기만을 인정한다. 그렇다면 이 '익숙함'과 '이해'가 나와는 멀리 떨어져 있거나 나를 전혀 포함하지 않는다면 어떻게 될까? 미디어가 폭력을 자연스러운 것으로 들이미는 상황에서 시청자로서 나의 역할은 무엇인가? 고어 이미지를 소비하는 나에게는 어떤 책임이 있는가?

현대 사회에서 점점 늘어나는 폭력의 물화 현상은 (인위적으로 받아들여지고 관행처럼 자연화한) 고어적 행위가 대안적 현실의 일부로 간주되어 아무도 눈치 채지 못하는 사이, 오랜 기간에 걸쳐 정착되기에 최적의 장을 구축했다. 고어적 관습은 대안적 현실의 일부로 간주되고, "[...] 가격에 영향을 미치고 신문의 헤드라인을 장식하고 자극적인 사진을 제공하지만

27. 버틀러 2006, 65. 버틀러, 『위태로운 삶: 애도의 힘과 폭력』, 70.
28. 비야플라나 외 2005, 279 참조.
29. 같은 책, 180.

아주 먼 곳에서 일어나는 일이다. 악취가 제거된 향기로운 무지갯빛 안개 속에서 [폭력은] 모든 잔혹한 본질이 빈틈없이 감춰진 채 나타난다."[30] 이제 고어적 관습은 우리 일상생활에 녹아든, 멈출 수 없는 발전기가 되었다.

현실과 시뮬라시옹은 서로 뒤얽히며 현실과 허구를 구분하는 것이 점점 더 어렵게 느껴지는 방식으로(아니면 우리가 그렇게 믿도록 만들었다거나) 변화해 왔다. "있을 법하지 않은 일일수록, 이미지는 더 익숙한 것"[31]이기 때문이다.

뉴스와 연예 매체(일반적인 대중 매체)는 우리를 범람하는 정보 속에 잠기게 한 후, 우리가 인식하고, 수용하고, 행동하는 방식을 파괴한다. 자본주의와 고어 이미지의 생산은 환상과 현실 사이의 기묘하고 가는 경계를 위반했고, 현실은 점점 더 허구를 닮아 가는 소름 끼치고 적확한 무언가로 재정립되는 반전을 만들었다. 하지만 현실이 허구와 다른 점은, 현실은 가슴이 찢어질 듯이 몸으로 느껴지고 회복 불가능하다는 데 있다. 매체에서 생산되는 이미지가 현실을 허구화하려고 하는데도 불구하고, 엄밀한 의미에서 우리가 보고 있는 논의는 논픽션이기 때문이다.[32]

새로운 자본주의의 이 변형[33]이 섬뜩한 이유는 무슨 일이든 일어날 수 있다는 것 —그리고 실제로 일어난다— 을 보여 주며, 그것이 일어나는 공간이 바로 우리의 몸이라는 가장 내밀한 틈새이기 때문이다. 고어적 관행이 두려운 이유는, 점점 더 가까이에 다가오지만 우리는 그것을 직면은커녕 생각하도록 훈련받은 적도 없기 때문이다. "문제는 어느 누구도 자기와는 상관없는 일이라고 자신할 수 없다는 것이다. 그저 자신이 사는 방식은 다르니까 어떤 위험으로부터도 안전하다고 확신하는 것만으로는 충분치 않다."[34] 이 모든 것은 우리의 존재론을

---

30. 웰스(Wells), 데이비스 2007, 15에서 재인용.

31. 같은 책, 19.

32. 비야플라나 외 2005, 279.

33. 새로운 자본주의는 야만적인 자본주의와 동일하지만 가면도, 변명의 전략도 없는 냉소적이고 잔혹한 자본주의를 뜻한다. 그로테스크하고, 기괴하고, 과도하게 폭력적이며 막대한 예산의 특수 효과도 필요 없는 자본주의, 바로 고어 자본주의이다.

34. 사비아노 2008, 105.

폭력적으로 망가뜨리고 상상과 현실 사이의 구분을 지워 버리는 한없이 불길한 효과[35]를 불러일으킨다. 불길한 것이 반복되고 복제되어, 우리 눈앞의 이미지 중 어떤 것이 진짜인지, 아니면 모두가 실재하는지 알 수 없도록 만드는 거울의 집 안에 있는 것 같은 감각이 생겨난다. 다음과 같이 질문하는 역사가들도 있다. 어쩌면 역사가 할리우드 각본가들의 집에서 미리 만들어진 공포의 광적인 몽타주로 변해 버린 것인가?[36] 그에 대한 대답은 그렇기도 하고 아니기도 하다는 것이다. 이 암흑의 유토피아[37]는 더 복잡하기 때문이다.

이 질문은 불신과 조소 — 웃으면 잠시나마 두려움에서 멀어진다 — 를 자아낼 수 있다. 또한 우리가 이 시대의 현실을 마치 비현실적인 것의 재생산을 꾀하는 몽타주인 것처럼 생각하게끔 이끌 수도 있다. 즉, 이것은 "정신성이 박탈된 공리주의적 자본주의 세계의 궁극적 진실을 상징하는 것이다. 그 안에서 실재하는 삶의 물질성은 제거되고, 실재의 삶을 유령 같은 쇼로 역전시키는 것이 궁극적 목적이 된다."[38] 하지만 이러한 관점은 상당 부분 현실에 적용 가능한 것일지라도, 결국 주체에 영향을 미치고 사회를 변화시키는 진정한 실천과 괴리된 포스트 유물론적 관점에서 현실을 설명하거나 가중시키는 관념적 이론만을 생산할 뿐이다.

우리는 고어적 관행이 특정한 역사적 맥락 안에서 시장의 구체적인 요구에 대한 직접적 응답으로서 형성되었다는 사실을 인정해야만 한다. 폭력이 자본을 획득하고 냉혹한 태도로 돈을 좇기 위한 도구라는 것이 새로운 자본주의가 전하는 메시지의 일환이라는 점을 고려해야만 한다. 그뿐 아니라 많은 경우

35. 이스라엘 정신분석학자 욜란다 감펠(Yolanda Gampel)이 제시하고 2007년 마이크 데이비스가 인용한 개념이다. 감펠은 한없이 불길한 효과를 이렇게 설명했다. "경악스럽고, 믿을 수 없고, 비현실적인 현실을 목격한 사람들의 삶에 밀고 들어오는 감정이다. 이들은 자신의 눈으로 보고 있는 것을 완전히 믿지 못하고, 그 비현실적인 현실과 자신의 상상을 구분하는 데 어려움을 느낀다."

36. 데이비스 2007, 20.

37. 블로흐 2004, 306-308.

38. 지제크 2005, 128.

엔드리아고 주체가 다양한 환경에 속해 있고 지구 곳곳에 퍼져 있기는 해도, 그들 중 누구도 정보 과부하 효과의 예외는 아니라는 점을 고려해야만 한다.

고어적 관습을 탈실재화된(허구가 아니라)[39] 현상처럼 재현하고, 핵심 주제로 다룸으로써 정당성을 부여하며, 우리가 무감각해질 때까지 쉴 새 없이 정보를 퍼부어 온 것은 바로 미디어, 텔레비전, 영화, 그리고 어느 정도는 해당한다고 할 수 있는 비디오 게임과 같은 매체이다.

죽음이 유행 중이다: 예술, 문학, 비디오 게임 속 고어 자본주의

지금부터는 우리가 고어 자본주의의 재현으로 판단하는 상상계가 미디어를 통해 구축되고 유통되는 사례를 설명할 것이다. 첫 번째는 미국 텔레비전 드라마 「소프라노스」이며, 두 번째는 비디오 게임 '그랜드 테프트 오토'의 산 안드레아스 버전이다.

「소프라노스」(데이비드 체이스가 연출하고 HBO 채널에서 제작한 미국 드라마)는 뉴저지의 이탈리아계 미국인[40] 마피아 두목과 그 가족의 삶을 다루고 있다. 이 드라마가 평단의 극찬을 받고, 각종 상을 휩쓸고, 몇몇 지식인을 포함한[41] 거대 팬덤을 거느리고, 1999년부터 2007년까지 지독하게 긴 시간—거친 주제를 고려해 볼 때—방영된 데에는 다 이유가 있다.

「소프라노스」는 어떻게 텔레비전이 암흑가를 수익성 있는 무언가로 바꾸어 놓는지를 보여 준다. 암흑가는 사회적으로 수용되고 정당성을 획득하며 숭배의 대상으로 뿌리내린다. 「소프라노스」와 같은 드라마가 만들어졌다는 것 자체만으로,

39. 탈실재화와 허구의 가장 중요한 차이점은 탈실재화가 타자를 적으로 식별해서 전멸하기 위한 전술인 데 반해, 허구는 실제가 아닌 모든 것이자 재현이라는 점이다. 실재의 상징적 개념을 다루든 그렇지 않든, 허구는 현실에 충실하려 하지 않는다. (보드리야르의 시뮬라크르 개념 참조.)

40. 여기서 인종주의적이고 분리주의적인 잔재를 볼 수 있다. 20세기 초 미국의 이탈리아인 공동체는 극심한 감시에 시달렸고 그만큼의 응징의 대상이었다. 등장인물의 민족적 혈통은 그의 범죄적 행위를 정당화하고 이국화하는 방식으로 사용된다. 엄밀한 의미에서 백인 미국인이 아니므로 적법성의 테두리 밖에 놓을 수 있기 때문이다.

41. AA. VV. 2009.

누구도 꿈쩍하지 않고 불평할 필요도 느끼지 못한 사이에, 고어적 관습이 스크린에서 현실로 튀어나와 자본주의에 정착하기에 최적의 환경이 조성되었다고 주장하려는 것은 아니다. 우리가 말하고자 하는 것은 이런 드라마가 폭력을 정당화하고 가시화하며, 주변 현실을 수동적으로 인식하도록 시청자를 정신적으로 훈련하는 방식이라는 것이다. 다시 말해, 고어 자본주의는 이미 일상의 현실에 존재한다. 미디어는 고어 자본주의를 정당화하고 그에 대항하는 사회적 행동을 저지하며, 이 상황 앞에서 무비판적으로 침묵하고 체념하는 사고방식을 심으려 한다. 텔레비전 드라마나 리얼리티 쇼(대다수 사람들이 출연하기를 원하는)가 고어 자본주의의 현실을 등장시킴으로써 고어 자본주의는 심란할 정도로 화려하고, 매력적이고, 소비 가능한 대상이 된다. 그 속의 위험성은 제거되고 시청자는 무감각해지도록 의식과 행동을 주입받는다. 고어 자본주의가 끼치는 악영향은 그려지지 않기 때문이다.

고어 자본주의의 폭력에 익숙해진 사고방식을 확립하는 것에는 다양한 층위의 이점이 있다. 가장 명백한 이점은 윤리와 정치의 명령이 분리되는 것이다. 다시 말해서, 폭력과 범죄가 돈을 벌기 위한 단순한 수단인 사회적 상상계를 정착시키고 정당화하면 어떤 범죄 행위라도(특히 국가에 의한 범죄) 완전히 받아들여질 수 있다. 특정한 현상을 다루는 윤리의 영향력은 약해지고 불법의 선을 넘나드는 정치적 행위의 책임을 묻지 않게 된다. 범죄성은 세계 경제의 지도자들이 만든 규범만을 따르는 도구처럼 이해될 것이기 때문이다.

이제 고어 자본주의의 또 다른 사례로 다룰 그랜드 테프트 오토(이하 GTA)는 이용자가 차량 절도부터 살인에까지 이르는 범죄를 저지르게 하는 폭력적 내용의 비디오 게임이다. GTA는 극도로 남성 우월주의적이고, 성차별적이고,[42] 여성 혐오적이고,

---

42. "마치스모는 남성이 여성보다 우월하다는 믿음에 기초한 차별을 담고 있는 불평등한 담론이다. 사실상 마치스모는 사회 구조의 기저를 이루는 성차별주의를 공격적이고 저속한 방식으로 드러내곤 하는 말이나 행동을 가리키기 위해 사용한다. [...] 성차별주의는 지배당하는 성별, 즉 여성을 열등하고, 종속되고 착취당하는 위치에 유지시키기 위해 가부장제가 사용하는 수법을 총망라한 것이라 정의할 수 있다.

여성을 상대로 폭력을 가하는 행동을 정당화한다. 이를테면 GTA에서는 성매매 여성과 섹스를 하고 그 여성을 죽인 뒤, 지불한 돈을 되찾을 수 있다. 우리는 여기에서 피해자주의적 불만을 표명한다기보다, 우리의 판단으로는 이 게임의 내용이 고어 자본주의의 출현, 상승, 지속의 주요 측면을 표상하고 있는 서로 연결된 양극단을 충실히 반영하고 있음을 증명하려는 것이다.

첫째로, GTA는 범죄자(이 연구에서 우리가 엔드리아고 주체로 정의한)를 소비문화의 일부로, 그리고 끔찍한 사회적 불평등을 영속시킬 뿐 아니라 공개적으로 그 불평등을 찬미하는 (미국의) 시스템에 대한 정면 응답으로 그려 낸다.

여기, 산 안드레아스의 라디오 방송에서 흘러나오는 풍자적 광고의 적절한 예가 있다. 작가 마이크 앤드루스(Mike Andrews)의 순회강연을 홍보하는 이 광고는 그의 책 제목이 가리키듯 "거렁뱅이는 자산이다"라고 사람들을 설득하고 있다.

> 마이크 앤드루스: 가난해도 괜찮다는 걸 이해하세요. 가난한 사람들이 필요하다니까요. 우리 부자들은 음이고. 여러분은 양입니다. 우리는 여러분이 필요해요!
> 관중 속 남자: 앤드루스 씨, 저는 줄곧 운이 없었습니다. 제가 다시 일어설 수 있도록 국가에서 도와줄 수는 없을까요?
> 앤드루스: 그건 아무에게도 도움이 안 되는 부정적이고, 이기적이고, 자기 강박적인 헛소리입니다. 제 프로그램이 당신에게 새롭고 희망찬 관점을 가르쳐 줄 겁니다. 가난하다고 불평하는 대신, 즐기세요. TV를 보세요. 투표는 하지 마시고. 알게 뭡니까?
> 남자: 하지만 저는 집이 없어요.
> 앤드루스: 완전히 착각하고 있네요. 사회는 당신에게 빚진 게 하나도 없어요. 정부는 더 좋은 일을 해야죠. 무고한 사람들을 죽인다거나. 여러분은 필요한 걸 다 가지고 있습니다. 그러니 여러분 삶을 즐기세요.[43]

성차별주의는 인간의 삶과 관계의 모든 영역을 아우른다." 바렐라 2005, 180.
43. 라빈 2005년 2월 10일.

GTA는 노골적 폭력에 근간을 둔 사회적 틀의 맥락 안에서, 폭력 행사를 마치 일상적 행위처럼 그려 낸다. 이런 맥락에서,

> [...] 당신의 캐릭터가 저지르는 범죄와 폭력이 자리한다. [...] 빈부 격차가 심해지는 상황과 정부를 등에 업고 외국인을 대상으로 저지르는 폭력을 배경으로 한다. 산 안드레아스 [우리가 다루는 GTA의 두 번째 버전]는 1990년대 초를 배경으로 한다. 조지 부시 대통령이 로널드 레이건 행정부에서 시작된 신보수주의적인 사회·경제 정책을 강화하고, 미국이 라틴아메리카에서는 피비린내 나는 마약과의 전쟁을 유지하며 파나마와 이라크에 군사 공격을 개시했던 시기다.[44]

이를 통해 엔드리아고 주체가 출현하는 구조와 맥락이 밝혀지는 동시에 엔드리아고 주체와 합법적이라 이해되는 시스템과 그 정부 사이의 직접적인 연관성이 드러난다. 범죄의 세계와 국가의 세계와의 관계, 그리고 정의의 세계와의 연결 고리가 분명해지는 것이다.

> [...] CJ[GTA의 엔드리아고 주체]는 자신이 명령을 따르고 있는 정부 요원이 라틴아메리카에서 수단과 방법을 가리지 않고 위협과 싸우고 있다는 것을 알게 된다. 이 정부 요원이 사용하는 방식은 해외에서 돈을 구하기 위해 마약을 밀매하는 것을 포함해, 무기 계약을 따 내기 위해 군부 독재를 후원하는 것 등이다. 정부의 전술은 극히 불법적인 와중에, 요원은 미국을 보호하기 위한, 구체적으로는 미국의 자본주의 문화를 보호하기 위한 유일한 방법이었다며 모든 행위를 정당화한다.[45]

둘째로, GTA는 정부(그리고 정부를 대표하는 자들)와 미디어가 기업의 이익에 따라 통제된다는 것을 패러디 형식으로 보여 준다. 이를 통해 미디어가 어떻게 국가와 연결되어 있는지, 국가의 직접적 지시를 따라 정보를 왜곡하는지가 증명된다. 이 왜곡된 정보는 대중에게 전달되고, 무비판적으로 침묵하는 소비주의자적 인물의 원형을 형성할 것이다.

44. 같은 글.
45. 같은 글.

앞서 언급한 예시는 WCTR(GTA에 존재하는 여러 라디오 방송국 중 하나)의 막간 광고이다. 광고를 들어 보면 이 뉴스 채널은 "정부가 알리고자 하는 모든 뉴스를 알리는 메신저" 혹은, "당신을 사나이다운 애국자로 느끼게 해 줄 모든 것"의 공급자라고 자부한다. 루퍼트 머독(Rupert Murdoch)[46]이 승인한 그들의 슬로건은 "우리는 왜곡하고, 너희들은 반박할 수 없다"[47]이다. GTA가 순전한 고어 자본주의라고 이해될 만한 시스템을 매섭게 비판하고 있는 것은 분명하다. GTA의 사례가 특히 중요한 것은 바로 그 때문이다.

하지만 이 비판의 역할이 효과적으로 판독 가능한지, 그리고 게임 사용자 대부분에게 이해될 수 있을 정도로 명백한지에 대한 논쟁은 피할 수 없다. 나이나 교육 수준 등의 이유로 담론적 참조점이 없는 사용자들의 경우, 비판적 방식으로 게임의 메시지를 해석하는 것이 아니라, 폭력이 권력을 얻는 최고의 방법이라고 선동하고 자극하는 납작한 이미지만 남는 것은 아닌가 하는 우려를 간과하기 어렵기 때문이다.[48]

심리학적 측면에서 볼 때, 비디오 게임에서 적극적으로 폭력을 체험하는 것이 공격성을 내보내는 방식이 될 수 있으며 또한 반드시 현실로 넘어올 필요 없는 파괴적 충동을 비우는 방법이 될 수 있다는 주장을 간과할 생각은 없다. 우리는 폭력적 비디오 게임을 악마화하려는 것이 아니라 게임이 우리에게 제공하는 정보를 비판적으로 해석하려는 것이다. 아무튼 명백한 것은 GTA는 우리가 여기서 고어 자본주의라고 부르는 현상을

46. 루퍼트 머독은 실제로 극우 채널 폭스 뉴스를 비롯한 많은 매체의 소유주이다.
47. 라빈 2005년 2월 10일.
48. 몇몇 게임 이용자들은 맥락을 떠나 GTA를 재단해서는 안 된다고 주장한다는 것을 언급할 필요가 있다. 하지만 『시티즌 트리뷴』(Citizen Tribune)지의 보도에 따르면 GTA는 13세, 16세의 윌리엄스 형제가 저격수가 되도록 이끌었다. 윌리엄스 형제는 2003년 6월 25일 남성 한 명이 사망하고 여성 한 명이 부상을 입은 총격 사건의 살인과 가중 폭행 혐의에 대해 유죄를 인정했다. "45세 간호사 에런 하멜(Aaron Hamel)은 고속도로에서 주행하던 중 머리에 총을 맞았고, 또 다른 차에 타고 있던 19세 킴벌리 베데(Kimberley Bede)는 복부에 총상을 입었다. 윌리엄스 형제는 GTA에서 사용된 기술을 모방했다. GTA는 이용자에게 총기를 정확히 조준하고 더 효과적으로 사격하는 법을 훈련하기 때문이다." www.citizentribune.com

가상 공간에서 구체화한 것이며, 이것을 이용자들은 **각자**의 **집에서 안락하게** 즐길 수 있다는 사실이다.

이쯤에서 다시 현실을 해석하고 판독하는 시스템을 만들고, 전달하고, 정당화하는 미디어의 중요성으로 돌아가 보자. 미디어와 엔드리아고 주체 사이를 오가는 간접적인 피드백에 대해 이야기하기 위해서는 반드시 짚고 넘어가야만 하는 문제이다. 미디어가 유통시키고 착취하는 정보는 엔드리아고 주체가 범죄적 과업을 수행하고 집행할 때 범죄의 도구이자 방법론을 제공하고, 그에 따른 실질적 결과와 각 범죄 행위의 사회적 영향력을 알려 주기 때문이다. 미디어는 '인기도'와 '수익성', 그리고 엔드리아고가 저지르는 각각의 범죄에 수반하는 위험의 정도까지도 안내한다.

뉴스와 할리우드 영화는 고어 자본주의 관행의 사용 설명서 역할을 할 수도 있을 것이다. TV에서 방영되고 또 사회로 재전송되는 각각의 범죄 행위는 엔드리아고 주체의 효율적 범죄 행위의 자양분이 되어 줄 이론과 전술로 무장하기 위한 피드백을 제공한다. 우리는 새로운 마피아 조직에 들어간 범죄자들이 스펙터클 논리의 자장 안에서 교육받았다는 것을 잊어서는 안 된다. 그들은 무대에 서는 법을 알고 있으며 스크린과 신문, 전자 매체, 해적 라디오 방송을 이용하는 법을, 그리고 모두가 접근 가능한 인터넷 포털 사이트에 살해 영상을 올리는 법도 알고 있다. 즉, "은밀한 윙크로 전하는 암호나 암흑가에 한정된 범죄의 전설보다 더 탁월한 것은 바로 스펙터클"**49**임을 안다는 뜻이다.

엔드리아고 주체가 미디어의 손이 닿지 않는 곳에 있지 않은 것처럼, 사회의 나머지 구성원들에게도 고어는 멀리 있지 않다. 그러므로 철학보다 앞서 예술, 문학, 언론이 고어 자본주의 관행에 대해 설명하고 있는 것은 징후적이다. 조직범죄의 확장을 고발하는 문학 작가가 점점 늘어나고 있다. 다시 말해, 작가들은 마피아, 부패, 종교, 마치스모, 착취가 뒤섞인 현실을 고발하는 것이다.

49. 사비아노 2008, 125.

일례로 마피아를 폭로한 이탈리아 작가 마시모 카를로토 (Massimo Carlotto)는 이탈리아 마피아의 아우라에 대한 신화를 벗겨 냈다. 그는 이렇게 주장했다. "주말에는 가족을 돌보는 훌륭하고 가정적인 아버지가 범죄를 저지른다는 신화는 거짓이다. [이탈리아는] 매우 폭력적인 나라, 주 7일 하루 24시간 정의의 악용으로 먹고 사는 나라이다."[50] 이탈리아에 대한 이러한 언급은 흥미롭다. 아주 오래전부터 조직범죄의 기준이었고, 우리의 연구에서도 제3세계에 속하지 않은 다른 맥락에서 일어나는 범죄성의 상징인 지역처럼 인용하고 있기 때문이다.

카를로토는 마피아 내부 네트워크가 질적 도약을 이룬 계기에 대해 이야기한다. "[이탈리아에서] 최하위층은 베네치아에서 성매매에 종사하는 알바니아인들이었다. 최상위층은 점잖은 시민의 탈을 쓰고 현지 지역 정치인들의 비호를 받는 경제사범들이었다."[51] 범죄 행위는 많은 경우 그들을 비호하는 부패한 정부와 광범위하게 얽혀 있다는 사실을 확실히 밝혀야 한다. 마피아가 모든 경제 부문에 침투해 있다는 사실을 모르는 사람은 아무도 없다. 마피아가 곳곳에 커넥션과 파트너를 두고 광범위하게 촉수를 드리우고 있다는 사실 역시 모두가 다 아는 사실이다.

거의 언급되지 않지만 부정할 수 없는 또 다른 사실은 특정 국가에 존재하는 엄청난 수준의 부패이다. 이 은폐는 범죄 조직이 직접적이고 결정적으로 범죄 행위에 참여하고도 추적당하거나 처벌받기 어렵도록 만들었다.

고어 자본주의의 영향력은 고어 서사를 정착시키는 담론적 전회를 만들어 냈고 사회의 모든 층위에 현기증 나는 속도로 퍼지고 있다. 예술 분야도 예외는 아니다. 고어 담론은 점점 더 강력하게 현대 예술가 수백 명의 작업 속에 구체화되기 시작했다. 그 예로 1990년대부터 액체, 장기, 인간의 시신으로 작업을 해 온 조형예술가 테레사 마르고예스(Teresa Margolles, 멕시코, 1963), 주변성에 천착해 온 라크라(Lakra, 멕시코, 1972) 박사를 들

50. 모라 2008년 4월 20일.
51. 같은 글.

수 있다. 라크라 박사는 죽음을 유행으로 이야기한다.
"15년 전 산타 무에르테[52]는 범죄자와 성매매 여성의 종교적
숭배의 대상이었지만, 지금은 유행이 되었다."[53]

예술은 죽음을 "길거리 어디에나 있는 유행이며 이제 곧
지겨워질"[54] 대상으로 여긴다. 극단적 폭력과 죽음이 유행과
소비의 대상으로 등극한 사회에서 놀라운 일은 아니다. 일단
상업적 논리에 포섭된 이상 시장의 역학 관계 안에서 성공을
지속하기 위해서는 자신을 **재창조**할 수밖에 없기 때문이다.

예술계에는 죽음이 패션처럼 유행하는 것의 잠재적 원인과
결과를 주의 깊게 보며 고발하는 비판적 시선이 존재한다. 뉴욕
출신의 사진작가 멜라니 펄런(Mellanie Pullen)은 작품 이미지를
통해, 오늘날의 세계에서 죽음이 코드화되는 양날의 검에 대해
고찰한다. 펄런은 다음과 같이 설명한다. "영화는 지나치게
폭력적으로 변했고 상업화된 뉴스와 끔찍한 이미지는 너무나
생생해서 사람들에게 지대한 영향을 끼쳤다. 내 작업은 극으로
재생산된 드라마를 통해 바로 그 유령화된 죽음을 고발한다."[55]

우리는 유령화와 탈실재화가 모두 폭력 사용을 정당화하는
심리적 기제를 만들기 위해 시스템이 사용하는 범주임을 알
수 있다. 폭력을 도구화하는 것은 엔드리아고 주체뿐 아니라
시스템도 마찬가지이다. 복지 국가로서의 역할에 실패하면
할수록 시스템은 역설적으로 더 억압적으로 변할 뿐 아니라,
그 억압을 정당화하고, 합법화하고, 책임을 전가하기 위한 구분을
만들어 낸다. 이에 관해서는 경제적 차원에서나 담론적, 실존적
차원에서 위태로운 삶을 다룬 주디스 버틀러의 제안에 기대어
숙고해 보겠다.

---

52. 멕시코에서 주변부 소외 계층을 중심으로 죽음의 형상을 성인의 반열에 올린 숭배
현상은 수많은 신자를 거느리고 있다. 산타 무에르테와 범죄 세계의 관계에 대해서는
이미 1장과 2장에서 다룬 바 있다.
53. 라크라, 에스피노사 2008년 4월 20일에서 재인용.
54. 같은 글.
55. 같은 글.

부록: 탈실재화와 유령화

우리가 탈실재화[56]라는 용어를 사용하는 것은 제3세계를 실재감을 상실한 세계로 규정지으려 하는 담론을 정의하는 특유의 방식을 가리키기 위해서이다. 이러한 탈실재화 혹은 미디어의 유령화는 불편한 현실에 필터처럼 덧씌워진다. 주디스 버틀러는 이것이 수신자가 소외되고 상징적, 감정적 거리감을 느끼도록 위축시키고 **타자화**시키며 익숙한 맥락에서 이탈시키는 방식이라고 말한다. 이렇게 함으로써 주체나 맥락의 정당성을 박탈하는 것이다.

미디어와 주류 담론에 의해 강요된 탈실재화는 정보를 처리, 전달하는 주체가 주변적이고 빈곤한 지역에 관해 참조하도록 허용하는 유일하게 유효한 방식인 듯 대두된다. 기업과 국가의 정책 역시 이러한 탈실재화를 기반으로 한다. 기업과 국가는 침묵의 전략에서 정보의 왜곡과 과부하의 전략으로 노선을 바꾸었고, 이것이 여기서 다루는 주체나 현상의 탈실재화를 야기한다.

탈실재화는 우선 제3세계라는 개념 자체를 공격한다. 제3세계가 정치적으로 올바르지 않고, 그러한 개념이 설 자리가 없는 공간이라고 주장하며, 그 이유는 제3세계의 현실적 조건에 적용 불가능하기 때문이라고 말한다. 이렇게 개념의 적용 자체를 막아 버림으로써 제3세계는 가치가 떨어지는 공간으로 설정될 뿐 아니라 제3세계에서 일상을 사는 주체가 역량을 강화하고 행위 주체성을 가지도록 이끌 담론 형성 가능성 자체를 무너뜨린다. 이렇게 담론과 행위 주체성이 부정된 주체는 탈실재화되어 침묵하고, 표현하지 못하고, 기능하지 못하는 주체로 표상된다.

유령화 개념이 타자의 해체로만 환원되지 않고, 현 경제 논리에서 근본적인 역할을 한다는 사실이 핵심적이라 하겠다. 한편으로 이것은 불편한 현실을 부정하고, 제3세계의 유령화에 관해 미디어가 생산하는 거품을 유지하기에 최적의 방식이다. 하지만 **가상 자본**(*capital virtual*)에서 제일 잘 대표되는

56. 타자를 인간으로 동일시하지 않고 적으로 식별해서 전멸시킬 수 있도록 하기 위한 전술을 가리키는 말이다.

유령화를 우리는 현실을 해석하는 범주로서 배격해야 할 것이다. 그 가상 자본에 의해 파괴된 모든 사람의 죽음은 실재하기 때문이다. 가상으로 죽는 사람은 없다.

다른 한편으로 유령화는 정부, 기업, 그리고 일반적으로 현재 고어 자본주의에 숨겨진 구조화된 시스템을 은폐하고 책임을 면제하기 위해 필수적이다. 유령화를 통해, 시스템이란 막을 수 없고, 분산되어 있고, 어떤 주체나 정부, 기업도 통제할 수 없는 것이라는 생각이 널리 퍼졌다. 이렇게 분산된 시스템 앞에서 우리는 확고부동한 무방비 상태에 놓여 있는 것이다.

그럼에도 불구하고, 시장이 자율적이고, 자유롭고, 불가해한 현상이라는 주장이 완전히 틀린 것임을 분명히 할 필요가 있다. 시장은 완전히 조직적이고, 원격 조종된, 극단적 자본주의와 다원주의적인 새로운 우파의 논리에 젖어 있는 현상으로 이해하는 것이 더 적절하기 때문이다. 시장은 고도로 조직되고 규제된 구조를 가지고 있으며 구체적인 주체 — 책임을 지고 있다고 여겨지는 — 에 의해 운영되고 있다고 말할 수 있다. "시장은 규칙을 필요로 하고 이 규칙을 시행할 누군가를 요구한다. 이 규칙을 생산하고, 감독하고, 그리고 이 규칙이 엄연히 발효되도록 만드는 권력이 존재한다."[57] 결국, 시장에는 규칙과 관리자가 있다는 사실을 잊어서는 안 된다. 네그리 역시 그 점을 강조한다.

> 오늘날 우리는 모더니티와 포스트모더니티 사이, 민족국의 시대와 제국의 시대 사이에 걸친 최고 권력 공위기 (interregno, 인테레그넘)의 시대를 살고 있다. 그리고 이 공위기 시대에 자본주의 관계, 군사 관계, 그러니까 권력 관계의 균형을 찾으려는 싸움이 진행되고 있다.[58]

바로 이 공위기에 고어적 관습은 핵심 역할을 맡게 된다. 이미 현대 자본주의 시스템과 불가분의 관계가 되었기 때문이다. 조직범죄에서 나온 자본 — 세계 총생산의 15퍼센트[59] — 은

57. 네그리, 에스테베스 외(편) 2008, 54.
58. 같은 책, 58.
59. 비달 베네이토(Vidal Beneyto), 에스테베스 외(편) 2008, 95 참조.

초국적 기업과 국제 자본과 완전히 융합되어 있다. 현재의 경제 구조를 조직범죄의 재정적 지원 없이 유지하는 것은 사실상 불가능하다.

따라서, 고어 자본주의는 오늘날 현실을 해석하는 중심축 중의 하나이다. 현실의 다양한 영역을 빠짐없이 관통하는, 모든 경제 부문의 근간이기 때문이다. 그 결과 다양한 변주를 고려하지 않거나 학제 간 협업 없이는 효과적 해석의 축을 제시하는 것이 복잡한 과제가 되었다. 이런 이유로 고어 자본주의는 오늘날 우리가 살고 있는 세계를 경제적이고 철학적으로 해석하는 데 있어 핵심적이고 교차적인 개념이 된 것이다. 고어는 원래 그 이름이 유래한 영화 장르에 의거하면 가장 노골적으로 드러나는 잔혹성을 과잉 재현함으로써 특정 재현 방식을 가시화하고, 결국 일화적이고 우습기까지 한 행동으로 만들고 만다. 극단적 폭력의 이미지와 그 폭력의 이미지를 냉소적이고 부조리하게 재현하다 못해 외설에 가까워진 역설 사이에 인지 부조화를 만든다. 동시에 고어는 인지 부조화와 그 함의를 직시하기 위한 명확한 논리를 갖지 못하게 만들며, 신체에 행사하는 가장 완강한 폭력을 무비판적으로 수용하도록 이끈다. 이 폭력이야말로 1980년대 말부터 유일한 선택지가 된 현대 자본주의의 가장 본질적인 특징 중 하나이다. 어떤 정부, 어떤 정치적 성향도 그 지배를 벗어나지 못한다.

그런데 이 연구에서 우리는 이미 잘 알려진 사실, 즉 자본주의가 세계 경제의 유일한 선택지로 정착되면서 오늘날 어떤 경제 정책을 추진함에 있어서든 자본주의만이 유일하게 유효한 방식으로 자리매김했다는 사실을 규탄하고 있다. 하지만 우리는 자본주의를 그저 악마화하는 것보다 진취적인 자세로 이러한 현상을 검토해야 하며, 이를 이분법적이지 않은 방식으로 분석할 필요가 있다. 현재 세계가 변화하는 방향과 그 직접적인 결과로 생긴 불평등 심화, 그리고 그 불평등이 자본주의적 관행처럼 걷잡을 수 없는 폭력을 불러오는 연쇄 작용에 대해 자본주의의 책임을 무마시키지 않으면서 말이다. 우리가 폭력

행사를 말할 때는 주로 신체에 가해지는 직접적이고 물리적인

의미의 폭력을 일컫는다. 상징적이고 매개적인 의미의 폭력 형태 또한 함께 고려하겠지만 말이다.

우리는 좌파에서 다양한 사회 경제적 대안을 만들어 낼 필요가 있다고 이야기한 베네이토의 의견에 전적으로 동의한다. 이제 소련의 붕괴 이후 모든 좌파가 머물러 있는 트라우마적 경험에서 나올 때다. 사회적·정치적 행동의 방향을 재정립하기 위해 좌파의 윤리적 가치로 되돌아서, 디스토피아적이지 않은 정치적 실천과 새로운 동맹과 공동의 입장을 만들어 내야 한다.

우리는 범죄가 돈이 된다는 공고한 믿음에 대항해 싸워야만 한다. 폭력과 범죄성이 대단히 수익성이 좋은 — 설사 그것이 사실이라고 해도 — 경제 과정이라고 보는 것 말이다. 우리는 공존을 가능하게 할 특정 규제를 확립하고, 부의 축적을 목적으로 하는 약탈적 폭력의 희생자가 되지 않을 권리를 논의의 중심으로 되돌려 놓을 필요가 있다.

이러한 변화는 전방위적 교육 과정에 걸쳐 이루어져야 하고, 무엇보다도 언어를 통해 시작되어야 한다. 우리는 모든 것을 말을 통해서 하고 있으며, 그 말에 "최소한의 역사적, 이데올로기적, 용어 사용에 있어서의 일관성"[60]을 가진 정확한 내용을 담을 필요성이 있다. 그러지 않으면, 기의와 기표 사이의 해체가 일어나고 언어에 의해 발화된 행동이 실질적으로 상실된다. 우리는 발화하는 현실을 창조할 수 있는 언어의 수행적 성격을 잊지 말아야 한다. 다른 방식으로 발화하는 것은 일정 정도, 디스토피아적 행위와 담론을 통해 우리에게 부과되는 현실의 방향을 재정립하는 것과 같다.

60. 같은 책, 91.

5. 국경의 가장자리에 선
나의 이름은 칼날:
고어 자본주의와 페미니즘(들)

사회 변혁과 결별의 정치적 미래를 세우는 것은...
— 비르히니아 비야플라나,『밀집 구역』

남자들이 남성성을 비판하는 것이 얼마나 어려운지
나는 놀라곤 한다. 남자들은 남자다움의 이름으로
그들에게 부과된 것에 대해 관해서 매우 수동적이다.
— 비르지니 데팡트,『펨 오브 파워』

이 책에서 우리는 부를 생산하기 위한 도구로서의 폭력이 더욱
심각하게 기술화, 합리화되는 현상이 어떻게 생명과 생명을
담는 그릇으로서의 신체를 고어 자본주의 문제의 핵심으로
위치시키는지를 살펴보았다. 따라서 우리는 이 주제를 정치적
실천이자 인식론적 범주로서의 페미니즘과 연결하는 것이
중요하다고 간주한다. 이로부터 **주변화된 남성성**[1]에 뿌리내린
고어 자본주의 엔드리아고 주체성의 방향을 전환하고 전복할
저항의 여러 축을 제시하기 위해서이다. 주변화된 남성성은
"헤게모니적 남성성 실천의 구조적 요소를 내면화하고 있기
때문에, 그 남성성의 권력 유지에 기여하는 [...] 종속된 사회 계급
혹은 민족 집단에 속하는 남성들"[2]에게서 발견된다. 주변화된

---

1. 코넬(Connell), 마사 사파타 갈린도(Martha Zapata Galindo), 「마치스모를 넘어:
남성성의 구성」(Más allá del machismo: la construcción de masculinidades),
헬프리히(편) 2001, 233.
2. 같은 곳.

남성성은 헤게모니적, 자본주의적, 이성애 가부장제적 남성성에 대한 복종에 근거를 두고 있으며, 이를 통해 스스로를 정당화하며 헤게모니를 얻는 발판으로 삼으려 하는 동시에, 반체제적인 것을 디스토피아적이고 폭력적인 것이라고 이해한다. 그 결과 이들은 시스템이 이들에게 권력, 경제, 남성성의 이름으로 부과한 전제를 의심할 수 없게 된다.

이미 수십 년 전부터, 페미니즘이 단일하지 않다는 것은 명백한 사실이 되었다. 페미니즘은 마치 터지면 작은 방울로 잘게 나누어지는 수은 방울과 비슷한 성질을 가지고 있어서, 그 내부에 더 많아지고, 분리되고, 동맹을 통해 다시 합칠 수 있도록 하는 성질을 간직하고 있기 때문이다. 페미니즘 운동을 이끄는 것은 헤게모니적이고 (이성애) 가부장제적인 시스템의 억압과 폭력에 대한 비판이므로, 고어 자본주의의 역학을 이론화하고 그에 대항하는 행동을 조직화할 때 페미니즘과 따로 떼어서 생각하는 것은 불가능하다. 우리의 당면 과제는 다양한 페미니즘의 입장에서 이 문제에 관해 비판적인 태도를 취하는 것이다. 초창기 페미니즘에서 시작해 오늘날 구체적 현실의 맥락에 기반한 새로운 페미니즘과 포스트페미니즘 역시 고민해 온 다양한 의제를 논의의 장에 올려놓기 위해, 자기비판적인 자세로 우리의 입장을 재정립해야 할 것이다. 새로운 페미니즘은 각각의 미묘한 결, 그리고 특수성에 의해 교차되는 한편, 젠더에 실질적 영향을 미치는 고어적 폭력의 세계화가 급증하면서 야기된 물리적, 심리적, 매개적 영향력에 참여하고 있기도 하다. 이것은 고어 자본주의가 "의도적으로 망가뜨린 서사 전략"[3]을 인위적으로 정립하고 정착시키기 때문이다. 이 전략은 모든 담론의 영역에 영향을 미치며, 특히 미디어가 열과 성을 다해 전달하는 남성 우월주의적 폭력의 형식에서 찾아볼 수 있다.

이 연구에서 제시하는 고어 자본주의의 범주가 모든 맥락에서 유효하거나 동일하게 작동한다고 주장하는 것은 아니다. 하지만 부를 축적하기 위한 도구로서 폭력을 이해하는 방식은

3. 비야플라나, 비야플라나 외 2005, 269.

지정학적으로 멀리 떨어진 다양한 공간에서 점점 더 흔하게 발견되며 세계화되는 추세이다. 자본주의의 생산과 감시의 힘에 의해 결정되는 주체성과 행위성의 창조 과정이 이러한 폭력의 방식과 엮여 있기 때문이다.

여성들, 그리고 이성애 가부장제 범주에 반하거나 하위 주체로 이해되는 모든 주체들은 역사를 통틀어 고어 안에서 살아왔다. 물리적이고 심리적인 극단적 폭력, 그리고 근래 미디어를 통한 매개적 폭력은 우리 일상, 우리 교육의 일부였다. 마치 "악질적이고 야만적인 러시안 룰렛에 우리를 끼워 넣는 낙인"[4]과 같은 역특권처럼, 취약성과 폭력으로 점철된 조건이야말로 여성의 **명백한** 운명(destino manifiesto)[5]에 내재된 것이라고 전제하는 담론[6]이 구축될 때, 폭력이 중추적인 역할을 담당하는 것이다. 고어 자본주의가 행사하는 잔혹한 폭력에 대한 응답을 만들어 가야 하는 것은 바로 우리들이다. 고어 자본주의는 여성스러움과 남성스러움의 견고한 위계로 환원되지 않는 신체의 확장된 스펙트럼에 침투하기 때문이다.

고전적 개념을 검토하고 기존의 이론을 탈탈 털어 갱신하는 것이 요구되는 이 변화의 시대에서, 폭력의 극단성은 우리를 칼날 위에 올려놓는다. 고어 자본주의의 흉포성으로 인해 페미니즘의 유일한 선택지는 새로운 정치적 주체를 생성하는 것이 되었다. 페미니즘의 새로운 정치적 주체는 다른 소수자 되기와 동맹을 맺고, "주체성 생산의 남성 우월주의적 양식, 즉 자본 축적에 있어 조직의 유일한 원칙이 되는 생산 양식"[7]에 대한 응답으로서 "현 사회의 작동 방식과의 결별을 의미하는 여성 되기(devenir mujer)"[8]의 주체이다. 남성 우월주의적 양식 내부에 엔드리아고 되기와 고어 자본주의가 뿌리내리고 있기 때문이다.

4. 리델 2008년 5월 23일.
5. 여기서 우리는 신성한 가부장적 의지에 의한 영토 정복과 관련된 미국의 팽창주의적 정책과 가부장제에 속한 정복된 영토로서 여성의 몸의 행동을 점거/억압/파괴하려는 것 사이의 유사성을 지적하고 있다.
6. 다음 참조. 비야플라나 외 2005; 마루간 핀토스 외, 베르나르데스(편) 2001 참조.
7. 가타리 외 2006, 100.
8. 같은 곳.

오늘날 세계적 강대국에서 사회 운동으로서 페미니즘은
시대에 뒤떨어지고 몰역사적이라는 비판에 시달린다. 심지어
체제에 반대하고 저항하는 집단의 조직화를 옹호하는 진보
운동 진영에서도 예외는 아니다. 이는 다음과 같은 사회의
자기모순으로 드러난다.

> 신랄하게 사회적, 인종적 부정의를 고발하지만 남성
> 우월주의 지배에 관해서 다룰 때에는 이해심 많고 관용적인
> 태도를 보인다. 적절하지도 절박하지도 않은 부자들의
> 스포츠처럼 페미니즘 투쟁은 부차적이라고 설명하고 싶은
> 자들이 한가득 있다. 어떤 억압은 참기 힘들다며 단죄하면서
> 다른 억압은 충만한 시적 감수성으로 받아들인다면 그건
> 바보거나 구역질나게 부정직하거나 둘 중 하나일 것이다.[9]

페미니즘은 "여성이 남성보다 사실상 소득도 적고, 하위직을
차지하며, 무슨 일을 하든 무시당하기 일쑤인"[10] 세계, 이런
측면에서는 제1세계든 제3세계든 그 차이가 미미한 이 세계,
"우리 모두가 복종하며 한 명 한 명 빠짐없이 덫에 걸렸다고
느낀다는 점에서—모든 여성들이 그런 것처럼—자본주의는
평등의 종교"[11]인 세계에서 중요한 문제이다. 자본주의는
난잡하게 과격화된 자유주의와 경제 시스템의 고어화가 야기한
노동 시스템의 균열을 보여 주고 있다.

오늘날 엔드리아고 주체(남성이 대다수)의 시신세력화에
의해 위협당하고 있는, 고어적으로 변해 온 자본주의 시스템이
여전히 이 시스템, 즉 더 뒤틀리고 극단적인 하드코어 자본주의의
새로운 버전에 대한 여성들의 의견에 대해서는 무시로 일관하고
있다는 것은 흥미로운 일이다.

견고한 폭력의 현 조건 아래에서 여성의 역량 강화에
대해서 이야기하는 것이 이상하게 생각될 수 있다. 하지만
자본주의/가부장제 시스템의 탈중심화, 그리고 내부의 균열과
지속 불가능성이 페미니즘과, 페미니즘적 실천에 기회를

9. 데팡트 2007, 24.
10. 같은 책, 17.
11. 같은 책, 26.

제공하고 있다. 이성애 가부장적이지 않은 다른 각도에서
현 세계를 지배하는 조건을 다시 짤 수 있도록 말이다. 즉, 가장
야만적인 버전의 자본주의가 야기한 에피스테메의 단절로 인해
고어 자본주의를 재고하고 페미니즘의 도구를 사용해 고어
자본주의로부터 우리를 멀어지게 해 줄 지속 가능한 담론과
실천을 모색할 수 있는 길이 열린 것이다.

고어 자본주의는 휴머니즘 담론의 토대가 된 근본적인
원칙을 동요시켰다. 그중 하나는 상류층과 마찬가지로 남성
주체가 더 이상 건드릴 수 없는 대상이 아니라는 것이다. 이전에는
존중받았던 이 모든 주체들은 대체 가능한 상품이자 고문과
소멸을 통해 부를 생산할 수 있는 연약한 신체로 변했다.

페미니즘이 여러 나라에서, 특히 북유럽 국가와
스페인의 경우 사법적 평등과 여성을 보호하기 위한 일련의
입법을 통해 구체적 수준의 성취를 이루었다는 것은 명확한
사실이지만, 실제 일상생활 속에서 페미니즘은 여전히 긴급한
문제이다. 페미니즘은 클리셰나 어중간한 성취로 축소될 수
없는 인식론적인 변화, 사회의식의 변화를 나타내기 때문이다.
그러므로 우리가 이해해야만 하는 것은 다음과 같다.

> 페미니즘은 혁명이다. 페미니즘은 마케팅 슬로건을
> 재정비한 것이 아니며 펠라티오나 파트너 교환을 홍보하는
> 움직임도, 언제나 두 번째인 임금을 올려달라는 문제도
> 아니다. 페미니즘은 집단적 모험이다. 여성들을 위한, 하지만
> 남성들과 다른 모두를 위한 것이기도 하다. 이미 시작된 혁명.
> 세계를 보는 하나의 관점. 선택지. 남성이 손에 넣은 작은
> 권리를 여성에게 유리한 방식으로 대항하려는 것이 아니라,
> 모두 다 날려 버리려는 것이다.[12]

우리는 페미니즘이 남성의 문제이기도 하다는 점을 강조하고자
한다. **헤게모니적, 공모적, 주변화된**[13] 남성성의 버전 속에서
실패한다는 것은 남성들 사이에서 상징적이고 감정적인,
어마어마한 대가를 치르는 것을 의미하며, 그들을 극도의 갈등

12. 같은 책, 121.
13. 코넬, 헬프리히(편) 2001, 95-102 참조.

상황으로 몰아넣기 때문이다. 헤게모니적 남성성은 다른 모든 타자와 관계가 분리되어 있다. 따라서 우리는 남성적 젠더 정체성이 변경 가능하다는 것을 기억할 필요가 있다. "특정 순간에 남성적 젠더 정체성으로 표현되는 것은 변화 과정의 결과이기 때문이다. 남성적이라 정의되는 특성에 [...] 의문을 제기해야만 한다. 남성성 역시 오직 사회적·역사적 실천 속에서만 의미가 있기 때문이다."**14** 젠더 정체성은 정체성을 자연스러운 것처럼 인위적으로 정착시키고, 세계와 신체의 젠더화된 사회 구성 — 가해자도 피해자로 바꾸는 — 을 만든 아비투스(*habitus*)의 일부임을 기억해야 한다.**15**

경제적 맥락이 와해되는 현실 앞에서, 군사-소비주의-가부장제-고어 자본주의적 시스템에 기반한 압도적인 현실의 방향을 바꾸는 데 기여할, 상호 주체적인 관계 혹은 주체성의 대안적 형상화**16**의 새로운 형태를 만들어 가려는 움직임이 있다.

트랜스페미니즘과 고어 자본주의

고어 자본주의의 결정적 국면에서, 우리는 사상이자 사회저항의 표현으로서 이해되는 트랜스페미니즘의 출현을 목도하고 있다. 트랜스페미니즘은 지정학적으로 다양한 공간에서 권리 획득을 위해 페미니즘 투쟁이 상정하던 것을 고수할 역량을 지닌다. 또한 그와 동시에 젠더, 육체성, 섹슈얼리티 간 이동성의 요소를 통합한다. 이는 현장에서 적용 가능한 전략, 그리고 들뢰즈적인 소수자, 다양체(multiplicidades), 특이성(singularidades) 개념과 동일시할 수 있는 전략을 만들기 위해서이다. 이러한 개념은 "'여성', '정체성', '자유', '평등'을 변호하는 슬로건으로 축소할 수 없는 재전유와 개입, 즉 '살아 있는 혁명'을 퍼뜨리는 것"**17**이 가능한 그물망과 같은 조직을 구성한다.

접두사 트랜스는 명명하는 대상을 가로지르고, 그 내부의

14. 사파타, 뵈트허(편) 2005, 235.

15. 부르디외 2000, 94.

16. 비야플라나 외 2005, 271.

17. 프레시아도 2009a.

골조를 다시 세우며, 변화시키는 것을 지칭한다. 이를 페미니즘에 적용하면 경유, 아이디어 사이의 유목, 인식론적 매듭을 만드는 전환을 만든다. 이 인식론적 매듭은 사회 구조를 작동시키며, 현실에 가까워지게 하는 매개가 되는 배치 과정으로서의 미시 정치 수준의 함의를 띤다. 이를 통해 "주체성의 생산을 어쩌면 다른 어떤 종류의 생산보다도 중요한 것, 석유나 에너지 자원보다도 더 근본적인 것으로 보는, 오늘날 자본주의를 운영하는 사회적 힘"[18]에 대항하는 반격을 만들어 낼 수 있을 것이다.

트랜스페미니즘의 주체는 일종의 퀴어 다중(*multitudes queer*)으로서, 수행적 물질화(materialización performativa)를 통해 글로컬한 배치를 발전시킬 수 있다. 퀴어 다중의 과제는 지속적으로 범주를 발전시키고 행위성 — 비표준적이고, 절대적 진리도 무류적 행위도 아니며, 탈영토화된 방식으로 다양한 맥락에 적용 가능한 — 에 다다를 수 있는 실천을 수행하는 것이다. "오늘날 전 지구적 스케일로 주체성이 제조되는 방식에 대항"[19]하는 교차성(interseccionalidad)[20]의 조건에서 이들 퀴어 주체는 핵심 역할을 수행한다. 물리적 폭력의 원인과 결과를 가시화함으로써, 폭력의 문제를 입증하는 방식이 "거대 미디어를 유지시키는 경제적 권력을 떠받치고 있는 관객과 시청자 수의 전쟁"[21]에 국한되는 미디어적 현상으로 축소되지 않도록 하는 것이다. 미디어가 그리는 폭력은 "담론적 생산[그리고 부의 생산]의 사회적 현상으로서 여성[그리고

---

18. 가타리 외 2006, 40.

19. 같은 책, 43.

20. 교차성은 변호업과 정책 개발의 분석을 위한 도구로, 다층적 차별을 다루는 동시에 권리와 기회 획득에 접근하는 데 영향을 미치는 정체성의 다양한 결합을 이해하도록 도와준다. 교차성에 대해 더 깊이 이해하기 위해서는 킴벌레 윌리엄스 크렌쇼(Kimberley W. Crenshaw)를 참조하라. 억압과 특권을 동시에 체현하는 다중적 정체성을 만들어 낸 횡단성(tranversalidad)에 대해서는 글로리아 안살두아, 첼라 산도발, 체리에 모라가, 그리고 특히 『나의 등이라 불리는 이 다리: 급진적 유색 인종 여성들의 글쓰기』(This Bridge Called My Back: Writings by Radical Women of Color) 선집을 참조하라.

21. 마루간 외, 베르나르데스(편) 2001, 17.

전반적으로 모든 신체]에 가해지는 폭력의 생산과 재생산"[22]에
기반한 진짜 문제를 왜곡한다.

여기서 분명히 짚고 넘어가야 할 것이 있다. "포스트
식민주의적 퀴어 트랜스페미니즘은 재키 알렉산더(Jackie
Alexander)와 찬드라 탈파드 모한티(Chandra Tapalde
Mohanty)가 자유 시장 페미니즘이라 명명한, 생명정치의 감시와
억압의 요구를 지지하고 여성을 보호한다는 명목으로 검열,
형벌, 범죄화를 시행하라고 요구하는 입장과는 거리가 멀다"[23]는
점이다. 트랜스페미니즘은 현실에 대항하는 페미니즘 담론과
실천을 지향하며, 행위성을 무력화시키는 정치적 올바름과
거리를 둘 뿐 아니라, 페미니즘을 자처하면서 그 아래 가장 포악한
신자유주의적 관행을 감추고 있는 여러 기관들의 쇼윈도 정치
역시 지양한다.

트랜스페미니즘의 배치의 실천은 1980년대부터 미국의
제3세계 페미니즘이 주창해 온 담론을 다른 경로로 이어
가려는 방식이라 할 수 있다. 미국의 제3세계 페미니즘은
첼라 산도발(Chela Sandoval), 글로리아 안살두아, 체리에
모라가 등과 같은 교차적인, 메스티사(mestiza) 주체가 주축이
되어 시작되었다. 산도발의 경우를 보면 도나 해러웨이가
제안한 사이보그, 테크놀로지, 혼종에 대한 담론을 재해석,
재전유, 맥락화함으로써 우리를 부정하고 위축시킨 바로 그
맥락 안에서 행위성과 저항 방식을 생성해 냈다. 에스칼레라
카라콜라(Eskalera Karakola)는 『전유되지 않는 타자』(Otras
inapropiables) 서문에서 이렇게 설명한다.

> 첼라 산도발은 차이의/대항하는 사이보그 의식으로부터,
> 권력의 대항적 테크놀로지를 통해 행위성과 저항의 방식을
> 만들어 나갈 역량이 있는 미국의 제3세계 페미니즘을
> 실천해야 한다고 주장한다. 산도발은 사이보그의 조건이
> 불안정성, 노동 착취, 제1세계 내부에 제3세계를 완전히

22. 같은 책, 9.
23. 프레시아도 2009a.

위치시키는 초국적 질서의 테크놀로지와 관련이
있다고 보았다.[24]

트랜스페미니즘은 지난 2세기 동안 이루어진 페미니즘 운동의
유산인 역사적 기억을 인지하고 있다. 또한 여성의 현실과 조건에
대해 새로운 이론화를 제시하기를 바라는 요청이 포함된다.
이 새로운 이론은 여성뿐 아니라 다양한 육체성과 저항 세력에
대한 것이기도 하다. 이들은 현시대의 속도와 리듬에 맞춰
나아가고 있으며, 노동(과 실천의) 국제적 프레카리아트 계급에
속하는 주체의 구체적인 경제 조건을 고려한다.

　　　이런 상황에서 우리가 주목해야 하는 것은 고도 소비주의적
고어 자본주의의 압도적인 시스템에 대항하는 정치-사회적
네트워크를 만들려는 노력이 지금까지 큰 결실을 맺지 못했고,
젠더 간의 연대 역시 공고히 확장되고 있지 않은 현재의 상황이다.
이런 상황을 야기한 구체적 원인이 있다. 그것은 바로 특권과
권력을 상실할까 봐 두려워하는 가부장제로, 완곡어법으로
표현하자면 사회의 **남성성 제거에 대한 공포**라 할 수 있다.
지배적 시스템을 향한 비판과 저항을 모색하는 주체의 결합과
배치(agenciamiento)는 영역 싸움 안에서 경계를 짓기 위해,
유일한 젠더나 하나의 사회 집단에 대한 소속감을 물화하는 것이
아닌, **여성 되기, 흑인 되기, 원주민 되기, 이주민 되기, 불안정한
주체 되기**의 의식을 경유해야만 한다. 우리가 만들어 가는 저항의
작업은 다른 소수자와 상호 관계를 맺는 과정이어야만 한다.
왜냐하면 저항은,

　　　나머지 사회적 부정의나 차별을 추상화하며 고립된 채로
　　　일어나는 일이 아니라 [...] 모든 종류의 억압, 소외, 박해,
　　　차별에 대항하며 연대하는 공동 투쟁의 성운과 같은 장
　　　안에서만 가능하며 실질적 효과를 거둘 수 있기 때문이다.[25]

남성성이라 이름 붙여진 특권과 힘의 시스템에 대한 **소유권**을
잃을지도 모른다는 (남성 우월주의적) 두려움을 극복하기

24. AA. VV. 2004, 12.
25. 비다르테 2007, 169.

위해서는 그 소유권을 구성하는 특성이 남성 주체에만
배타적으로 속하는 것이 아니라, 젠더나 성적 지향과 관계없이
어떤 주체든 가질 수 있는 성질이라는 것을 증명하는 과정을
거쳐야 한다. 게다가 헤게모니적 남성성에 대한 무한한 복종을
드러냄으로써 주어지는 특권은 변동성이 높은 투자라는 것 역시
밝히는 과정도 필요하다. 어마어마한 이자를 받아 가며 실재적
차원에서는 그 대금으로 타자들의 몸뿐만이 아니라 우리 자신의
몸을 약탈적 파괴의 대상으로 제공하기를 요구하기 때문이다.

이와 같은 이유로 우리의 비대칭성과 공통의 원형 모두에서,
남성 신체가 지닌 본질적이고 배타적인 속성으로 이해되는
남성성[26]이라는 범주의 중심을 무너뜨리는 것이 필수적이다.
이 탈중심화는 여성뿐 아니라 남성에게도 새로운 주체성을 구축할
수 있는 폭넓고 다양한 가능성을 열어 줄, 비체적(abjecta)이지
않은 담론적 재건으로 이어질 것이다. 이 새로운 범주화에는
바이오 여성(bio-mujeres), 바이오 남성(bio-hombres)뿐
아니라 테크노 여성, 테크노 남성,[27] 그리고 젠더 이분법으로부터
비판적으로 해제된 모든 주체가 포함되며, 새로운 행동과 인식의
가능성을 확장할 틀이 만들어질 것이다. "오랜 기간 남성적이라고
정의되어 온 속성들, 이를테면 능력, 힘, 속도, 신체적 우위,
거리낌 없는 공간 사용과 움직임"[28]의 전이는 전례 없는 담론적,
인식론적 변화로 이어질 것이다.

남성성을 탈위계화시키는 것이 가능한 이유는 그것이
남성들에 의해 변경 가능한 수행적 과정이기 때문임을 우리는
알고 있다. 더더욱 잔혹해지고, 급격히 야만적으로 치닫고
있으며, 유혈 사태를 통한 상품의 잉여 가치를 요구하는 자본주의
세계에서 이것은 임박한 변화일 것이다. 이 시스템은,

> [...] 남성의 생계를 보장해 주지 못하는[보장이 된다고
> 해도 점점 더 높은 비용을 치러야 하는] 상황, 즉 일자리가

---

26. 할버스탐 2008 참조.
27. 폴 B. 프레시아도가 사용하는 용어로 '바이오'는 시스젠더를, '테크노'는
트랜스젠더를 가리킨다.—옮긴이.
28. 칸 1994, 279.

사라지고, 노동의 존엄이 박탈당하고, 잔인하고 부조리한 경제적 요구, 행정적 괴롭힘, 관료적 모욕, 뭘 하나 살 때마다 기만당하고 있다는 확신, [점점 심각해지는 폭력의] 상황에 처해 있는 것이다.[29]

이러한 맥락에서, 지배 시스템에 의해 전달되는 헤게모니적 남성성의 요구를 재검토하고 재설정할 필요가 있다. 우리는 이 지배 시스템을 고어 자본주의와 관련해 바라보려 한다. 이미 고어 자본주의와 "더 약하다고 간주하는 사람들에 대한 권력과 권위를 추구하는 가치, 믿음, 태도, 행동의 집합체로 이루어진"[30] 헤게모니적 남성성 사이에는 유사성이 존재한다.

현 경제 시스템의 권력이 극심한 폭력에 기반을 두고 있는 상황에서, 남성성을 문제 삼지 않고는 그에 대한 실질적 저항을 모색하는 것은 불가능하다. 이 남성성은 남성의 신체에도 실재하는 폭력으로 변형되어 나타난다. 호세 앙헬 로소야가 지적하듯이, "연장자들의 기대, 남성들 간의 경쟁, 패거리의 독재, 그리고 최소한 건강하지 않은 습관을 지니고 무모한 행동을 저지르는 정도로 **남자답다**는 것을 확인하고 입증하기 위해 부추겨진 욕구는 다수의 부상, 질병, 죽음으로 귀결된다. 이 모든 것은 유년기 때 시작된다."[31]

트랜스페미니즘과 새로운 남성성

트랜스페미니즘으로부터 새로운 정치적 주체를 구축하고 생성하는 문제는 그 필요성, 효력, 그리고 남성 주체가 자신의 남성성을 구축하는 다른 설정과 조건을 고려하는 것에서 야기되는 도전에 대한 논쟁을 다시금 촉발한다. 이 새로운 남성성은 그저 수행되는 것에서 그치는 것이 아니라 저항의 담론을 만들어 낼 계기로 작동할 것이다.[32]

29. 데팡트 2007, 117.
30. 바렐라 2005, 322.
31. 로소야 2002년 5월.
32. 우리가 여기에서 논하는 것은 특히 라틴아메리카의 현실에 뿌리내린 **남성성**을 재고하고자 하는 것임을 분명히 해 둔다. 특히 이미 라틴아메리카에 기존 남성성에 대항하는 다양한 방식이 존재한다는 사실, 그 저항 방식은 자본주의와 남성

남성성을 이론적-실천적으로 재구성하는 것은 젠더 관점에서 이루어져야 하며 그 해체의 작업을 함께 고려해야만 한다. 페미니즘이 여성 주체를 재설정하고, 그 주체가 헤게모니적이지 않고 생물학에 의해 미리 결정되지 않은 것으로 이동시킴으로써 탈중심화시키는 개념적 도구를 만들어 왔듯이 말이다.

우리가 여성으로 태어난 것이 아니라 여성으로 되어 온 것처럼, 이제는 이 질문을 다시 한번 남성성의 영역에 던질 차례이다. 남성성을 탈중심화시키고, 현실에 더 긴밀하게 발붙이고 있는 새로운 남성성, 남성도 그렇게 태어난 것이 아니라 언제든 바꿀 수 있는 일련의 과정을 통해 남성으로 되어 간다는 사실을 증명해 줄 개개인의 남성성 체현에 기반을 둔 남성성을 구축하기 위해서이다.

권력과 정당성을 가진 자가 그것을 쉽게 포기하지 않으리라는 것은 자명하다. 그럼에도 불구하고, **공모적 남성성**을 발전시키는 침묵의 안락함에 의문을 제기해야만 한다. 마사 사파타 갈린도(Martha Zapata Galindo)는 래원 코넬(Raewyn Connell)[33]의 연구에 기반하여 공모적 남성성을 다음과 같이 정의한다.

> 이 남성들은 헤게모니적 원형을 전투적으로 옹호하지는 않지만 **가부장적 배당**에는 참여하는 특징을 지닌다. 말하자면, 여성을 차별함으로써 얻는 모든 이점을 누린다는 뜻이다. 공모적 남성은 애를 쓸 필요도 없이 물질적 이점, 명성, 지휘권의 수혜를 입는다.[34]

따라서, 남성들의 긴급하고도 막중한 과제는 대부분의 여성뿐 아니라 남성 또한 억압하는 헤게모니적 남성성의 모델을 해체하는 동시에 침묵의 수동성과 결별하는 것이다. 이와 관련해서 명확히 해 둘 필요가 있는 것은, 남성성의 낡고 억압적인

우월주의적 권력의 명령을 공유하지도, 그에 복종하지도 않는다는 사실을 충분히 인지하고 있다. 이들은 가능한 한도 내에서, 비판적인 방식으로 지배적인 정체성과 분리하는 것에 성공했지만, 그 상황이 충분히 가시화되지는 않았다.

33. 남성성 연구의 선구자인 호주의 사회학자 코넬은 트랜스 여성으로, 2006년 이후 사용하는 이름인 래원 코넬이라 옮긴다.—옮긴이.

34. 자파타, 뵈트허(편) 2005, 233.

양식으로부터 탈각되기를 원하고/추구하고/필요로 하는 많은 남성 주체가 존재하며, 이로부터 기존 남성성과 결별하거나 젠더에 불복종하는 것이 쉬운 일이 아님을 알 수 있다는 점이다. 루이스 보니노(Luis Bonino)는 다음과 같이 설명한다.

> 몇몇 남성이 새로운 것을 맞닥뜨리고 느끼는 불안과 불신, 전통적이지 않은 남성성 모델의 부재, 여성들과 동맹을 맺은 남성들의 고요한 고립─많은 경우 공개적으로 이에 관해 밝히기를 부끄러워한다─이 제동을 거는 요소들이다. 전통적 모델을 위반하는 것에 대한 검열은 동료 남성의 판단을 결정적으로 의식하는 남성들에게 매우 효과적으로 작동한다.[35]

전통적 남성성과의 결별로 인한 비용에도 불구하고 그것을 단행해야 하는 이유는 그렇게 해야지만 다른 방식의 저항을 생산하는 진정한 동맹을 구상할 수 있으며, 권력이나 폭력과는 다른 장소로부터 정당성을 찾는 행위 주체성을 진전시킬 수 있기 때문이다.

젠더 범주로서의 남성성을 분석하는 작업이 최근에야 발전하기 시작했다는 점을[36] 페미니즘의 궤적과 관련 지어 생각해 본다면, 남성 젠더의 해체에 대해 둔감한 낙천주의의 입장에 설 것이 아니라 신중하게 접근할 필요가 있다. 헤게모니적 남성성의 해체가 딱히 새롭지도 바람직하지도 않은 새로운 남성성을 구축하는 것으로 귀결될 수도 있다는 것을 감안해야만 한다. 1980년대 미국에서 태어난 전통적 남성성을 재확인하는 집단이나 우리가 이 책에서 다루어 왔던 엔드리아고 주체처럼 반란과 굴종을 동시에 수행하는 집단처럼 말이다. 이들은

---

35. 보니노, 로마스(편) 2003, 127.
36. 라파엘 몬테시노스 같은 남성성 연구 이론가들은 다음처럼 분석한다. "1990년대 들어 남성성 연구가 실질적 존재감을 획득하기 시작했다 하더라도, 이후로도 최첨단 연구 분야로 자리 잡을 수 있도록 정점에 달한 것은 사실상 2000-2005년 사이의 시기에 일어난 일이다." 몬테시노스 2007, 9. 마사 사파타 갈린도와 같은 다른 연구자들은 남성성 연구가 근래에 시작된 것이기는 하지만 "남성성에 대한 비교문화 연구와 함께 상당히 일찍 시작되었던" 인류학 분야는 예외라고 지적한다. 사파타, 헬프리히(편) 2001.

파올로 비르노가 이야기한 **모순적 다중**을 대표한다. 비르노에 따르면 모순적 다중은 "모순적 발전에 열려 있는 존재 방식이다. 이를테면 반란 혹은 굴종, 마침내 성취한 비국가적 공적 영역 혹은 독재 정부의 대중적 근간, 주인에게 굴종하는 노동의 폐지 혹은 **무제한**의 유연성처럼 [...] 불가피하지만 양면적인 출발점이다."**37**

비르노는 이러한 **모순적 다중**을 물화하지 않으려면, 이들을 **탁월한 혁명적 주체**의 범주(남성 우월주의적이고 수직적인)로 해석해서는 안 된다고 경고한다. 헤게모니적 남성성의 해체를 추동할 때 우리가 반드시 염두에 두어야 하는 지점이다. 또한 변화와 새로운 남성성의 창조를 추동하는 것은 양날의 검이라는 것 역시 명심해야 한다. 우리가 근본적으로 — 어원적 의미에 따라 '근본적'은 뿌리로 돌아가는 것으로 이해한다 — 자기비판적 입장을 견지하지 않는다면, 그 결과는 예측 불가능할 뿐 아니라 디스토피아적일 수도 있기 때문이다.

그러므로 남성성을 해체하고 복수의 남성성을 생성하는 움직임은 젠더 관점과 트랜스페미니즘과 함께 갈 수밖에 없다. 여기에서 트랜스페미니즘은 여성의 사회적 운동뿐 아니라, 디스토피아적이지 않은 새로운 정체성(여성과 남성 모두를 포함한)을 만들어 내고 이해하기 위한 인식론적 범주를 의미한다. 새로운 주체적 동맹을 구축하기 위해서는 젠더에 대한 이분법적이고 위계적인 전제에 매달리는 것을 지양할 필요가 있다. 우리가 젠더에 대해 아는 것은 극히 일부분일 뿐이며, 보통 클리세와 고정관념, 혹은 우리 자신의 정체성의 투사로부터 타자의 정체성을 구축하려는 유아론적 유혹에 빠지기 때문이다. 이러한 자세는 어떤 새로운 것도 만들어 낼 수 없다. 정체성을 확립시키려 할 뿐 입장을 세우려 하지 않는 이분법을 벗어난 코드화된 범주를 고안해 내지 못하기 때문이다. 남성은 여성이 아니며, 여성도 남성이 아니지만, 남성이 남성인 것도 아니다. 혹은 여성도 여성을 여성으로 인정하는 담론 밖에서는 여성이 아니다.

남성들이 자신을 해체하고 재창조하려 할 때 이성애

37. 비르노 2003, 19.

가부장제와 남성의 자기 확인 도구로서의 폭력에 의해
정해진 한계를 넘어서 스스로를 위한 공간을 찾는다는 사실은
전략으로서 극도로 중요한 지점이다. 이에 대해 이치아르 시가는
우리에게 가부장제의 질서를 사취해야 한다고 선동한다.

> 나는 활동가 하비에르 사에스가 베어[38]와 가죽 좋아하는
> 호모는 마초에 대한 배반을 체현한다고 한 말에 영감을
> 받았다. 건장한 체격에 덥수룩한 수염과 가슴 털을 가진
> 이 신사분들은 빌어먹을 호모 새끼가 아니라 진정한 남성인
> 것처럼 보인다. 본래 숙명은 여성을 굴복시키는 것이었는데
> 이들은 항상 우뚝 선 주먹을 서로의 금지된 구멍으로
> 넣길 선호한다. [...] 작업복을 입고 가슴에 털이 난, 수염과
> 테스토스테론 과잉 이미지를 한 배관공이 게이일 수도
> 있음을 알아차리는 것은 이성애 가부장주의의 입장에서는
> 곤혹스러운 일이다. 거기에 바로 하비에르 사에스가 지적한
> 배반이 위치한다. 마초 정체성의 표지를 드러내는 남성이
> 남성 패닉의 끝없는 목록 중에 가장 가증스러운 유령,
> 즉 그들이 마음속 깊은 곳으로부터 호모라는 것을 체현하기
> 위해 그 표지를 우회해서 사용한다는 것. [...] 마초 정체성보다
> 더 외롭고 궁지에 몰린 정체성은 없다. 나는 단 한순간도,
> 조금이라도 여성적인 것(열등한 것의 동의어)은 자기 내부에
> 살고 있지 않다고 스스로에게 상기시키기 위해 시종일관
> 호모와 여성을 공격하고 모욕할 필요를 느끼는 저들의
> 껍데기 안에 들어가고 싶지 않다. 오직 자신들이 헤게모니를
> 가졌다는 것을 확인하기 위해서, 그것도 속으로는 가짜인
> 걸 알면서도. 언젠가는 남성성 연극의 무게가 견딜 수 없어질
> 것이기 때문이다.[39]

퀴어[40] 운동이 정체성 자체에 기반을 둔 것이 아니라 권력에

38. 1970년대 미국 샌프란시스코의 게이 커뮤니티에서 쓰이기 시작한 용어로,
베어(Bear)는 체구가 크고 털이 많은 남성을 가리킨다.—옮긴이.

39. 시가 2009, 119-120.

40. 퀴어(queer)는 18세기부터 욕설처럼 쓰였던 단어로, 1980년대 말 미국에서
"여러 작은 그룹들이 정치적 행동과 정상화에 대한 저항의 지점으로 삼기 위해
모욕적 표현인 퀴어를 전유하기로 결심"했던 것을 계기로 변화해 쓰이기 시작했다.

맞서는 실천적 입장으로 제기된 것이기 때문에 주체성을 다시 해석할 수 있는 자원이라는 점을 감안하면, LGBTI[41] 집단의 행동 모델에 대한 낙인을 제거할 필요가 있으며 또한 주체성 재창조에 퀴어 운동이 기여한 성취를 검토할 필요가 있다. 퀴어 운동의 실천은 성적 선호에 기반하거나 어떤 본질에 특정되지 않는 효과적이고 공적인 저항이 되어 왔다. 모든 본질을 반동적이고 억압적인 것으로 보고 거부하는 것이 바로 퀴어 운동의 핵심적 비판 내용이었기 때문이다. 폴 B. 프레시아도가 지적하는 부분도 이와 같다.

> 퀴어 운동은 포스트-동성애 운동이자 포스트-게이 운동이다. 퀴어 운동은 이제 더 이상 동성애의 의학적 개념을 따라 정의되지 않으며, 게이 정체성이 신자유주의적 소비사회 안에서 누릴 수 있는 생활 방식으로 환원되는 것에 순응하지도 않는다. 그러므로 이것은 포스트-정체성 운동이라고 할 수 있다. 퀴어는 다문화적 민속 정체성의 하나가 아니라 모든 정체성의 허구를 생성해 내는 배제와 소외의 과정을 주시하는 비판의 입장이다. 퀴어 운동은 동성애자들의 운동도, 게이들의 운동도 아니며, 지배적 이성애 사회가 부과하는 규범에 저항하는 젠더적, 성적 반체제자들의 운동이다. 또한 퀴어 운동은 레즈비언, 트랜스섹슈얼과 트랜스젠더, 이주자, 성 노동자 소외와 같은 […] 게이 문화 내부의 정상화와 배제 과정에도 집중한다. **호모**인 것만으로는 퀴어가 되기에 부족하다. 자신의 정체성 역시 비판 대상으로 삼을 수 있어야 한다.[42]

다시 말해서, 이러한 저항은 그들이 "사회가 소수화의 수많은 과정을 횡단한다"[43]는 것, 하지만 이 소수화 과정 역시 생명정치를 가역적 과정으로 만들며 사회를 횡단하고 있다는 것을 의식하고 있음을 보여 준다. 그리고 이 저항이 시사하는 바는 현재 고어

프레시아도 2009b, 16.
41. 레즈비언(Lesbianas), 게이(Gays), 양성애자(Bisexuales), 트랜스젠더 (Transexuales), 간성(Intersexuales).
42. 프레시아도 2009b, 16.
43. 가타리 외 2006, 94.

자본주의로 대표되는, 보수 경향의 헤게모니적 시스템이 사용하는 물리적 폭력과 완강한 억압 앞에서, 불복종과 통치 불가능성은 사회적 정당성의 관점에서 가장 도외시되는 경로로, 또 가부장적 남성 우월주의가 가장 매도하는 경로로 도래할 수도 있다는 것이다.

정당성의 동의어로서 정상화에 호소하지 않는 퀴어 운동이 우리에게 보여 주는 것은 합법적이고 비합법적인 폭력의 독점 앞에서, 행위성을 유희적, 비판적, 반자본주의적 사회 운동의 시각과 섞을 수 있는 저항의 전선 역시 존재한다는 것이다. 그럼에도 추상적이거나 피상적인 방식으로 이해될 필요가 없는 이유는 이 저항이 소비주의 앞에서의 **퀴어적 저항**의 역할에 대해 자기비판적이고 성찰적인 검토를 내재하고 있기 때문이다.

> 소비는 우리의 몸을 길들인다. 몸의 형태를 결정짓고, 우리의 정체성을 횡단하며, 우리의 정동이 하나의 상표처럼 등록되기를 요구한다. 우리는 주말 게이-트랜스-레즈비언으로만 존재하는, 관계가 상품화되고 돈을 통해서만 이른바 '존재하는 것'에 접근할 수 있는 상업적 게토에 거주하기를 원하지 않는다. 우리를 억압하는 바로 그 톱니바퀴에 의해 결국 소비되기 위해 소비하기를 원하지 않는다.[44]

퀴어 모델이 표상하는 것이 이성애 가부장주의적이고 성차별주의적인 사상의 해체인 이유는 "페미니즘과 반식민주의 전통을 계승한 비판적 기획을 이야기"[45]하고 있기 때문이다. 물론 이것이 만병통치약은 아니지만, 다른 해석의 가능성과 젠더의 요구와 수여의 경직성 외부에서 주체성을 구축/해체하는 기준점을 제공한다. 퀴어성에 대한 반복되는 비판 중 하나는 **퀴어 이론**이 명명된 미국 이외의 맥락에 적용이 불가능하다고 여겨지는 것이다. 하지만 퀴어 이론이 아우르려 하는 실천은 미국적 맥락에서만 배타적으로 적용되는 것이 아니라 지구 곳곳에서 다양한 이름 아래에서, 혹은 심지어 이름조차 가지지

---

44. 「국경에는 자부심이 없다」 선언문 2009년 6월 27일.
45. 프레시아도 2009b, 17.

않았을지라도, 약탈적이지 않은 저항의 힘을 조직하며 동시에 전개되어 온 저항의 실천이라는 점을 분명히 해 둘 필요가 있다.

"단순히 그들의 존재 자체만으로도 이전까지 이성과 체면에 의해 나뉘었던 범주의 경계가 흐려진다"[46]는 이유로 퀴어 주체성의 비규범적 재현을 경멸적으로 여기고 재단하는 것을 멈추는 사회가 도래한다면, 우리는 성별에 따른 보통 이야기하는 소위 '배타적인' 특징이라는 것이 존재하는 것이 아니라 새로운 담론과 새로운 행동 형식의 가능성을 열어 줄 일종의 조합론 안에서 이 특성들이 작용하는 것을 상상해 볼 수도 있을 것이다.

따라서, 남성성이 새롭게 이해되기 위해서는 권력과 헤게모니적 담론의 논리를 따르는 남성성을 복종과 수여의 개념과 분리해야 하며, 트랜스페미니즘, 퀴어 운동, **소수자 되기**와 떨어뜨려 생각해서는 안 된다. 즉, 이 새로운 남성성을 디스토피아적이지 않은 주체성을 주조하는 방식으로 재구성하기 위해서는 이성애 가부장적 형태의 수직적 권력의 행사와 남성성을 결부하지 않는 공간에서 시작된 저항의 움직임이 동반되어야 한다. 이렇게 우리는 **퀴어 되기**의 조건하에서 정치의 개념과 실천을 다시 설정하게 된다. 정치는 퀴어 다중의 변수하에 이해되어야만 한다.

> 이제 우리의 문제는 자유로워진 사람들을 어떻게 통치하느냐에 관한 것이라기보다는, 그 모든 사람들 사이에 어떻게 공유 공간과 담론을 구축하는가에 있다. 우리가 만들어 가야 할 담론은 공통의 현실을 고려하는 담론, 우리가 굴종을 마치 차악처럼 받아들이고 인내하는 상황에 처하게 한 약탈적이고 아귀 같은 엘리트 집단에 거듭 포로가 되지 않도록 해 줄 그런 담론이다. 스피노자가 말했듯이 정치체의 적은 내부에 있으며 그 위험은 특정 개인들에게 응축되고, 그들이 특정한 개인으로 존재하는 이상 통치권을 장악한다면, 새로운 정치의 첫 번째 조건은 바로 그 권력의 공통적 속성을 보살피고 보호하는 것이 되어야 할 것이다. 이것은 타자를

46. 같은 곳.

지배하기 위한 권력이 아니라 공유 공간 내 상호 의존 관계로서의 권력을 의미한다.[47]

여성 되기와 **퀴어 되기**를 고려하는 방향으로 남성성을 재설정하는 것은 친숙한 이분법과는 다른 위치로부터 우리 스스로를 만들어 가야 하는 도전을 상징한다. 기존의 이분법은 이미 알고 있는 경로를 계속해서 따라가서 동일한 결론에 도달하도록 만드는 고정적이고 탈구된 담론으로 우리를 인도할 뿐이다. 이러한 이분법에 직면해서 우리의 연구는 기존 담론을 해체할 수 있는 전략을 제안했다. 젠더 불복종, 은밀하고 우회적인 방법론(실천)의 구제는 퀴어 운동이 이 담론적 한 쌍의 해체를 위해 사용해 온 방식이다. 그 목적은 **살아 있는 혁명**으로 이어질 실현 가능한 다른 저항을 만들기 위함이다. 다시 말해서, "이것은 지역화할 수 없는 혁명적 모델의 이름표를 붙이는 것이 아니라, 네트워크를 확립하고, 문화적 번역의 전략을 제시하고, 집단적 실험의 과정을 공유하는 일이 될 것이다."[48] 그리고 이 혁명의 수렴 지점은 담론적 비판과 물리적이고 전략적인 저항을 만들어 내는 데 있다. 이 저항은 전 세계의 고어 자본주의적 엔드리아고 주체에 의한 폭력의 집행자나 희생자의 대열에 합류하는 것을 방지할 것이다.

47. 갈세란 우게트 2009, 198-199.
48. 프레시아도 2009a.

결론

우리는 고어 자본주의의 경계적 현실과 그 결과 탄생한 폭력에
기반한 인식론적 전이, (마약) 밀매업과 시신권력을 해석할
설명 능력을 갖춘 담론을 제시하고자 이 책을 시작했다. 더불어
세계화에 저항하는 담론 내부에서 비가시화된 세계화의
디스토피아적 면면—그리고 몸에 가해지는 물리적 폭력으로서
이것이 부과되는 현상—을 입증하고자 했다. 또한 지정학적
상황에 기반한 트랜스페미니즘적 관점이 이러한 담론적 접근의
중추가 되어야 함을 제안했다. 이와 동시에 우리는 두 가지
질문에 대한 대답을 찾고자 했다. 우리가 고어 자본주의라는
개념 아래 제시하고 있는 극단적 신자유주의에서 파생된
이 재해석 속에서 어떤 종류의 주체와 실천이 만들어졌는가?
고어 디스토피아나 신자유주의적 고도 소비주의와도 결부되지
않는 주체를 만들기 위해, 인식론적 도구인 동시에 이론이자
사회 운동으로 이해되는 페미니즘은 어떻게 방향을 재설정하고
다른 모델을 제안할 수 있을 것인가?

첫째로, 우리의 연구는 고어 자본주의의 현실을 설명하기
위해서 현장의 담론적 분류 체계를 만들고자 시도했다.
다음 용어들은 우리가 연구하고자 했던 현상의 담론 지도를
형상화한다. 엔드리아고 주체, 나르코 국가, 시장 국가,
시신권력, 시신세력화/시신역량 강화, 죽음애호, 범죄 계급, 고어
프롤레타리아, 범죄의 해적질, 고어 소비, 장식용 폭력, 바이오 시장.
우리는 이 담론적 형상화가 모든 것을 포괄한다거나 현상 자체를
소진시키지는 않는다는 것을 알고 있다. 그럼에도 불구하고,
우리의 주된 관심사는 고어 자본주의를 명백하게 드러내는
용어의 목록이 점점 더 늘어남으로써, 고어 자본주의에 대한
성찰, 설명, 발화의 더 많은 가능성을 열고 세계적으로 확장되고

있는 이 현상에 의미를 부여하는 담론적 코퍼스를 구축하는 것에
있다. 그런 의미에서, 우리의 연구는 고어 자본주의를 고찰하고
담론화한다는 목표를 상당 부분 달성했다.

　　우리가 이 작업의 초반에 제기했던 질문에 관해
이야기하자면, 고어 자본주의를 지배하고 체현하는 주체성으로
등장한 엔드리아고 주체는 우리가 **범죄 계급**이라 명명한 일종의
새로운 국제적 계급을 형성했다. 엔드리아고 주체성은 범죄와
노골적 폭력을 도구로 사용하여 고도 소비주의 사회의 요구와
그에 따른 자본주의적 주체화 과정을 수행할 방법을 모색했다.
이를테면 소비를 통한 사회화의 방식, 국가의 적법성과 국가적
생명정치의 통제와 과도한 감시의 형태의 하나로 폭력을
행사하는 절대적 권력에 대한 실천적인 문제 제기와 같은
것들이다.

　　멕시코에서 벌어지는 마약 카르텔과 국가 간 싸움을
통해, 부의 축적과 시신세력화의 도구로서의 폭력을 행사하는
절대적 권력을 차지하기 위해 엔드리아고가 국가를 상대로 벌인
싸움(그리고 그 반대의 경우)을 살펴보면 우리에게 두 가지
지점을 시사함을 알 수 있다. 한편으로는 마약 밀매업에 결부된
폭력이 계급 간 투쟁을 재해석하고, 고도 소비주의와 좌절감을
통해 재식민화하는 극한의 포스트 식민주의로 이어진다는
사실이다. 다른 한편으로는 엔드리아고 주체가 경쟁력 측면에서
잔혹한 방식으로 국가의 권력을 탈취한다는 사실은 적법한 통제
시스템 안에서 불복종과 통치 불가능성의 실재하는 가능성을
사실에 기반하여 보여 주고 있다. 하지만 이러한 행동의 결과는
그 폭력의 대상이 된 사람들에게는 받아들이기 힘든 것이었다.
이와 동시에 우리는 이러한 종류의 사실에 입각한, 약탈적인,
시신 역량 강화적인 불복종이 권력 중심부가 결정한 규칙과
특정 측면에서 어떻게 의견을 달리하는지, 또 그러면서도 언제나
경제주의적이고 젠더적 복종을 의심하지 않고 고수하는지를
분석했다. 이렇게 남성 우월주의적 위계를 유지하는 방식의
하나로 자본주의 시스템에 소속감을 느끼는 동시에 반대하는
공간이 마련되었고, 엔드리아고 주체의 행위가 효율적인

저항으로서 탈환될 수 있는 가능성에 제동이 걸렸다. 결국 통치 불가능성의 행위는 자본주의적, 남성 우월주의적, 헤게모니적, 폭력적인 틀에 의해 이미 결정된 프로그램에 영합하기 때문이다. 엔드리아고 주체가 일종의 **모순적 다중**에 속할지라도, 그들의 저항이 반체제 활동 —디스토피아적이지 않고 효과적인— 은 반드시 젠더 불복종 문제와 트랜스페미니즘과 함께 가야만 한다는 필요성을 담론의 지도에 그려 넣었다는 것을 간과해서는 안 된다. 시민 사회에 적극적으로 참여할 수 있는 공통의 대안을 만들어 내야만 한다.

이러한 전망 앞에서 두 번째 질문에 답하자면, 우리는 고어 자본주의와 (트랜스)페미니즘의 연결점에 대해 고찰했다. 두 현상 다 세계화의 맥락 속에서 등장했으며, 서로 다른 의도에도 불구하고 세계화의 요구 앞에서 반체제적인 투쟁의 방식으로 형성되었기 때문에 둘 사이에는 폭넓은 연결점이 존재한다. 이런 의미에서 트랜스페미니즘이 고어 자본주의의 엔드리아고 주체성에 맞서 디스토피아적이지 않은 다른 방식의 저항의 방향을 모색하고 그려 내는 가능성으로 자리 잡은 것이다. 트랜스페미니즘은 이러한 저항이 생물학이나 정체성 중심 혹은 민족주의적인 요소에 기반하지 않은 동맹으로부터 생겨나야 하며, 진보적 운동에 의해 이용되는 데도 극심하게 반동적인 이러한 운동의 계율을 타파하고 우리가 여기에서 퀴어 되기라고 명명한 것을 향한 참여, 저항, 배치의 파노라마를 열어야 한다는 것을 보여 준다. 이것은 사회적 실천 속에 이미 자리 잡고 있던 수행적 행위를 담론적 저항의 지도에 위치시킨다. 그 수행적 행위란 언어를 매개로 실현된 상징적 폭력 행위의 역전을 통해 이루어지는 것으로, 이를테면 공적, 사적, 학문적 공간에서 일어나는 반체제적 점거-시위-가시화와 같은 것이다.

엔드리아고 주체를 제1세계와는 거리가 먼 지정학적 역동의 산물로 간주하는 서구 우월주의적 사상의 모델과 관련해서, 우리는 고어 자본주의를 설명하는 용어가 담론에 포함되고 사용되어야 한다고 요구한다. 고어 자본주의 현상이 국경 지역과 제3세계화된 공간에서 더 두드러지는 현상이라는 사실이, 이러한 용어가 아직은 잘 드러나지 않지만 이미 제1세계 사회에도 정착 중인 고어 자본주의가 향후 변주될 때의 분석 도구로 적절하지 않다는 것을 의미하지는 않는다. 고어 자본주의의 엔드리아고 주체가 많은 문화에서 남성성이 형성되고 강화되는 방식과 관련이 있다는 것은 부정할 수 없는 사실이기 때문이다. 우리는 남성성을 수행하는 방식이 관계적이고, 맥락적이며, 문화에 따라 다양하게 변한다는 것을 알고 있다. 하지만 반복해서 드러나는 헤게모니적 남성성의 특징 중 하나로 폭력을 통해 남자다움[1]을 증명하려 하는 성향이 있으며, 엔드리아고 주체는 이를 문자 그대로 현현하는 존재라 할 수 있다.

우리는 고어 자본주의 현상을 동질화하려는 것이 아니며, 우리가 이 책에서 제안한 동일한 범주 아래에서 그 변주로 드러나는 현상을 읽어 낼 수 있다고 주장하려는 것도 아니다. 하지만 우리의 연구가 고어 자본주의 현실 중 하나에 접근하기 위한 안내도 역할을 할 수 있음을 보여 주려 한다. (서구 우월주의적 사고에 입각해) 제3세계의 고어를 시스템 적용의 실패를 보여 주는 구조의 파괴나 해체로 해석해서는 안 된다. 이렇게 제3세계의 현실을 계급화하며 (신)식민주의적인 방식으로 해석하는 방식은 제3세계의 이러한 **탈구조**를 다른 위치로부터 사고하지 못하게 하기 때문이다. 그뿐 아니라 제3세계의 실패가 잘못 적용된 미완의 기획—스피박이 분명히 밝히듯, 근대성과 국가는 유럽의 소유물이다—의 결과가 아니라 오히려 하나의 징조이자 제1세계의 미래에 펼쳐질 운명의 전경임을 내다보지 못하게 막고 있기도 하다. 자본주의의 세계적 논리로 인해 제3세계에서 가속화되고 지나치게 뚜렷한 형태로 고어화되어 드러나고 있을 뿐이다.

　　우리는 제1세계 경제, 합법적 국제 금융 시장, 제3세계 경제, 불법 시장(마약, 무기, 인신매매업과 관련이 있는) 간의 관계를 지적했다. 특히 멕시코의 마약 밀매업과 이를 둘러싼 공적 담론과 비공식 담론을 집중해서 분석했다. 다수의 엔드리아고

　　　　1. 부르디외 2000, 67-71 참조.

주체와 권력의 역학이 진전되었던 분야이며, 그 역학 속에 기입된 엔드리아고 주체가 고어 경제와 세계 자본주의 사이에 불가분의 연결 고리를 만들어 냈기 때문이다.

고어 자본주의에 대한 우리의 연구에서 또 하나의 중심축은 물리적, 상징적, 매개적 폭력과 몸 사이의 관계를 생각하는 것이 얼마나 중요한지 가시화하는 것이었다. 고어 자본주의에서 폭력은 가차 없이 행사되며, 이것은 고어 자본주의의 가장 근본적인 특징이다. 우리는 예외 혹은 외부라고 간주되는, 그래서 가치가 없다고 여겨지는 곳의 불길한 유예 상태 속에서 살고 있는 자들의 신체와 유령화된 삶이 겪는 폭력과 고어 자본주의가 연결되는 지점을 고찰하려 했다. 우리의 연구를 통해서 이러한 유령화된 삶이 단지 존재하는 것을 넘어서 살아 있는 삶으로 변화되고 가시화될 수 있도록 만들고자 했다. 하지만 우리가 자본주의 시스템을 완전히 제거하자고 주장하는 것은 아니다. 우리의 삶과 긴밀하게 얽혀 있고 사회적으로 추앙받고 있는 이 시스템을 완전히 없앨 수 있다고 상상하는 것은 망상에 가깝기 때문이다. 우리는 고어 자본주의에 대한 비판을 구체화하는 과정이 "깨끗하지도[본질주의적 순수성의 측면에서], 아름답지도, 신속하지도"[2] 않으리라는 것을 안다. 그것이 우리의 지향점도 아니다. 우리는 폭력의 가시화를 통해 주체가 비판적이고 저항적인 의식을 만들 수 있으리라 기대하는 것이다. 그리고 그 의식이 주체를 적극적 존재로서 행동하도록 이끌고, 행위성을 갖춘 책임감 있는 상호 주관적 협의를 공동으로 창출하며, 보수적 신자유주의뿐 아니라 이성애 규범적 좌파의 저항이 투영하는 사고 체계가 틀릴 수도 있다는 가능성을 의심하기를 바라는 것이다. 양쪽 진영 모두 서구 사상의 기반이 된 이분법에서 탈피하지 못했고 오늘날 현실에 사실상 적용하기 어렵기 때문이다.

신체정치(la política corporal)의 유효성은 우리의 몸이 모든 행위의 저장소라는 사실에 근거한다. 몸은 관계적이며 사건의 필수적이고 적극적인 부분이자 사회화의 매개물, 연결

2. 파커(Parker), 모라가 외(편) 1988, 191.

고리이며 우리 모두가 공유하는 최초이자 최후의 거주지이다. 이것이 우리를 본질주의적, 피해자적이며 연약하고 비정치적인 입장에 놓이도록 하는 것이 아니라 그 반대로 몸을 고어 자본주의 논의의 중심으로 (다양한 단계적 차이 속에서) 고려하는, 정치적으로 적극적이고 (트랜스)페미니즘적인 입장을 가지도록 한다. 몸이야말로 우리를 묶어 줄 수 있는 가장 내밀하고도 보편적인 참조점이기 때문이다. 주디스 버틀러의 말에 따르면,

> 이것은 우리 각자가 부분적으로는 몸—욕망과 취약성의 장소, 자기주장이 강한 동시에 외부 요인에 노출된, 공공성의 장소로서의 몸—의 사회적 취약성에 의해 정치적으로 구성되어 있다는 의미이다. 상실과 취약성은 우리가 사회적으로 구성된 몸들이라는 사실, 즉 애착 관계를 상실할 위험을 감수하면서 다른 사람들에게 애착을 가지며 타인에게 노출됨으로 인해 폭력의 위험에 놓이면서도 타인에게 노출되어 있다는 사실에서 유래하는 것 같다.[3]

우리가 우리 몸의 취약성에 의해 스스로를 정치적으로 구성한다면, 우리는 몸의 취약성을 반론의 여지가 없는 사실로 인정해야만 한다. 나에 대한 타자의 극단적 행위로서의 폭력은 실현 가능한 최악의 질서를 보여 주는 것으로서, "통제권을 잃고 타인의 의지에 내맡겨지는 방식, 타인의 의도적 행위로 인해 삶 자체가 말소될 수 있는 방식"[4]이다. 고어 자본주의의 폭력은 그 폭력의 행사자인 엔드리아고 주체를 포함한 우리 모두를 가로지르는 횡단적 요인이다. "이 취약성이 [...] 어떤 사회적, 정치적 [그리고 경제적] 조건하에서는 크게 악화되는데, 특히 폭력이 삶의 방식이 되고 자기방어를 확보할 수단이 제한되는 조건하에서 더욱 그러하"[5]기 때문이다.

우리는 또한 취약성과 폭력은 지정학적으로 분포한다는 것을 기억해야만 한다. 하지만 이 지정학적 거리나 근접성이 타인의 물리적 삶에 대한 우리의 책임을 면제해 주지는 않는다. 물리적

3. 버틀러 2006, 46. 버틀러, 『위태로운 삶: 애도의 힘과 폭력』, 47-48.
4. 같은 책, 55. 한국어판, 59.
5. 같은 곳.

취약성이 전 지구적으로 극단적으로 불공평하게 분포한다는 사실을 인식하지 못하도록 만드는 제1세계적 안전함에 대한 감각을 경계해야 한다. "그 취약성을 사유에서 배제하는 일, 그것을 추방하는 일, 다른 모든 인간적 고려를 무시하고 우리 자신의 안전을 보장하는 일은 우리의 태도와 방향 설정을 위한 가장 중요한 자원 중 한 가지를 뿌리째 없애 버리는 일이다."**6**

우리의 몸을 사유한다는 것은 정치적, 경제적 규범의 단일한 방향성을 문제 삼으며 다른 길을 모색한다는 의미이다. 따라서 우리는 우리를 아무것도 하지 않는 상태로 국한할 것이 아니라 성찰적 과정을 구상하도록 이끄는 정치적 자원으로서 고통을 사유해야 한다. 그 성찰적 과정은 고통 자체와 동일시하도록 우리를 이끌고 상호 주관적인 네트워크를 만들 수 있게 해 줄 것이다. 이를 통해 우리는 경제를 이해하는 방향을 재설정하도록 요구할 수 있으며, 우리의 몸을 표적으로 삼는 디스토피아적 결과에 맞설 수 있을 것이다.

현재의 질서를 바꾸기 위해서는 폭력 숭배와 결부된 일련의 행동을 멈추는 것이 필수적이다. 그러기 위해서는 폭력을 별일 아닌 듯 취급하는 것을 그만두어야 하며 폭력을 낭만화하고 매혹적 후광으로 둘러싸는 것을 그만둬야 한다. 우리는 미디어가 폭력의 실질적인 영향력에 대해서는 보도하지 않으면서, 폭력을 스펙터클화하고 과잉 생산함으로써 폭력 숭배에 일조한다는 것을 명백히 밝혀야 한다. 더 이상 지나치게 전문화된 폭력의 기술에 감탄해서는 안 되며, 신체를 파괴하고 부를 획득하는 살인 청부업자, 사이코패스, 압제적 통치자, 마피아에 대한 집단적 상상을 우상화해서는 안 된다. 이 새로운 시신남근로고스 중심주의(necrofalologocéntrico) 질서를 신격화하는 일을 멈춰야 한다.

우리가 몸을 결합의 현장으로서 거론할 때, 몸의 정상화나 규범화에 호소한다기보다는 살아 있는 존재의 물리적이고 물질적인 구조를 이야기하고자 한다. 우리가 몸에 대해서

6. 같은 책, 56. 한국어판, 61.

이야기하는 것은 "우리의 몸이 어떤 의미에서는 우리의 것이며, 우리가 몸에 대한 자율권을 가질 자격이 있다는 주장"[7]의 중요성을 말하기 위한 것이다. 우리는 타인의 몸에 가해진 폭력으로 인한 고통을 사유할 수 있어야만 실재적 차원에서 타인과의 관계를 회복할 수 있을 것이다. 우리가 그 폭력을 정당화하기를 거부하고 타인의 몸에 깃든 삶을 지킬 가치가 있는 것으로 생각해야만 역량 강화의 디스토피아적 수단으로서의 죽음을 사유할 수 있을 것이다.

그러므로 몸에 대해, 몸에 가해지는 폭력에 대해, 몸 안에서 겪는 폭력에 대해 이야기하는 것이 필요하다. 상처 입은 살아 있는 육신은 멜로드라마적 은유[8]가 아니다. 어떤 경우에도 은유가 될 수 없기 때문이다. 죽은 몸의 중요성은 텔레비전 채널을 돌리는 어느 오후에 2초간 떠 있는 이미지로 환원되지 않는다. 육신과 육신의 상처는 실재하며, 상처를 입은 사람에게 물리적 고통을 야기한다. 몸을 근본적 개념으로 상정하는 것은 신체 환원주의로 낙인찍힐 수 있다는 것을 알고 있지만, "역으로, 연관되는 개념(사람, 나, 개인과 같은)을 모색할 때도, 정치적 이론과 행위의 기반으로서 도덕적 자율권이 부여된 개인에 대한 18세기 자유주의 이상을 재구축하는 것과 유사한 위험이 있다."[9]

우리는 몸을 유령화하는 매체의 담론으로부터 몸을 해방하여 몸의 강력한 힘과 중요성을 보여 줄 필요가 있다. 우리가 몸을 존재론적 견지에서 다시 생각할 수 있다면, 가부장적 고어 자본주의 체제 내에서 죽음의 무게에 다시 의미를 부여할 수 있게 될 것이다. 몸과 몸의 고통의 재의미화는 공적 공간에서 퀴어 다중을 통해 발전된 언어, 비평, 수행적 실천으로부터 올 것이다. 우리는 몸과 폭력의 현실에 발화의 힘을 되돌려주어야 한다. 어떤 사람의 죽음 앞에서도 의미를 구성할 수 있어야 한다. 타자의

7. 같은 책, 51. 한국어판, 54.

8. 우리가 말하는 몸의 취약성은 피해자적 멜로드라마의 규칙 아래 이해해서는 안 된다는 점을 강조하고자 한다. 레이 초우(Rey Chow)의 견해를 따르는 니르말 푸위가 강조하듯이, "모욕하는 것과 신성화시키는 것은 이상화라는 동일한 상징적 질서에 속한다." AA.VV. 2008, 247.

9. 하비 2003, 143.

죽음과 고통이 모두의 몸을 전율하게 하도록 만들어야 한다. 폭력 행위를 인위적으로 자연화하고, 합의되지 않은[10] 극단적 고통은 오직 타인들의 몸에 일어나는 일이라고 이야기하는 스크린의 보호 아래 폭력을 비가시화하는 뉴스 매체가 만든 구성 개념(constructo)을 해체해야 한다.

몸의 재/의미화는 헤게모니적 남성성에 대한 1인칭 시점의 해체와 비판 없이는 불가능한 상상이다. 대문자 남성성을 지역화된 복수의 남성성들로 재설정하는 것의 효력은 실질적으로 이 새로운 남성성이 이미 존재하고 있으며 헤게모니적 남성성에 저항하고 있다는 사실로 정당화된다. 이 효력은 자본주의, 그리고 폭력 행위와 직접적으로 관련된 가부장적 남근로고스 중심주의를 해체하는 효력과 명백하게 연계되어 있기도 하다. 폭력은 첫째로 남성적 사회화의 자원이며, 둘째로는 근본적 남성성의 요구 중 하나를 수행하는 것을 기반으로 정당성을 획득하기 위한 결정적 도구로 쓰인다. 경제적 풍요로움과 그것이 가부장적 자본주의 가치 척도에서 부여하는 우위를 통해 권력에 접근하는 것 말이다. 남성성의 방향을 재설정함으로써, 우리는 고어 자본주의의 엔드리아고 주체의 역할을 다른 위치에서 사유할 수 있게 된다.

젠더 범주를 문제 삼기 위해 퀴어 운동이 주조한 저항적 실천 이외에도, 남성적 젠더의 경우에 다른 사회적 기술을 유년기부터 남성적 젠더의 실천 안으로 포함해야만 한다. 그리고 그 사회적 기술은 남자다움을 확인하는 수단이 되는 폭력 행사와 직접적으로 관계되지 않아야 하며, 또한 타인의 고통에 공감하는 능력을 발달시키기 위해 자신의 고통과 대면하도록 만드는 것이어야 한다. 새로운 남성성을 구축하기 위한 이 대안적 구상에서, 유일한 경제적 부양자라는 모토로부터 남성 주체를 분리해야 한다. 노동이 불안정화된 현재 조건과 양립 불가능한 요구일 뿐 아니라, 이러한 요구를 이행하지 못하는

---

10. BDSM처럼 합의된 폭력의 특정 실천이 존재함을 우리가 간과하지 않고 있다는 사실을 보여 주기 위해 부언한다. 우리는 이를 몇 세기 동안 가부장제에 의해 적용된 지배와 복종의 기제의 모방으로서가 아니라 자유롭고, 수평적이고, 자발적인 입장으로부터 행해지는 실천으로 이해한다. 이에 관해서는 다음을 참조하라. 훈옌트(Junyent), 발렌시아(편) 2009.

남성은 좌절감을 갖게 되고 많은 경우 그 좌절감은 공격성으로 바뀌기 때문이다. 남성성을 탈위계화하기 위한 사회적 과업은 유년기부터 모두에게 성차별적이지 않은 교육이 발전하고 구현되는 것에 달려 있다.

지금까지 우리의 연구는 현재 벌어지고 있는 일들과 피할 수 없는 폭력 행위와의 관계에 대한 설명을 찾아보았다. 또한 이것이 폭력에 대한 도덕적 사면이나 심판과 혼동되지 않도록 하려 했다. 단지 도덕적 판단에 제한되지 않고 자본주의의 파생물과 그것이 고어로 귀결되는 상황에서 폭력이 수행하는 중추적 역할과 성격에 대해 재고할 수 있도록 말이다.

우리는 우리 선택지의 한계를 넘어 사유할 수 있게 해 준 트랜스페미니즘과 연계해 연구 작업을 발전시키려 했다. 다시 말해, 우리는 각각의 구체적이고 억압적인 맥락 안에서 대응할 수 있는 전략을 세울 수 있도록 이론적이고 실천적인 도구를 만들어야만 한다. 다른 선택지가 없는 상황에서 현재의 선택지를 무효화하거나 사형 선고를 내리지 않고, 재의미화하는 조건으로 변화시킬 수 있어야 하는 것이 분명한 상황이기 때문이다. 결론적으로 고어 자본주의가 유일한 선택지로서 전 지구적으로 모습을 드러낼 때, 우리는 이 선택지가 우리를 죽이지 않고 우리를 재의미화하고 우리 스스로를 다시 사유할 수 있게 만들어야 한다.

마지막으로, 세계화의 결과로서의 고어 자본주의는 우리에게 시스템의 디스토피아를 보여 주지만, 동시에 "현대 사회의 주체는 한계를 넘어 흐른다. 사회적이고 윤리적인 '나'라는 차원은 무질서의 중심이다"[11]라는 것 역시 보여 준다. 다시 말해, 시스템의 균열은 자신의 실존적 조건에 대한 비판, 부적응, 불복종을 통한 배치의 재발명에 근거를 둔 주체가 시스템에서 탈주하는 길을 찾는 경로를 보여 준다. 미시정치적이고 효과적인 저항을 통해, 시스템을 위반하고 투쟁하는 삶을 가능케 하는 길을 찾는 것이다.

11. 비야플라나 2008, 63.

맨 처음

[시작: 날짜: 12세기. 1. 무언가 시작하는 지점: **착수**.
2. 첫 부분. 3. **근원, 원천**. 4. 기초적 단계 혹은 초기 —
보통 복수형으로 사용된다.]
당신은 멕시코의 역사를 아십니까?
좋아요. 상관없습니다. 별로 알아야 할 것도 없습니다.
다 먼지이고 피입니다.
— 앨런 무어, 「미라클 맨」(Miracleman)

오후 6시, 인수르헨테스 도로 위. 차들은 경이로운 속도로
이동 중이다. 티후아나의 러시아워는 광포하다. 몇 년 전
떠난 이 도시에 돌아올 때마다 맹습을 당한다. 나는 금색
SUV[1]를 운전하고, 갓 성년이 된 여동생은 조수석에 앉아
있다. 내가 떠나기 전부터 티후아나는 숨이 막힐 정도로
사이코패스적이었지만, 오늘 내 눈앞에 펼쳐진 광경으로 새로운
범주의 명명이 필요해졌다. 처음에는, 모르겠다, 처음에는 그저
쇼크와 긴장증, 그리고 실어증과 무력감 이후 이어지는 막연한
욕구뿐이다. 처음에는, 그저 눈물이 글썽거리고 목이 메고, 소리를
지르고 뛰쳐나가고 싶은데 그럴 수 없다. 나는 도로 위에서 운전
중이고 시계를 본다. 어째서 그 시간이 마치 총검처럼 눈에
박히게 될 것인지를 알지 못하고. 어쩌면 예감일지도, 아마도
화약, 흙, 코카인의 잔여물로 희박해진 공기일지도. 나는 가족
트라우마에 대한 이야기와 잡담 사이를 빠르게 오가며 동생과
대화를 나눈다. 우리 차 앞에서 이동 중인 검은색 픽업트럭 —
번호판 없는 최신형 — 을 나는 무심히 지켜본다. 짐칸에는 검은

---

1. Sub Urban Vehicle[혹은 Sport Utility Vehicle — 옮긴이]. 멕시코에서는
오프로드 차량으로 더 잘 알려져 있다.

자루가 잔뜩 쌓여 있고, 나는 거기에 쓰레기들이 담겨 있을
것이라 추측한다.

잡담과 무심함 사이에서, 그 픽업트럭이 도로의 틈새에
걸려 자루 하나가 바닥에 떨어지더니 주행 중인 내 차 앞에서
찢어진다. 그 안의 내용물이 나를 관통한다. 내 망막에 새겨진다.
여전히 어떤 밤에는 반복해서, 느린 동작으로 떨어지는 그것을
본다. 내 차 앞에 한 남성의 토막 난 몸통이 떨어진다. 여전히
머리가 붙어 있는 몸통. 짙은 색 머리카락과 커다란 눈을 가진
젊은 남성, 한 남성의 절반. 나는 방향을 틀어 그 몸을 피하고
차를 세우려 하지만 곧바로 경적 소리가 들리고, 다중 추돌
사고를 피하며 차를 멈추는 것이 불가능한 고속도로를 달리고
있다는 사실을 깨닫는다. 나는 정신을 차리려고 노력하지만,
그럴 수가 없다. 운전대를 꽉 움켜쥔 손이 떨린다. 나는 침묵한다.
조수석을 쳐다볼 엄두가 나지 않는다. 3분이 지나서야 마침내
고개를 돌린다. 나는 동생의 얼굴을, 기다란 목과 옆얼굴을
바라본다. 동생을 제대로 볼 용기가 나지 않는다. 죽은 남성의
절반을 도로에 버려두고 온 뒤에는 도저히. 나는 사실이 아니라고
스스로를 납득시키려 한다. 내가 환각을 보고 있는 것이라고,
이번에는 이 도시가 나에게 정신적으로 무슨 영향을 준 것이라고.

동생은 내가 얼마나 겁을 먹었는지 알아차린 것 같다.
그녀는 고개를 돌리고, 나를 바라본다. 나는 거의 목이 잠겨
거칠어진 목소리로 동생에게 묻는다. "저거 뭐였어?" 그녀는
나를 쳐다보며 내 어깨에 손을 올리고는 말한다. "토막 난 남자
몸통이었어, 사야크. 여기 티후아나야."

그녀의 눈에는 놀라움이 없고, 목소리에서도 두려움의
흔적을 찾을 수 없다. 아니 그런 것은커녕, 흔들림 없는 눈빛과
목소리로 방금 본 것이 사실이 아니라고 해 주길 내가 바랐다는
걸 말하고 있을 뿐이다. 나는 정신을 차리려고 노력하지만, 그럴
수가 없다. 그렇게 쇼크와 긴장증, 그리고 실어증과 무력감
이후 이어지는 막연한 욕구. 우리는 집에 도착하고 나는 모든
인간에게 타인의 시체가 응당 자아내야 할 전율을 떨쳐 버릴
수가 없다. 그 망자는 죽음에 대한 유령화되고 안락한 시야로부터

나를 끄집어낸다. 나쁜 일은 언제나 타자들에게 일어나는 것이라 보여 주는 미디어의 논리에서 나를 뿌리째 뽑아낸다. 조금의 휴머니즘적 징후와도, '다 잘될 거야'주의 혹은 연대적 딜레탕티즘과도 상관없이 내가 바로 그 타자들이라는 것을 깨닫게 한다. 다시 말해, 그 망자가 내게 재확인시키는 것은 내가 젠더, 인종, 계급, 취약성의 지정학적 분포에 의해 관통된 존재라는 점이다. 그 망자가 내게 말해 주는 것은 나 역시 그의 훼손된 몸에 책임이 있으며, 내 시민으로서의 수동성이 내가 무사하다는 사실 자체에 분명히 드러나고 있다는 것이다. 그 망자와 두려움 없는 내 동생의 시선이 내게 말한다. 내가 이것에 대해 무언가 해야 한다는 것을, 그러지 않으면 이것이 내게 무언가 하리란 것을.

그것이 맨 처음이다.

역자 후기

이 책을 번역하며 중남미를 여행했던 기억이 떠올랐다. 아니 '중남미를 여행한다'는 문장 하나가 온갖 심상들을 끌어냈다고 하는 것이 더 정확할 것이다. 꽤 오랜 시간을 글로만 접하던 곳을 직접 경험한다는 것은 중남미 문학을 공부하는 외국인으로서 언젠가는 반드시 일어나리라 믿었던 일이었다. 이제 많은 것들이 기억 속에서 소멸 중인 그 여행에서 떠오른 심상 중 하나는 불편함이다. 그곳의 현실, 특히 내 눈앞에 노골적으로 드러난 빈곤과 폭력의 장면이 여행자들의 말과 글을 통해 볼거리와 특이점으로 정리되는 것을 인지할 때마다, 여행자라는 신분 자체가 누군가의 삶을 샅샅이 소비하는 것을 전제한다는 생각에 마음이 불편했다. 지구 저쪽 어딘가의 생수 한 병 가격으로 여기에서는 무엇을 살 수 있는지를 생각할 때, 진짜 범죄자들이 수감되어 있는 감옥 투어를 할 수 있다고 눈을 빛내며 이야기하던 사람들을 보았을 때, 식민주의의 착취를 그대로 재생산해 내고 있는 온갖 상품을 보며 '누가', '무엇'을 '구경'하려 하는 것인지, 그 경험의 윤리에 대해 생각했다.

여행에서 돌아와 사람들과 이야기하며 자주 들었던 질문은 "중남미는 (한국만큼) 안전하지 않은데, 위험하지 않아요?"였다. 사람 머리를 참수해서 다리에 매달아 놓는다던데. 범죄 때문에 돌아다니기 무섭지 않나? 나르코가, 도둑이, 범죄가, 폭력이, 사람이 살 수 없게, 그렇게. 왜 그렇게 말하는지를 모르는 것은 아니었지만, 나는 아연해졌다. 한국의 치안이 얼마나 안전한지에 감탄하는 외국 사람들의 찬사를 들을 때마다 내 경험과의 아득한 차이에 속이 뒤틀렸고 동시에 깨달았다. 나는 저곳을 여행하며 한국에서보다 공포를 덜 느꼈다는 사실을. 나에게 (성)폭력은 한국에서의 일상, 생활과 너무나 맞닿은 것이어서, 낯선 나라에 있다는 사실만으로도 익숙한 공포로부터 분리되어 마치 더 안전하다는 감각을 느낀 것이다. 실제로 한 지역에서 같은 공간에 있을지라도 마치 서로 다른 패치를 장착한 가상 현실처럼, 남성이 경험하는 공간과 여성이 경험하는 공간은 다르다. 유모차를 끌고 노키즈존 사이를 헤매는 양육자의 경험은, 휠체어를 타고 계단과 턱이 이어지는 길을 통과해야 하는 장애인의 경험은, 공중화장실에서 혹시라도 있을 카메라와 때로는 여자만 죽이려는 남자를 맞닥뜨릴 수 있다는 공포에 시달리는 여성의 경험은, 폭력과 부당한 대우가 걱정되어 화장실 사용을 아예 피하는 트랜스젠더의 경험은 다를 수밖에 없다. 그럼에도 불구하고 어떤 이들은 해맑게 묻는 것이다. "중남미는 한국만큼 안전해요? 하긴 한국보다 안전한 나라는 거의 없죠."

사야크 발렌시아에게 '처음'은 티후아나에서의 어느 날 오후, 픽업트럭에서 떨어진 사람의 몸통. 그리고 그것을 함께 목격했던 동생의 놀라움도 두려움도 없는, 흔들림 없는 그 시선이었다. 훼손된 몸이 "응당 자아내야 할 전율"이 존재하지 않는 세계. 그런 세계에서 살며 아무것도 하지 않으면 우리는 어딘가 망가지게 된다. 그 각성으로 그녀는 자신과 망자와의 관계를 질문하게 된다. 그것이 맨 처음이었다. 나는 여자들의 조각난 몸을 생각했다. 오늘도 어떤 여자가 남자 손에 죽었다는 것이 더 이상 아무런 놀라움을 주지 않는다는 것에 대해 생각했다. 강남역 여성 혐오 살인 사건과 "너는 나고 나는 너다"라는 문구의 의미를 이해할 수밖에 없는 사람들에 대해 생각했다. 한창 이 책을 번역하고 있을 때 N번방 사건이 세상을 뒤흔들었다. 죽은 몸, 학대당하고 훼손당한 몸이 살아 있는 몸보다 더 많은 가치를 생산하는, 남성 우월주의적 폭력을 휘두르는 새로운 범죄 계급의 탄생과 거대한 성 착취 카르텔. 고어 자본주의의 세계를 이보다 더 잘 설명할 수 있을까.

　　그리고 코로나19가 전 세계를 덮쳤다. 발렌시아는 고어적 관행이 제1세계의 주변부에서도 벌어지고 있으며, 이는 세계화 기획이 낳은 당연한 결과라고 지적한다. 이미 전 세계 곳곳에서 취약한 집단이 맞닥뜨리고 있던 비인간화, 소외와 폭력의 고어적 경험. 누군가는 '제3세계 문제'라고 밀어 두었던 그러한 경험들이 코로나19로 급격히 가시화되기 시작했다. 아파서 사람이 속수무책으로 죽고, 의사가 없고, 백신이 없고, 약이 없고, 마스크가 없고, 생필품이 없고, 돈이 있더라도 살 수가 없고, 장례식에 갈 수 없고, 아끼는 사람의 마지막을 함께할 수 없는 것. 통행의 자유가 제한되는 것. 공권력과 국가가 나를 보호하고 도와주는 것이 아니라 위협이 되는 것. 같은 나라, 같은 지역에서도 시민의 권리를 박탈당한 존재들의 삶에 이미 깊숙이 들어와 있던 차별과 폭력을, 코로나로 인해 대다수의 사람들이 경험하게 되었다. 미국과 유럽 국가들이 다른 나라에서 일어나는 상황을 미리 보면서도 아무것도 하지 않았던 안일함. 그 와중에도 전쟁과 탄압을 멈추지 않는 정부들. 자본주의에 모든 것을 맡겨 놓고 공공성이 해체된 결과는 참혹했다. 그 참혹함을 우리 모두가, 하지만 누군가는 더 혹독하게 겪고 있다. 제3세계의 고어 자본주의가 미디어 속의 스펙터클로 소비되고 제1세계의 변두리에서는 예외이자 본보기인 동시에 경계의 외부로 기능했다면, 코로나 이후 스크린을 뚫고 제1세계에도 고어의 경험이 밀어닥친 것이다. 우리 모두는 서로 연결되어 있음을 좋든 싫든 확인하게 되었다. 하지만 이 명확한 교훈 앞에서도 더욱 기승을 부리는 차별을 목도한다. 강대국은 백신에 탐욕을 부리고, 어떤 이들은 전염병을 계기로 소수자들에 대한 혐오를 단단하게 쌓아 올리며, 더 취약한 상황에 내몰린 사람들은 먼저 쓰러진다.

　　이 죽음들 앞에서, 나는 발렌시아가 이야기한 트랜스 페미니즘의 관점을 다시금 생각한다. 최근 쓴 글에서 그는 트랜스 페미니즘이란 단순히 트랜스젠더 담론을 페미니즘에 통합하거나 기존의 페미니즘을 넘어서는 것이 아니라 "이성애, 백인, 생물학 기반, 제도권" 페미니즘에 의해 고려되지 않는 소수자에게 담론의 장을 열어 주는 인식론이자 저항의 움직임이라 이야기한다. 발렌시아는 오드리 로드가 말했던, 여성의 사회적 정의에서 탈각된 "가난하고, 레즈비언이고, 흑인이고, 나이가 많은 여성"에 "원주민 공동체 출신인, 트랜스젠더인, 서구의 미적 기준에 부응하지 않는, 기능적 다양성을 지닌, 난민인, 이주자인, 미등록자인, 취약한, 방언을 하는, 주체화되고 탈주체화된 바로 그 교차성 때문에, 노골적이고 피비린내 나고 무시무시한 폭력의 세계화가 가져온 육체적, 정신적 영향을 받는, 다시 말해 일반적으로 여성화된 몸에 가해지는 고어적 폭력의 대상이 되는 주체들"을 더한다. 발렌시아의 트랜스 페미니즘은 몸을 논의의 중심으로 가져와 몸의 취약성으로부터 우리를 정치적으로 구성하기를 요청한다. 이렇게 구성된 주체인 '퀴어 다중'이란, 문재인 대통령의 성 소수자 차별 발언에 대해 입장 표명을 요구하며 "저는 여성이고 동성애자인데 제 인권을 반으로 자를 수 있습니까?"라고 외치던 활동가이자, 이에 "이런 자리에서 기습 발언할 수밖에 없었던 자매들에게 연대의 마음을 전합니다"라고 응답했던 이주 여성 인권 운동가이자, "우리가 우리를 우리라고 부를 때"라는 말로 침묵을 깨고 함께 싸우자고 이야기한 추적단 불꽃이며, 국가의 적극적인 차별과 혐오로 세상을 떠난 고 변희수 하사의 죽음을 애도하는 우리이다.

번역을 하다 보면 저자의 손을 잡고 낯선 길을 따라 걸어 들어가는 이미지를 종종 떠올리곤 한다. 이 책을 옮기며 발렌시아와 함께 걸었던 풍경은 가 본 적도 없는 티후아나와 코로나 시대의 서울 어딘가를 오간다. 이 책이 희망적이지 않은 세상에 저항할 희망을 만들어 내는 데 작은 손잡이가 되면 좋겠다는 욕심을 내 본다. 이번 책도 역시, 나의 번역에 대한 끝없는 수다와 고민을 함께 나누어 준 아람 언니 없이는 끝내지 못했을 것이다. 마지막으로 부족한 번역자를 인내로 기다려 준 워크룸 프레스의 박활성 편집장께 진심으로 감사드린다.

참고 문헌

단행본

VV. AA. [various authors] 2001: *El legado de Ofelia. Esquizotextos en la literatura femenina del siglo XX*. Madrid: Horas y HORAS.

— 2003: *Territorios de la violencia. Reflexiones desde la literatura*. Mexico: Consejo para la Cultura y las Artes de Nuevo León.

— 2004: *Otras inapropiables. Feminismos desde las fronteras*. Madrid: Traficantes de Sueños.

— 2005: *Políticas de la palabra: Grasset, Marquerie, Molina y Liddell*. Madrid: Editorial Fundamentos.

— 2008: *Estudios Postcoloniales. Ensayos Fundamentales*. Madrid: Traficantes de Sueños.

— 2009: *Los Sopranos Forever. Antimanual de una serie de culto*. Madrid: Errata Naturae.

가르시아 메세게르 1977: García Meseguer, Álvaro. *Lenguaje y discriminación sexual*. Espana: Editorial Motesinos.

가르시아 칸클리니 1989: García Canclini, Néstor. *Culturas híbridas. Estrategias para entrar y salir de la modernidad*. Mexico: Grijalbo.

가타리 외 2006: Guattari, Félix and Suely Rolnik. *Micropolítica. Cartografías del deseo*, Madrid: Traficantes de Sueños.

갈세란 우게트 2009: Galcerán Huguet, Montserrat. *Deseo (y) libertad. Una investigación sobre los presupuestos de la acción colectiva*. Madrid: Traficantes de Sueños.

글레니 2008: Glenny, Misha. *McMafía. El crimen sin fronteras*. Barcelona: Destino. 미샤 글레니, 『국경 없는 조폭 맥마피아』, 이종인 옮김(서울: 책으로 보는 세상, 2008)

기어츠 1978: Geertz, Clifford. *La interpretación de las culturas*. Barcelona: Gedisa.

네그리 외 2006: Negri, Antonio and Giuseppe Cocco. *Global. Biopoder y luchas en una América latina globalizada*. Argentina: Paidós.

니체 1996(1886): Nietzsche, Friedrich. *Más allá del bien y el mal*. Madrid: Alianza editorial.

— 2006(1887): *La genealogía de la moral*. Madrid: Alianza Editorial.

데리다 1998: Derrida, Jacques. *Ecografías de la Televisión*. Buenos Aires: Eudeba.

데이비스 2007: Davis, Mike. *Ciudades muertas. Ecología, catástrofe y revuelta*. Madrid: Traficantes de Sueños.

데팡트 2007: Despentes, Virginie. *Teoría King Kong*. Barcelona: Melusina.

드 로레티스 2000: De Lauretis, Teresa. *Diferencias*. Madrid: Horas y HORAS.

들뢰즈 1989: Deleuze, Gilles. *El pliegue. Leibniz y el Barroco*. Barcelona: Paidós.

들뢰즈 외 1985: Deleuze, Gilles and Félix Guattari. *El Anti-Edipo. Capitalismo y esquizofrenia*. Barcelona: Paidós.

레온 G 2006: León G, Natalia Catalina. *Género, subjetividad y populismo: fantasmagorías de la política contemporánea*. Ecuador: Editorial Abya Yala.

레인절 외(편) 1996: Rangel, Leo and Rena Moses-Hrushoski, *Psychoanalysis at the Political Border*, Madison, CT: International Universities Press

로드리게스 데 몬탈보 2006: Rodríguez De Montalvo, Garci. *Amadís de Gaula*. Dueñas: Simancas Ediciones.

로마스(편) 2003: Lomas, Carlos, comp. *¿Todos los hombres son iguales? Identidades masculinas y cambios sociales*. Barcelona: Paidós.

로페스 파르디냐 외(편) 2003: López Pardiña, Teresa and Asunción Oliva Portolés eds. *Crítica feminista al psicoanálisis y a la filosofía*. Madrid: Instituto de Investigaciones Feministas/ucm.

르 갈로 1988: Le Gallo, Yolande. *Nuevas máscaras, comedia antigua. Las representaciones de las mujeres en la televisión mexicana*. Mexico: Premia Editora.

르 브라쇼파르 2003: Le Bras-Chopard, Armelle. *El zoo de los filósofos*. Madrid: Taurus.

리델 2007: Liddell, Angélica. *Perro muerto en tintorería: los fuertes*. Madrid: Centro Dramático Nacional.

리베라 가레타스 1994: Rivera Garretas, María-Milagros. *Nombrar el mundo en femenino. Pensamiento de las mujeres y teoría feminista*. Barcelona: Icaria.

리베이로 2003: Ribeiro, Gustavo Lins. Postimperialismo. *Cultura y política en el mundo contemporáneo*. Barcelona: Gedisa.

리오타르 1989: Lyotard, Jean-François. *La condición posmoderna*. Barcelona: Cátedra.

— 1996: *¿Por qué filosofar?*. Barcelona: Paidós.

리포베츠키 2000a: Lipovetsky, Gilles. *El imperio de lo efímero. La moda y su destino en las sociedades modernas*. Barcelona: Anagrama.

— 2000b: *La tercera mujer*. Barcelona: Anagrama.

— 2007: *La felicidad paradójica. Ensayo sobre la sociedad hiperconsumista*. Barcelona: Anagrama. 질 리포베츠키, 『행복의 역설』, 정미애 옮김(파주: 알마, 2009).

마르크스 2000: Marx, Karl. *El capital*. Madrid: Akal.

마키아벨리 2004: Maquiavelo, Nicolás. *El príncipe*. Madrid: Síntesis.

말도나도 2003: Maldonado, Calos Eduardo. *Biopolítica de la guerra*. Colombia: Siglo del Hombre Editores/Universidad Libre/Facultad de Filosofía.

메차드라 2005: Mezzadra, Sandro. *Derecho de fuga. Migraciones, ciudadanía y globalización*. Madrid: Traficantes de Sueños.

모라가 외(편) 1988: Moraga, Cherrie and Castillo Ana, comp. *Esta puente, mi espalda. Voces de mujeres tercermundistas de los Estados Unidos*. San Francisco: Ism Press.

몬테시노스 2007: Montesinos, Rafael. *Perfiles de la masculinidad*. Mexico: Universidad Autónoma Metropolitana/Plaza y Valdés.

몬테체몰로 외 2006: Montezemolo, Fiamma, René Peralta, and Heriberto Yépez. 2006. *Aquí es Tijuana*. London: Black Dog Publishing.

미뇰로 2003a: Mignolo, Walter. *Historias locales/diseños globales. Colonialidad, pensamientos subalternos y pensamiento fronterizo*. Madrid: Akal.

민하 1989: Minh-Ha, Trinh T. *Women, Native, Other*. Bloomingston: Indiana University Press.

바레스 2007: Bares, Mauricio. *Posthumano*. Oaxaca de Juárez, Mexico: Editorial Almadía.

바렐라 2005: Varela, Nuria. *Feminismo para principiantes*. Barcelona: Ediciones B.

바르트 1990a: Barthes, Roland. *La aventura semiológica*. Barcelona: Paidós.

— 1990b: *La cámara lúcida. Nota sobre la fotografía*. Barcelona: Paidós.

바벨 1920: Babel, Isaac. *Diary*. New Haven: Yale University Press.

바예호 1997: Vallejo, Fernando. *Logoi. Una gramática del lenguaje literario*. Mexico: Fce.

바타유 1989: Bataille, Georges. *The Tears of Eros*. San Francisco: City Lights Books.

— 2002: *El erotismo*. Barcelona: Tusquets.

발렌시아(편) 2009: Valencia, Triana, M. comp. *Latin Queer*. Madrid: Centaurea Nigra Ediciones.

버먼 1991: Berman, Marshall. *Todo lo sólido se desvanece en el aire: experiencia de la modernidad*. Madrid: Siglo xxi.

— 2002: *Aventuras Marxista*. Madrid: Siglo xxi.

버먼 외(편) 1993: Burman, Erica and Ian Parker, eds. *Discourse Analytic Research*. London: Routledge.

버틀러 2001: Butler, Judith. *El género en disputa*. Mexico: Paidós.

— 2004a: *Lenguaje, poder e identidad*. Madrid: Síntesis.

— 2004b: *Undoing Gender*. New York/London: Routledge.

— 2006: *Vida precaria*. Argentina: Paidós. 주디스 버틀러, 『위태로운 삶: 애도의 힘과 폭력』, 윤조원 옮김(서울: 필로소픽, 2018)

베르나르데스(편) 2001: Bernárdez, Asunción, ed. *Violencia de género y sociedad: una cuestión de poder*. Madrid: Ayuntamiento de Madrid.

벤야민 1999: Benjamin, Walter. *Para una crítica de la violencia y otros ensayos*. Madrid: Taurus.

— 2001: *Poesía y capitalismo*. Madrid: Taurus.

— 2008: *Tesis sobre la Historia y otros fragmentos*. Mexico: Editorial Ítaca.

보드리야르 2000a: Baudrillard, Jean. *Las estrategias fatales*. Barcelona: Anagrama.

— 2000b: *El Crimen Perfecto*. Barcelona: Anagrama.

— 2002: *Contraseñas*. Barcelona: Anagrama.

보르헤스 1999: Borges, Jorge Luis. *Manual de zoología fantástica*. Mexico: Fce.

— 2000: *El Aleph*. Madrid: Alianza Editorial.

볼케이노 외 2008: Volcano, Del Lagrace and Ulrika Dahl. *Femmes of Power. Exploding Queer Femininities*. London: Serpent's Tail.

뵈트허(편) 2005: Böttcher, Nikolaus, ed. *Los buenos, los malos y los feos: poder y resistencia en América Latina*. Frankfurt am Main: Vervuert.

부르디외 1979: Bourdieu, Pierre. *La distinction*. Paris: Editions du Minuit.

— 1980: *Le sens pratique*. Paris: Editions du Minuit.

— 1997: *Méditations pascaliennes*. Paris: Editions du Seuil.

— 2000: *La dominación masculina*. Barcelona: Anagrama.

— 2001: *Sobre la televisión*. Barcelona: Anagrama.

부르디외 외 1992: Bourdieu, Pierre and Loïc Wacquant. *An Invitation to Reflexive Sociology*. Chicago: University of Chicago Press.

뷰캐넌 외(편) 2000: Buchanan, Ian and Claire Colebrook. eds. *Deleuze and Feminist Theory*. Edinburgh: Edinburgh University Press.

브라이도티 2005: Braidotti, Rosi. *Metamorfosis. Hacia una teoría materialista del devenir*. Madrid: Akal.

브리에바 2009: Brieva, Miguel. *Dinero. Revista de Poética Financiera e Intercambio Espiritual*. Barcelona: Random House Mondadori.

블로흐 2004: Bloch, Ernst. *El principio de Esperanza*. Madrid: Trotta.

블롱델 2005: Blondel, Maurice. *El punto de partida de la investigación filosófica*. Madrid: Ediciones Encuentro.

비다르테 2007: Vidarte, Francisco. *Ética marica*. Madrid: Egales.

비르노 2003: Virno, Paolo. *Gramática de la multitud*. Madrid: Traficantes de Sueños.

비릴리오 2003: Virilio, Paul. *Estética de la desaparición*. Barcelona: Anagrama.

비야플라나 2008: Villaplana, Virginia. *Zona de intensidades*. Madrid: Aconcagua Publishing.

비야플라나 외 2005: Villaplana, Virginia and Berta Sichel. 2005. *Cárcel de Amor. Relatos culturales sobre la violencia de género*. Madrid: Museo Nacional Centro de Arte Reina Sofía.

비트겐슈타인 1999: Wittgenstein, Ludwig. *Tractatus Logico-Philosophicus*. Madrid: Alianza.

사비아노 2008: Saviano, Roberto. *Gomorra*. Barcelona: Mondadori.

사센 2003: Sassen, Saskia. *Contrageografías de la globalización. Género y ciudadanía en los circuitos transfronterizos*. Madrid: Traficantes de Sueños.

사에스 2004: Sáez, Javier. *Teoría Queer y*

psicoanálisis. Madrid: Síntesis.

사우투 2003: Sautu, Ruth. *Todo es Teoría. Objetivos y métodos de la investigación.* Argentina: Ediciones Lumiere.

산도발 알바레스 2006: Sandoval Álvarez, Rafael. *Nuevas formas de hacer política. Una subjetividad emergente.* Mexico: Universidad de Guadalajara.

산타에밀리아 외(편) 2002: Santaemilia, José, Beatriz Gallardo, and Julia Sanmartín, eds. *Sexe i llenguatge. La construcció lingüística de les identitats de génere.* Valencia: Universitat de València.

섀핀 외 1985: Shapin, Steven and Simon Schaffer. *Leviathan and the Air-Pump: Hobbes, Boyle and the Experimental Life.* Princeton: Princeton University Press.

세넷 2006: Sennett, Richard. *La cultura del nuevo capitalismo.* Barcelona: Anagrama.

슘페터 1996 [1942]: Schumpeter, Joseph. *Capitalismo, socialismo y democracia.* Barcelona: Folio.

스피박 1999: Spivak, Gayatri. *A Critique of Poscolonial Reason. Toward a History of the Vanishing Present.* Cambridge, MA: Harvard University Press.

슬로터다이크 2006: Sloterdijk, Peter. *Normas para el parque humano.* Madrid: Siruela.

시가 2009: Ziga, Itziar. *Devenir perra.* Barcelona: Melusina.

식수 1995: Cixous, Hélène. *La risa de la medusa. Ensayos sobre la escritura.* Madrid: Anthropos.

— 2004: *Deseo de escritura.* Barcelona: Reverso.

아감벤 2003: Agamben, Giorgio. *Estado de Excepción. Homo Sacer II.* Valencia: Pre-textos.

아모로스 푸엔테 2008: Amorós Puente, Celia. *Mujeres e imaginarios de la globalización: reflexiones para una agenda teórica global del feminismo.* Argentina: Homo Sapiens Ediciones.

아모로스 푸엔테 외(편) 2005: Amorós

Puente, Celia and Ana de Miguel, eds. *Historia de la teoría feminista: de la Ilustración a la Globalización.* Madrid: Editorial Minerva.

안살두아 외(편) 2002: Anzaldúa, Gloria and AnaLouise Keating, eds. *This Bridge We Call Home: Radical Visions for Transformations.* New York: Routledge.

앤더슨, 페리 2000: Anderson, Perry. *Los orígenes de la posmodernidad.* Barcelona: Anagrama.

앤더슨, 보니 외 1991: Anderson, Bonnie S. and Judith P. Zinsser. *Historia de las mujeres: una historia propia.* vol. ii. Barcelona: Crítica.

에스코오타도 1999: Escohotado, Antonio. *Historia general de las drogas.* Mexico: Espasa Calpe.

에스테베스 외(편) 2008: Estévez, Carlos and Carlos Taibo, eds. *Voces contra la globalización.* Barcelona: Crítica.

에코 1983: Eco, Humberto. *Cómo se hace una tesis. Técnicas y procedimientos de investigación, estudio y escritura.* Madrid: Gedisa.

— 2000: *Tratado de Semiótica General.* Barcelona: Lumen.

오스틴 1998: Austin, John. *Cómo hacer cosas con palabras.* Barcelona: Paidós.

오제 2004: Augé, Marc. *Los no lugares. Espacios del anonimato. Una antropología de la sobremodernidad.* Barcelona: Gedisa.

오즈번 외 1996: Osborne, Richard and Ralph Edney. *Filosofía. Desde la edad de la Razón al Posmodernismo.* Buenos Aires: Era Naciente.

와츠 1984: Watts, Barry. *The Foundations of US Air Doctrine.* Alabama: Maxwell Air Force Base.

우가르테 페레스(편) 2005: Ugarte Pérez, Javier. comp. *La administración de la vida. Estudios biopolíticos.* Barcelona: Anthropos.

위티그 2006: Wittig, Monique. *El pensamiento heterosexual y otros ensayos.* Madrid: Egales.

이에로 2002: Hierro, Graciela. *De la*

domesticación a la educación de las mexicanas. Mexico: Editorial Torres Asociados.

제임슨 1995: Jameson, Fredric. *El Posmodernismo o la lógica cultural del capitalismo avanzado*. Barcelona: Paidós.

지제크 2005: Žižek, Slavoj. *Bienvenidos al desierto de lo real*. Madrid: Akal.

카라스코(편) 2003: Carrasco, Cristina, ed. *Mujeres y economía. Nuevas perspectivas para viejos y nuevos problemas*. Barcelona: Icaria.

카스트로고메스 2005: Castro-Gómez, Santiago. *La hybris del punto cero. Ciencia, raza e ilustración en la Nueva Granada (1750-1816)*. Bogota: Editorial Pontificia de la Universidad Javeriana.

칸 1994: Cahn, Susan. *Coming On Strong; Gender and Sexuality in Twentieth-Century Women's Sport*. Cambridge, MA: Harvard University Press.

코일 2006: Coyle, Diane. *Sexo, Drogas y Economía*. Madrid: Thompson/Paraninfo.

쿠르베 2007: Curbet, Jaume. *Conflictos globales, violencias locales*. Quito, Ecuador: Flacso.

크라우제 1986: Krauze de Kolteniuk, Rosa. 1986. *Introducción a la investigación filosófica*. Mexico: Universidad Autónoma de México.

크리스테바 외 1985: Kristeva, Julia et al. *Travesía de los signos*. Argentina: Ediciones la Auroirra.

클라라몬테 2009: Claramonte, Jordi. *Lo que puede un cuerpo*. Murcia: Infraleves/Cendeac.

클라인 2001: Klein, Naomi. *No Logo. El poder de las marcas*. Barcelona: Paidós.

티호욱스 외(편) 2006: Tijoux, María Emilia and Iván Trujillo, comps. *Foucault fuera de sí. Deseo, Historia, Subjetividad*. Santiago de Chile: Editorial arcis.

틸리 2007: Tilly, Charles. *Violencia Colectiva*. Barcelona: Hacer Editorial.

파스 1985: Paz, Octavio. *Vuelta al laberinto de la soledad*. Mexico: Fce.
— 1970: *Posdata*. Mexico: Fce.
— 2002: *El laberinto de la soledad*. Mexico: Fce.

팔라베르시츠 2005: Palaversich, Diana. *De Macondo a McOndo: senderos de la posmodernidad latinoamericana*. Mexico: Plaza y Valdés.

페코 2001: Pécaut, Daniel. *Guerra contra la sociedad*. Colombia: Espasa.

푸워 2004: Puwar, Nirmal. *Space Invaders: Race, Gender and Bodies Out of Place*. New York: Berg.

푸코 1977: Foucault, Michel. *Historia de la sexualidad*. Mexico: Siglo xxi.
— 1978: *Microfísica del poder*. Madrid: La Piqueta.
— 1979a: *Historia de la locura en la época clásica*. Mexico: Fce.
— 1992: *El orden del discurso*. Argentina: Tusquets.
— 1994: *Dits et Écrits*. vol. iv. Paris: Gallimard.
— 2002: *Las palabras y las cosas. Una arqueología de las ciencias humanas*. Argentina: Siglo xxi.
— 2004: *El pensamiento del afuera*. Valencia: Pre-Textos.
— 2008: *Seguridad, territorio, población*. Madrid: Akal.

프랫 2002: Pratt, Mary Louise. *Globalización, desmodernización y el retorno de los monstruos*. Tercer Encuentro de Performance y Política. Lima: Universidad Católica.

프레시아도 2002: Preciado, Paul B. *Manifiesto contra-sexual. Prácticas subversivas de identidad sexual*. Madrid: Opera Prima.
— 2008: *Testo Yonqui*. Madrid: Espasa.

프레카리아스 아 라 데리바 2004: Precarias a la Deriva. *A la deriva por los circuitos de la precariedad femenina*. Madrid: Traficantes de Sueños.

프롬 1987: Fromm, Erich. *Anatomía de la destructividad humana*. Madrid: Siglo xxi.

플라톤 1985: Platón. *El Banquete, Diálogos.* Madrid: Gredos.

핑켈크로트 2000: Finkielkraut, Alan. *La derrota del pensamiento.* Barcelona: Anagrama.

하딩 1996: Harding, Sandra. *Ciencia y feminismo.* Madrid: Ediciones Morata.

하비 1998: Harvey, David. *La condición de la posmodernidad: Investigación sobre los orígenes del cambio cultural.* Buenos Aires: Amorrortu Editores.

— 2003: *Espacios de esperanza.* Madrid: Akal.

할버스탐 2008: Halberstam, Judith. *Masculinidad femenina.* Madrid: Egales.

해러웨이 1995: Haraway, Donna J. *Ciencia, cyborgs y mujeres. La reinvención de la naturaleza.* Madrid: Cátedra.

— 2004: *Testigo_Modesto@ SegundoMilenio. HombreHembra©Conoce_Oncoratón: Feminismo y tecnociencia.* Barcelona: Editorial uoc.

헤리티지 1984: Heritage, John. *Garfinkel and Etnomethodology.* Cambridge, MA: Polity Press.

헬러 외 1995: Heller, Ágnes and Ferenc Fehér. *Biopolítica. La modernidad y la liberación del cuerpo.* Barcelona: Península.

헬프리히(편) 2001: Helfrich, Silke, ed. *Género, feminismo y masculinidad en América Latina.* El Salvador: Ediciones Heinrich Böll.

호르크하이머 외 2001: Horkheimer, Max and Adorno Theodor. *Dialéctica de la Ilustración.* Madrid: Editorial Trotta.

홉스 2003: Hobbes, Thomas. *Leviatán.* Buenos Aires: Losada.

후쿠야마 1992: Fukuyama, Francis. *El fin de la historia y el último hombre.* Madrid: Planeta.

히메네스 구스만 외(편) 2007: Jiménez Guzmán, María Lucero and Olivia Tena Guerrero, eds. *Reflexiones sobre masculinidades y empleo. Centro Regional de Investigaciones Multidisciplinarias*, Mexico: Unam

글, 기사, 논문

고에나가 2008년 7월 23일: Goenaga, Gorka. "La identidad no existe." Entrevista a Orlan, *Shangay Express*, no 336, Año xiv.

곤살레스 2008년 7월 21일: González, Luis Miguel. "Las señales del narco." *El Economista.*

그렐렛 외 1999–2000년 겨울: Grelet, Stany and Mathieu Potte-Bonneville. "Una biopolítica menor." Entrevista a Giorgio Agamben. *Vacarme*, no. 10.

네그리 외 2007년 7월 10일: Negri, Antonio and Giuseppe Cocco. "La insurrección de las periferias." *Caosmosis.* http://caosmosis.acracia. net.

라빈 2005년 2월 10일: Lavigne, Chris. "Jodidamente Bueno." elastico.net.

라차라토 2000년 3월: Lazzarato, Maurizio. "Del biopoder a la biopolítica." *Multitudes*, no. 1.

레사 네스타레스 1997: Resa Nestares, Carlos. "Delincuencia y desempleo: la historia de una relación contradictoria." *Sistema. Revista de Ciencias Sociales* 140–141, 265–284.

— 1999년 2월: "Sistema político y delincuencia organizada en México." http://www.uam.es/personal_pdi/ economicas/cresa//igm-wp-02-99. pdf.

— 2001년 2월 27일: "La organización de la producción de drogas en México." http://www.uam.es/personal_pdi/ economicas/cresa//text10.html.

— 2002년 3월: "Las drogas en el México post-Arellano Félix." http://www. uam.es/personal_pdi/economicas/ cresa//nota0302.pdf.

— 2002년 2월 4일: "El ejército mexicano y el comercio ilegal de drogas." http://www.uam.es/personal_pdi/ economicas/cresa//nota0402.pdf.

— 2003년 1월: "La nueva policía mexicana." http://www.uam.es/ personal_pdi/economicas/cresa// nota0103.pdf.

— 2003년 2월: "El comercio de drogas y los conceptos míticos: la plaza." http://www.uam.es/personal_pdi/economicas/cresa//nota0203.pdf.

— 2003년 3월: "La prensa, los «cárteles» y el comercio de drogas en 2003." http://www.uam.es/personal_pdi/economicas/cresa//nota0403.pdf.

— 2003년 4월: "Los Zetas: de narcos a mafiosos." http://www.uam.es/personal_pdi/economicas/cresa//nota0403.pdf.

— 2003년 5월: "El comercio de drogas ilegales en México. Corrupción en la pgr: promesas sin seguimiento." http://www.uam.es/personal_pdi/economicas/cresa//nota0503.pdf.

— 2003년 6월: "El valor de las exportaciones mexicanas de drogas ilegales, 1961–2000." http://www.uam.es/personal_pdi/economicas/cresa//uam2003.pdf.

— 2003a: "El crimen organizado transnacional: definición, causas y consecuencias." http://www.uam.es/personal_pdi/economicas/cresa//text11.html.

— 2003b: "La mafia rusa y el espíritu del capitalismo." http://www.taringa.net/posts/info/1258047/La-mafia-rusa-y-el-esp%C3%ADritu-del-capitalismo.html.

— 2003c: "El crimen organizado en el mundo: mito y realidad." http://www.uam.es/personal_pdi/economicas/cresa//nexos.pdf.

— 2003d: "La macroeconomía de las drogas." Peyote inc. http://www.geocities.com/carlos_resa/press18.html.

— 2003e: *El Dinero adicto a las drogas.* Peyote inc. http://www.geocities.com/carlos_resa/press14.html.

루에스가 외 1997년 9월 2일: Ruesga, Santos and Carlos Resa Nestares. "Mafiosos, estraperlistas y piratas." *El Mundo*, no 2845, año ix.

만시야 2008년 1월 21일. Mancilla, Lorena. 블로그 포스트. http://lorenamancilla.blogspot.com.

모라 2008년 4월 20일: Mora, Miguel. "El hombre que novela la corrupción." Entrevista a Massimo Carlotto, *El País Semanal*.

몬시바이스 1981년 4–5월: Monsiváis, Carlos. "¿Pero hubo alguna vez once mil machos?." *FEM*, no. 18, 9–20.

물리에부탕 2000년 3월: Moulier-Boutang, Yan. "Eclats d'economie et bruit de lutes." *Multitudes*, no. 2.

미뇰로 2003b: Mignolo, Walter. "Las geopolíticas del conocimiento y la colonialidad del poder." *Polis* 1, no. 4.

바레스 2008년 5월 23일: Bares, Mauricio. "Violencia Ancestral." Suplemento cultural. *Reforma*.

(부사령관) 마르코스 1997년 8월: (Subcomandante) Marcos. "La quatrième guerre a comencé." *Le Monde Diplomatique*.

블랭 외 2008년 2월 7일: Belin, Henri and Susana Arbizu. "Teoría king kong." Entrevista a Virginie Despentes. Eutsi.org.

사베드라 2008년 12월 13일: Saavedra, Rafael. "Sobreviviendo Tijuana." Suplemento Laberinto. *Milenio*.

아스나레스 2008년 11월 23일: Aznárez, Juan. "Quiero Ser Pirata." *El País*.

알바라도 2008년 6월: Alvarado, Ignacio. "Mensajes Macabros, la nueva herramienta de los capos en México." *Reuters*. http://about.reuters.com/latam.

알사가 2009년 1월 24일: Alzaga, Ignacio. "Capturan a El Pozolero; cocinó a 300 narcos: Sedena," *Milenio*.

앨코프 2000년 봄: Alcoff, Linda. "Philosophy Matters; A Review of Recent Work in Feminist Philosophy." *Signs* 25, no 3.

에스피노사 2008년 4월 20일: Espinosa, Guillermo. "Siniestra Belleza." *El País Semanal*.

엥카르나시온 2006: Encarnación,

Gutiérrez-Rodríguez. 2006. "Traduciendo Posiciones. Sobre coyunturas postcoloniales y entendimiento transversal." *Translate. Beyond Culture: The Politics of Translation.*

예폐스 2008년 1월 29일: Yépez, Heriberto. "Receta para cocinar narco a la parrilla." Suplemento Laberinto. *Milenio.*

오르다스 2008년 11월 23일: Ordaz, Pablo. "El crimen organizado estaba tocando a las puertas del Estado." Entrevista a Eduardo Medina Mora. *El País.*

— 2009년 6월 14일. "Cuando mata La Familia." www.elpais.com.

우게트 2008년 5–6월: Huguet, Montserrat Galcerán. "Autonomía y subjetividad. Por una lectura crítica de algunos textos de A. Negri." www.youkali.net, no 5.

워너 2005: Warner, Daniel Noam. "Hacia una metodología de la investigación queer." *Orientaciones. Revista de homosexualidades*, no. 9.

음벰베 1999년 3월 Mbembe, Achille. "Du Gouvernement privé indirect." *Politique Africaine*, no. 73, 103–121.

— 2003: "Necropolitics." *Public Culture* 15, no. 1, 11–40.

작자 미상 2008년 4월 24일: Anónimo. "Reclutan Zetas a militares en Guatemala con Spot de radio." *El informador.* https://archivo.eluniversal.com.mx/notas/501252.html

크루스 2008년 4월 18일: Cruz, Juan. "El primer mandamiento es no dañar." Entrevista a Adela Cortina. *El País Semanal.*

팔메로 2001: Palmero, María José Guerra. "Arrojando el guante: la construcción social de la masculinidad." *Teoría feminista contemporánea. Una aproximación desde la ética.* Instituto de Investigaciones Feministas/Universidad Complutense de Madrid, Madrid.

푸코 1979b: Foucault, Michel. "Nacimiento de la biopolítica." *Archipiélago*, no. 30, 119–124. 미셸 푸코,『생명관리정치의 탄생』, 오트르망 옮김(서울: 난장, 2012)

프레시아도 2009a: Preciado, Beatriz. "Transfeminismos y micropolíticas del género en la era farmacopornográfica." *Artecontexto*, no. 21.

— 2009b: "Historia de una palabra: queer." *Parole de queer*, no. 1.

플라 2008년 5월 15일: Pla, Erkhiñe. "Una entrevista con Chantal Maillard." *Diario de Noticias de Navarra.*

피나 1977년 1월: Finas, Lucette. "Las relaciones de poder penetran en los cuerpos." Entrevista a Michel Foucault. *La Quinzaine Littéraire*, no. 247, 1–15.

기타

드레세르 2009년 1월 29일, Dresser, Denisse. "Las Criaturas del Estado." http://www.youtube.com/watch?v=CtB4MWq4QxM

런치 2004년 Lunch, Lydia. *Vendo frustración, no alivio. Real Pornography.* Music Performance.

로소야 2002년 5월: Lozoya, José Ángel. "Hombres por la igualdad." (Delegación de Salud y género) en las Jornadas de Género y Sexualidad. La Laguna.

리델 2008년 5월 23일: Liddell, Angélica. 3ra. *desobediencia. Yo no soy bonita ni lo quiero ser*, La Casa Encendida, Madrid.

리치 2008: Ritchie, Guy. *Rockanrolla.* Género: acción, duración: 114 min., Reino Unido.

메뎀 2003: Medem, Julio. *La Pelota Vasca.* Género: documental, duración 115 min., Espana.

버틀러 2008년 5월 26일: Butler, Judith. "Crítica, Discrepancia y Violencia." Conferencia impartida en cendeac,

Murcia.

— June 8, 2009. "Performativity, Precarity and Sexual Politics." Conferencia impartida en la Facultad de Ciencias de la Información, ucm, Madrid.

선언문:「국경에는 자부심이 없다」2009년 6월 27일: *Manifiesto: con fronteras no hay orgullo*. Lesbianas, Gays, Trans, Bisex, Queer y Heteros contra la ley de extranjería y la represión a l@s inmigrantes. Madrid.

시스티아가 2008년 12월 26일과 2009년 1월 2일: Sisteaga, Jon. *NarcoMéxico: alfombra roja para los muertos*. Género: Información/Investigación. Episodios 1 y 2, tv-4, Espana.

고어 자본주의

사야크 발렌시아 지음
최이슬기 옮김

초판 1쇄 발행 2021년 6월 25일

발행. 워크룸 프레스
편집. 박활성, 심재경
디자인. 유현선
제작. 세걸음

워크룸 프레스
03043 서울시 종로구 자하문로 16길 4, 2층
전화 02-6013-3246
팩스 02-725-3248
이메일 wpress@wkrm.kr
workroompress.kr

ISBN 979-11-89356-54-5 (03300)
값 19,000원